伊藤 守 編 ITO Mamoru

文化の実践、
増殖するカルチュラル・スタディーズ
文化の研究

せりか書房

cultural studies

文化の実践、文化の研究――増殖するカルチュラル・スタディーズ　目次

Ⅲ ハイブリッド・カルチャー

Ⅳ メディアとリアリティ

カルチュラル・タイフーン 2003 プログラム

CULTURAL TYPHOON
カルチュラル・タイフーン2003
—グローバル化の中の文化表現と反グローバリズム—
2003.6.28（Sat.）- 2003.6.29（Sun.）

セッション

コラム

はじめに

文化の実践、文化の研究

伊藤守

増殖するカルチュラル・スタディーズ

前日の夜十一時近くまで会場準備に追われ、近くのホテルに宿泊したスタッフもいた。早稲田の院生や学部生そして趣旨に賛同して手伝いに来てくれたかれらの友人たち、さらに九州や関西などから駆け付けてくれた院生など、その数は四〇人近くに上った。かれらは当日の朝七時にはまた会場に舞い戻り、受付準備を行う。ほぼ半年前からこの日のために準備を重ねてきた。外部資金はゼロ、わずかな自己資金を元手に、ホームページを立ち上げ、手作りのビラやパンフレットを作り、これだけはセンスの良いものをと願ってスタッフの知り合いのデザイナーにお願いしてポスターを制作し、早稲田周辺の書店やレストランに持参し、全国の大学院にも郵送した。「台風」をイメージした青と黄色の渦巻きのデザインが印象的な、あのポスターである。ありとあらゆることが手作りだった。そしてようやく六月二八日の朝を迎えたのだ。

スタッフの誰もが不安だった。一体何人来てくれるのか。口コミの宣伝とホームページのアナウンスだけで何人が参加してくれるのか。若手研究者からの応募がつづき、報告者は当初の予想を上回り七二人。残念なことに、SARSの影響で来日を断念してもらった数名の香港の研究者がいて幾つかのセッションが中止になったが、それでもセッションの数は二十もある。報告者の数やホームページのアクセス数からいくらか手応えは感じていた。でも、参加者は一〇〇人位だろうか、二〇〇人も来てくれるだろうか。不安が一杯だった。だがそうした不安はすぐに打ち消された。

簡単な開会の挨拶をした時点で、もうすでに二〇〇人近い人たちが集まり、「カルチュラル・タイフーン2003 in WASEDA」がはじまった。六月二八日・二九日の二日間、早稲田大学で開催されたこの国際シンポジウムにはアメリカやカナダや韓国やイギリスなどからの参加者も含め四〇〇人を超える人たちが参加し、各セッションで熱い議論が交わされたのである。それは、分野の異なる研究者がアクチュアルな問題設定の水準で対話を積み重ね、新たな思考の回路を紡ぎ出そうとするカルチュラル・スタディーズのポテンシャルと広がりを示すものだった。

コンタクト・ゾーンをつくる

カルチュラル・スタディーズの名前を冠した国際会議はこれまで国内で三回開催されている。一九九六年、東京大学を会場にしてS・ホールをはじめとする主だったイギリスのカルチュラル・スタディーズの研究者が参加した国際会議、二〇〇〇年に九州大学でアジアの研究者の間の討議を目的に開催された「インター＝アジア・カルチュラル・スタディーズ2000」、そして九・一一同時テロ以降の世界情勢を視野に入れながら二〇〇二年に東京大学で日韓共催で開催された会議である。これらの国際的シンポジウムは、言うまでもなく、その時々の社会的・政治的コンテクストや研究状況のもとで、異なる狙いや意図をもって開催されたといえる。一九九六年のシンポジウムでは、イギリスと日本の研究者が相互に対話することが目指された。九州のそれは、アジアの研究者間のネットワークを形成することだった。そして二〇〇二年の会議は、九州会議以降の研究成果を確認し、アジア圏の研究交流を一層進展させていくことにあった。

こうした流れの中に位置づけられるとはいえ、「カルチュラル・タイフーン2003 in WASEDA」は、これまでの会議の狙いや性格とははっきり違う、〈新たな空間を切り開く〉ことを目指した。

二〇〇二年のシンポジウム終了後、多くの若手研究者からいくつかの不満の声が上がった。既存の研究の垣根を越えた研究を目指しているはずなのに、これまでの学会と同じような形式とルールに縛られて窮屈な報告しかできないことへの不満。報告の時間も短く、それ以上に質疑の時間が短い運営のあり方。そして報告のチャンスがオープンに開かれたものではなく、あらかじめ企画者側から要請された中堅の研究者の報告が中心であったことなどである。すでに日本におけるカルチュラル・スタディーズの実践が開始されて十年以上が経過し、すぐれた著作が刊行され、その裾野が大きく拡大してきたなかで、また他方でカルチュラル・スタディーズに対する批判も拡大するなかで、若い世代から出されたこうした反応は起こるべくして起きた、自然の流れだったのではないだろうか。自分達の研究をアカデミックな研究の枠に閉じ込めておくのではなく、研究それ自身がひとつの文化表現であり、文化の実践であるようなスペースを創造すること。文化の研究と文化表現をリンクさせることの政治性を明確に意識した若手研究者の意欲が膨らんでいたのである。

早稲田でやるなら、できるだけこうした若手の声をひとつの「形」にしたい。これまでの「研究報告スタイル」の自明性を問い直し、既存の思考回路を組み直す、〈新たな空間〉〈新たなシーン〉を作り出したい。すべてはそこから始まった。

「文化の研究」が既存のアカデミックな「研究報告」にとどまらずに、もうひとつの「文化的実践」「政治的パフォーマンス」でありうるような「空間」を創造すること、さまざまな分野の「文化の実践」と交錯し、コンタクト・ゾーンを形成しながら新たなディスカッションの場を造形することが、さまざまなカルチュラル・スタディーズに対する批判に応え、一方ではアカデミズムの内部に制度化され「政治性」を失った知と解釈されたり、他方では逆に政治的正当性を唱える凡庸な知の実践とみなされる状況を転換するために、ぜひとも必要なことであると考えたのである。

そのために、企画に賛同してくれたパフォーマーが自由に空間を創造できるブース・スペースを設け、無機質な大学のロビーや教室をサウンドやさまざまな色彩に溢れた空間に変えた。また教える者／教えられる者の関係を体現した教室の椅子や机の配置を組み換え、どこが中心なのか、どこが報告者の席なのかすら定かではない特異な空間を造形した。こうした一切の試みは、研究者とアクティビスト、中堅と若手、教員と院生、研究とパフォーマンス、といった境界を侵犯し、〈新たなシーン〉をつくりだすための仕掛けである。こうした試みを通じて、なによりも若手の発表と論議のスペースが切り開かれ、カルチュラル・スタディーズに対して批判的な人たちや多様な分野で活躍する文化表現者とのコンタクト・ゾーンが立ち現れることが目指されたのである。

本書の狙い

本書は、「カルチュラル・タイフーン2003 in WASEDA」の記録集であり、当日報告された若手研究者の作品集である。しかし、それは、本書がこの国際シンポジウムの「公式記録集」であることを意味しないし、開催されたすべてのセッションを網羅した「全記録集」であることも意味しない。すでに、このシンポジウムで行われた学部セッション「消費される沖縄」の内容が『沖縄に立ちすくむ——大学を越えて深化する知』（せりか書房刊、二〇〇四年）に纏められ公刊されているように、このシンポジウムから、またこのシンポジウムの中のセッションを契機にして、さまざまな成果が多様なメディアを通じて刊行されるだろう。その意味で、本書は、研究者と文化の表現者、研究者と院生、といった区分を越えて、さまざまな立場の人たちの知的交流とネットワークの場を提供すること、とりわけ若手の報告・表現の場であることを狙いとした、事務局サイドの視点からの「記録集」といえる。魅力的な、そしてきわめて重要なセッションの報告や討議を収録できなかったことは残念だし、多面体として生成した「カルチュラル・タイフーン2003 in WASEDA」の一側面しか伝えていないとの批判もあろう。だがそれでも、今回の企画の意図と成果そして二日間の活気に満ちた議論と熱気を記録することに十分意味があると考えたのである。

三十代前半の若手研究者の作品、各セッションの内容と雰囲気を伝える司会者から寄せられた文章、そしてブース・スペースに出店してくれた団体や個人のメッセージから本書は構成されている。若手研究者の作品には、当日の発表内容が別のメディアで公刊予定であるといった事情もあって、新たな内容で書き下ろしたものも数本含まれている。

三十歳前後の若手の作品から感じられるのは、Ｐ・ウィリスやＤ・ヘブディジに代表されるような、初期のカルチュラル・スタディーズのフィールドワークを連想させる「実証的」な研究、言い換えれば、自前のフィールドを設定し個々の研究対象に密着しながら思考を積み上げ、思考そのものを鍛え上げていくような研究が続々と現れていることである。都市の記憶と再編の政治学、身体行為の／をめぐるポリティクス、ハイブリッド・カルチャーの文化実践、そしてメディア・リアリティのアルケオロジーなど、カルチュラル・スタディーズの新たな展開を予測させる若々しい問題意識とアクチュアルな問いの提示が本書の第一の魅力をなしている。またセッションの司会者からのメッセージも、たんなるセッションの紹介にとどまらず、現在のカルチュラル・スタディーズが抱える課題や問題を指摘する貴重な発言ともなっている。これもまた本書の魅力のひとつだ。

今年は沖縄で「カルチュラル・タイフーン2004 in RYUKYU」がまた新たなコンセプトで開催され、来年には関西でも開かれる予定である。かれら若い研究者の報告が続いていくことを期待したい。

最後に、「カルチュラル・タイフーン2003 in WASEDA」にかかわった多くの方々にこの場をかりてお礼を申し上げたい。実行委員会のみなさん、早稲田大学の院生・学部生、和光大学の学部生、ＩＣＵの学部生、そして通訳という仕事に携わってくれたみなさん、ブース・スペースに参加したみなさん、ありがとう。そして、今回のシンポジウムの企画とあらゆる実務を担当してくれた田中東子さん、山本敦久さん、には心から感謝したい。この二人のアイデアと労力によってはじめて「カルチュラル・タイフーン2003 in WASEDA」が実現できたのである。

きわめて厳しい出版状況にもかかわらず、『沖縄に立ちすくむ』に続いて、こうした特異な性格の本の出版を快諾していただいたせりか書房の船橋純一郎氏にも感謝申し上げたい。

I 錯綜する都市の文化

▲武尊祭（群馬県）でのすまとらんどの一風景
（2001年8月、撮影：半沢克夫）

1 はたらくお化け、もの喰う怪物——現代のグローバル文化を斜めから見る

清水知子

「時間の関節が外れてしまったのだ」——ハムレット

1 「トンネルの向こうは不思議の町でした」——。

廃墟と化したテーマパーク。日本的なのか、アジア的なのか、どこか懐かしく見覚えのある風景。朱に塗られた橋を渡るとそこには豪華絢爛に彩られた古風な趣の巨大な湯屋。

湯屋「油屋」を取り仕切る得体の知れない魔女の湯婆婆に、そこを訪れる八百万の神々。湯婆婆の愛でる巨大な坊に、湯屋の番台蛙。「働かせてください」といわねば生きていけないその館、地下層には六本の腕を駆使してボイラーを仕切る釜爺にスワタリ。そして色鮮やかにして雅な伝統的ご馳走を鯨飲馬食するカオナシは、まさにピーター・ストリブラス&アロン・ホワイトのいう「グロテスク・ボディ」さながらのもの喰う怪物である。

何のことかといえば、いわずとしれた二〇〇一年のジブリアニメ『千と千尋の神隠し』の世界である。[1]

『千と千尋』は二〇〇二年、第五二回ベルリン国際映画祭でグランプリにあたる金熊賞を受賞し、世界中に旋風を巻き起こした。この映画は、これまで「無国籍」性を特徴として指摘されてきた日本アニメとは違って、「民俗的意匠」に満ちた不思議な空間と身体の表象からなる。そこに通底するのは、「伝統とステレオタイプを異化するファンタジー」である。多彩にして繊細な中間色、何ものかよくわからない変な生き物の登場、労働というよりも職人的な世界からなるジブリアニメの世界は、それ自体でディズニーともハリウッドとも異なるローカルな固有性を帯び始める。[2]

わたしたちがここに感じるある種のノスタルジーや居心地のよい不思議さは、一見すると、物理的・地理的な距離と時間的な距離という二つの距離の交錯効果によって生み出されているように思える。だが、よく考えてみると、そうした空間と時間は、きわめて特権化されたものであり、同時にまた、これまで私たちが目にしてきたメディア・イメージの身体化なしにはあ

りえないデジャ‐ヴュでもある。『千と千尋』の世界をどこか「懐かしい」と感じるとしたら、それはその「民俗的意匠」に対してであろうか。それとも、「テーマパークの残骸」に対してであろうか。あるいは宮崎自身が口にする「戦後の風景」[3]に対してであろうか。

今日、洋の東西を問わず、ノスタルジー・ビジネスが花盛りを迎えている。国家遺産、歴史的遺産事業、レトロ・ファッション・ブーム、美術館建築の新しい波、回想記、告白文学、事実と虚構の交渉からなるポストモダン的歴史小説や自伝の勃興、ナショナル、あるいはよりローカルなレベルで「キャラ立て」にも似た、ステレオタイプな形象を売るテーマパーク化及び幼児化現象が進行している。その理由の一つは、サスキア・サッセンも指摘するように、グローバル資本主義における役割分担の要請とそれに対する空間あるいは身体表象レベルの応答であろう。だが、そうだとしても、なぜ今、かくも「過去」の亡霊が歴史の舞台に相次いで再登場するのだろうか。それも「民俗的意匠」をまとったファンタジーの形態を通して――。

2　「ノスタルジー生産器械」と「機械仕掛けの鏡像」

「魔法でつくったんじゃ、何にもならないからね」――銭婆

さて、ファンタジーが具現化した空間といえば、誰もがまず、一九五五年に誕生したディズニーランドを思い浮かべるかもしれない。

しかし、当時の建築家や都市設計家にとって、ディズニーランドという言葉は「建築という高級な芸術とは、あらゆる点で相反する」もので、「低級、粗野、いかさま」を意味する、「都市という形態をとったものを呼ぶ最低の別称」であった。実際には、ディズニーランド及びウォルト＝ディズニー＝ワールド（以下WDWと略称）は、都市計画という点からして、非常に独創的な実験をくり広げていたにもかかわらず、である。

例えば、魔法の王国は、第二次世界大戦後初の複合都市であるばかりか、一日中歩き回っても足が痛くないように歩道は弾力性のあるアスファルトで舗装されている。ミッキーやミニーが勤めを終えて姿を消す業務用地下街には、縫製工場があり、そこには十万着の衣装がかけられ、同時に従業員食堂、洗濯屋、事務室をはじめとする数々の公共施設の基地がある。さらに、すぐに修理ができるように下水道や水道管、電線がむき出しになっているといった工夫も凝らしてある。[4]

にもかかわらず、都市計画に携わる者たちがこうした実体に真面目に目を向けはじめるのは七〇年代が幕を開けてからだ。より正確に言えば一九七二年六月号の建築フォーラム誌にディズニーランドとWDWの論文が掲載される時まで待たなければならなかった。

ポストモダン建築が息吹をあげる七〇年代、「住宅は住むた

めの機械である」(ル・コルビジェ)といった近代建築は後退し、いつしか都市には、「いつかどこかでみた」レトロな雰囲気が充満するようになった。例えば英国には、かつての炭坑工場をそのままシミュラークル化したテーマパークが、テムズを渡ればヴィクトリア調の趣を残した電力発電所を転用した現代美術館テイトモダンがある。サッチャリズム期以降取り組まれたこうした空間構築はいまやガイドマップにも掲載され、すっかり観光スポットとなっている。[5]

すでに一九七八年、建築理論家コーリン・ロウとフレッド・コッターはその著書『コラージュ・シティ』で、二〇世紀の都市デザインを支配してきた理想都市の主要な二つの方向性として「ユートピアへの未来派的ファンタジー」と「伝統的な都市へのノスタルジア」を指摘している。コラージュという技法によってさまざまな断片的ユートピアが「調和」する都市は、なるほど理想的かもしれない。だが、注意すべきは、それが理想的なのは、「コラージュ・シティ」が、ノスタルジアの蔓延する場、あるいは近代主義と古典主義を仮構する短絡的な折衷主義の場としてではなく、そのコラージュによって「記憶の劇場」を未来へと向き直すときであるということだ。そうでなければファンタジーを模倣する建築空間もまた、懐旧的な意匠を帯びただけの空疎なテーマパークに他ならなくなってしまう。

他方、おそらく、今日、急速に世界を席巻する「テーマパーク化」あるいは「自己-ミュージアム化」という空間のファンタジー化現象は、ポール・ギルロイがトニ・ブレア率いる今日の英国を「ポストコロニアル・メランコリア」と称した動向とも呼応するだろう。フロイトによれば、メランコリーとは、喪の作業がうまくいかず、愛の対象の喪失というトラウマをうまく現実として受けとめることができない状態をさす。そのため、メランコリーは、喪の作業に統合しきれなかった残余に忠誠であり、その愛の対象にいつまでもナルシスティックに同一化し、その対象を自らのうちに保存しつづける。ギルロイによれば、現在の英国の政治は、帝国という両親の死——愛の対象の喪失——をいまだにうまく受け入れることができない、悲嘆にくれる子どもである。[6]

同じことは一見するときわめてマルチカルチュラルな風景に思えるエスニックな土着的コミュニティを称賛する態度にもあてはまるのではないか。例えば、ベスナム・グリーンのパキスタン街、ソーホーの中華街など、海を渡ってロンドンに暮らす多くの移民コミュニティからなる空間に目を向けてみよう。そのとき、色鮮やかなネオンとともに浮かび上がるきわめて「アジア的」な風景、あるいはきわめて「英国的」な風景が、もし「他者の享楽」にとどまる限りで、つまり、「われわれ」に近すぎない限りで称賛されているとしたら、それこそが「ポストモダン」な人種主義ではなかったか。

ギルロイをふまえ、ジジェクにならってここに見るべきは、今日のグローバルな文化の流れに浮上する「ポストコロニアル的-民族的なねじれ」である。例えば、ある「民族」が独自に築いてきた「伝統」がグローバル文化に呑み込まれようとするとき、その「民族」が、自分たちの「伝統」を喪によって放棄するのではなく、失われたルーツに対するメランコリックな愛着として保ち続ける場合。失われた民族的〈対象〉とのメランコリックな絆がある限り、わたしたちは自分たちの民族的ルーツに忠実なまま、同時にグローバル資本主義のゲームにも全面的に参加することが可能になる。知られるように、メランコリーの復権は、こうした「客観的シニシズム」を増殖させており、しばしばこの論理に支えられて駆動する「ポストコロニアル・スタディーズ」のプロジェクトは、ポストモダン的な立場に早変わりする。[7]

　ジジェクによれば、ここでわたしたちが注意すべきは、メランコリーを評価する者が、欠如と喪失を混同しているということだ。なぜなら、その欲望の対象-原因はあとから失われたのではなく、最初から欠如しているのだから。そしてこのとき、メランコリーは、喪の作業の失敗、対象へのたゆまぬ愛の固執ではなく、それとは逆に、対象の喪失に先んじて喪の作業を行おうとするパラドクスを示すものとなる。かつて所有したこともないものを、まるでそれが失われてしまったかのように扱うことは、はじめから失われていた対象を手にする唯一の方法であり、これこそがメランコリーの主体の戦略である。そしてこのとき、事態はより複雑になる。なぜなら、それによってメランコリーの主体は、「対象を所有しているが、その対象への欲望を失った主体」へと変貌するからだ。

　そうであるなら、今日、蔓延する（民族的）メランコリーは、自分の民族的ルーツに対する欲望の対象ではなく、欲望の原因を奪われたら、自らのエスニシティの欲望そのものが弱体化してしまうのではないかという恐れによって支えられているといえよう。このとき、メランコリーの主体が「ポストモダン」なノスタルジアと手を携える理由も明白になる。なぜなら、そもそもノスタルジアの本来の対象は「過去のイメージではなく、そのイメージに魅了された眼差しそのものである。ノスタルジアはつねにそうした反射的転回に依存しており、ノスタルジアにおいてわれわれを本当に魅了するのは、失われた霊妙な過去のイメージに今だ〈無邪気に〉合流できるまなざし」なのだから。

　とすると、「ポストコロニアル・メランコリア」は、何も英国に特有な現象ではない。事態は、グローバル資本主義に登場する、商品化された多くのエスニック表象にも当てはまるだろうし、文化多元主義の論理に通底するさまざまな局面にも見て取れるだろう。

　では、こうしたメランコリーの復権に耽溺することなく、そしてまたPC的態度に囚われることもなく、いかにしてこの誘惑的な隘路にメスを入れ、別の地平を切り開いていくことができるのか。そこでまず、なぜかくもファンタジーが民族的／民俗的な様相を帯びて回帰し、わたしたちの日常世界を席巻しているのかと問うよりも、むしろ、かくも現実がファンタジーを模倣し、わたしたちの周りにファンタジーが充満するようになったとき、いったいそこにどのような事態が生じるのかということに目を向けてみたい。

3 ……の神隠し

「一度あったことは忘れないものさ、思い出せないだけで」――銭婆

一九八二年、日本を訪れたボードリヤールは、「トランスポリティーク――政治の光景」と題する講演で興味深いことばを残している。

ル・ソシアル（社会的なもの）という言葉によって私が意味しようとしていることは、社会というものが自分自身のイメージによって――そこには一種のシュミラークルの効果というものがありますが――浸食されることを指しています。つまり、社会が自らをル・ソシアルとしてとらえ始めたときから一切の様相が一転するわけで、そのとき社会というものが初めてソシアルなものになってくるのだ。[8]

社会が自分自身のイメージに浸食されるという事態は、社会がさまざまな文化産業による物語（テレビ、小説、映画、マンガ）と鏡像関係にあるということを意味している。

実のところ、今日のノスタルジー・ビジネスの隆盛、あるいは「過去」の復権について考えるとき、たとえそれが個人的なものであれ、世代にかかわるものであれ、あるいは公なものであれ、記憶を媒体するメディアと文化産業を無視して議論することはできないだろう。なぜなら、もはやわたしたちがどれだけ探し求めたとしても、商品文化を免れた純粋な空間があるなどと考えることはできないからだ。今日、あらゆるものは商品化とスペクタクル化の様相をまとっている。

だが、それはかつてフランクフルト学派のアドルノが文化産業を痛烈に批判したほどに、依然として暗く絶望的なものなのだろうか。

イタリアの政治哲学者パオロ・ヴィルノによれば、実は文化産業こそが今日のコミュニケーションによってコミュニケーション生産が行われるような産業体制――ポストフォーディズム――をまとめあげたのではないか、と指摘しているが、ボードリヤールの指摘する社会と社会的なものの関係も、そのような産業体制の変容と深く関わっているといえるだろう。

コミュニケーションを生産の基盤とする産業体制において、とりわけやっかいなのは、わたしたちがもはやかつてのような「生産者」でも「労働者」でもなく、「自己を情報の担い手」にしていく「労働者」であるということだ。ポストフォーディズム体制のもとで、労働者が起業家としてコード化され、「労働者

の自己実現と企業の競争的な向上心のあいだに友好関係が築かれることで、労働の新たな心理技術は新たな主体性の心理技術と手を結」び、労働が「自己達成へと導く本質的な要素」へと変容している。ゆえに事態はいっそう複雑である。[9]

しかし、実はこれは文化産業の一つのカオにすぎない。ヴィルノにいわせれば、文化産業（とりわけ商品と化した人間のコミュニケーションであるスペクタクル）は、生産的協働に向かう政治的性向をあわせもっている。ここでいう「政治」とは、「他人のプレゼンスを必要」とし、それ自体の中にそれ自体の完成を見出す、「作品なき活動」を生み出す名人芸（パフォーマー）の所作である。これはアリストテレス以来、つねに政治的行為のモデルとみなされてきた。したがって、名人芸はまさに文化産業とともに大衆化された労働になったのであり、今日、労働がかつて政治的なプラクシスを特徴づけてきた多くの性質を自らのうちに吸い込んでいるとしたら、それはまさにそのなかに政治的な契機が潜んでいるということだ。

ヴィルノが示唆するのは、まさにこの文化産業の孕む両義性のなかに潜む政治の可能性である。それは、情報のフロー空間がこれまでにないほど多層化、断片化して遍在する権力空間のなかで、いかにして既存の概念を新たに読みかえ再布置化していくかという問いへの大きなヒントになる。[10]

しかし、ではそのような政治的構想は具体的にどのように展開することができるのだろうか。つまり、もし今日のファンタジー回帰を、さまざまなコミュニケーション・テクノロジーや交通空間に織り成され、複雑にネットワーク化した〈フローの空間〉と、蔓延する民族的メランコリーの主体との接合なしに考えることができないとしたら、そのような社会のなかにどのような政治的可能性があるのだろうか。

その鍵を握るのは、おそらく過去から召喚された亡霊である。亡霊を召喚すること――、ただし、後ろ向きに転回し、レトロに生きるためではない。今、生きられる現在の、わたしたちのために、である。

4　亡霊の召喚は Alter/Native な風景を開く

「ふりこそが自分なのだ。だから何のふりをするか、気をつけなくてはならない」――カート・ヴォネガット

亡霊は、あるとき思いもかけぬかたちで呼び出される。

一九六九年一〇月三日、ロンドン、ケーブルストリートの第八高架のアーチ下。ある出来事が人びとの目を釘付けにした。背広に身を固め、顔に銀粉を塗った男二人。一人はステッキを、もう一人は手袋を片手にもっている。ひとりがカセットテープのボタンを押す。レコードからは戦前のミュージック・ホールではやったフラナガン&アレンの歌謡曲「アーチの下で」が流れる。浮浪者の気ままな生活と哀愁を唄ったこの曲にあわ

生きる彫刻

生きる彫刻

せて、二人はまるで機械仕掛けの人形のように革靴の音を響かせ歌を謡う。題して「生ける彫刻」ならぬ「歌う彫刻」。近所の子どもたちから浮浪者まで、集まった観客は突如始まったこの奇妙なパントマイムに好奇心の目を光らせていた。

この二人の銀粉男は英国で活躍するゲイのユニット・アーティスト、ギルバート&ジョージである。「生ける彫刻」とは、自らの身体と日常生活そのものを作品と称する二人のパフォーマンスである。[11]ギルバート&ジョージは、もはや今日の英国では誰も目にすることのない英国人の空想的なステレオタイプを歴史の奥底から呼び出し、懐かしき「英国紳士」よろしく「生ける彫刻」として突如街に出没した。

一九七〇年代、不況に沈む暗澹たる英国の、それもとりわけ荒んだイーストエンドのスピタルフィールズ。かつてはアイルランド人移民が、続いてユダヤ人が、そして戦後はバングラデシュ人が暮らすこの危険地区は、そのまま二人が暮らす生活空間でもある。世界各国を旅しながらも、彼らがこうしたアジアの音楽とスパイスに満ちた異国情緒漂う英国の片隅を舞台にするのは、そこが人と資本のグローバルな流れの結節点であり、世界の小さな縮図の一つであるからに他ならない。二人はやがてカメラを手に街路へくりだし、浮浪者、外国人労働者、移民といった都市生活者の姿を、「生ける彫刻」たる自分たちの姿とともにモノクロ写真に写し始めた。

一九七七年、二人の作品『ダーティ・ワーズ・ピクチャーズ』（一九七七年）は、シルバー・ジュビリーに賑わい、パンクバンド、セックス・ピストルズの「ゴッド・セイヴ・ザ・クィーン」が放送禁止にされたロンドンの傍らで発表された。それは「生きる彫刻」たる二人が、スピタルフィールズやホワイトチャペル界隈の落書きから拾ってきた言葉――「ファック」「サック」「プーフ」「コミュニズム」「ピッグ」といったスプレーで書かれた壁の言葉（放送禁止用語）――と、街路の片隅の浮浪者、割れた窓ガラス、そして英国の象徴ともいえる国会議事堂の影をコラージュした、当時の英国社会の再帰的な自己像である。[12]

不当な世の中に対して怒りや不満を真っ向からぶつけるのでもなく、腐敗した都市を救済しようという社会改良的、慈善精神に満ちあふれるものでもない。二人がとった戦略はより痛烈である。なぜなら、「真正な英国紳士」は、二人が演じることによってもっとも不実なかたちで当の真正なものを裏切っているのだから。ゲイの二人が「真正な英国紳士」を「生きる彫刻」として全面的に支持するというパフォーマンスを演じるとき、皮肉にもその「真正さ」は見事に滑稽なものに変貌する。なぜなら、このときその「作品」は二重のアイロニーを放つ、「作品なき活動」となるからだ。

ギルバート&ジョージは、アートであると同時にアーティストである。二人は「〈創る私たち〉と〈創られる私たち〉とが表裏一体の関係にある」という自己同立的な、きわめてパラドクシカルな位置にある。[13] それゆえ、二人が「真正な英国紳士」として、街路、あるいは美術館のなかに出没すればするほど、逆説的にもその行為は、「真正さ」の中味が「空白」であることを顕わにする。また二人の「作品」は、その場の誰も意図せぬ即興的なものだから、つねに写真という過去の記録としてのみ残存することが可能になる。

言いかえよう。ギルバート&ジョージは、彫刻という行為をしながら、自分が何のふりをしているのか、どんな文脈のなかでそれを演じているのかを「知っている」。ゲイであるゆえに、当時、社会的に「英国人」ではありえなかったギルバート&ジョージは、自分たちの身体そのものをひとつの表現領域として

ダーティ・ワーズ・ピクチャーズ

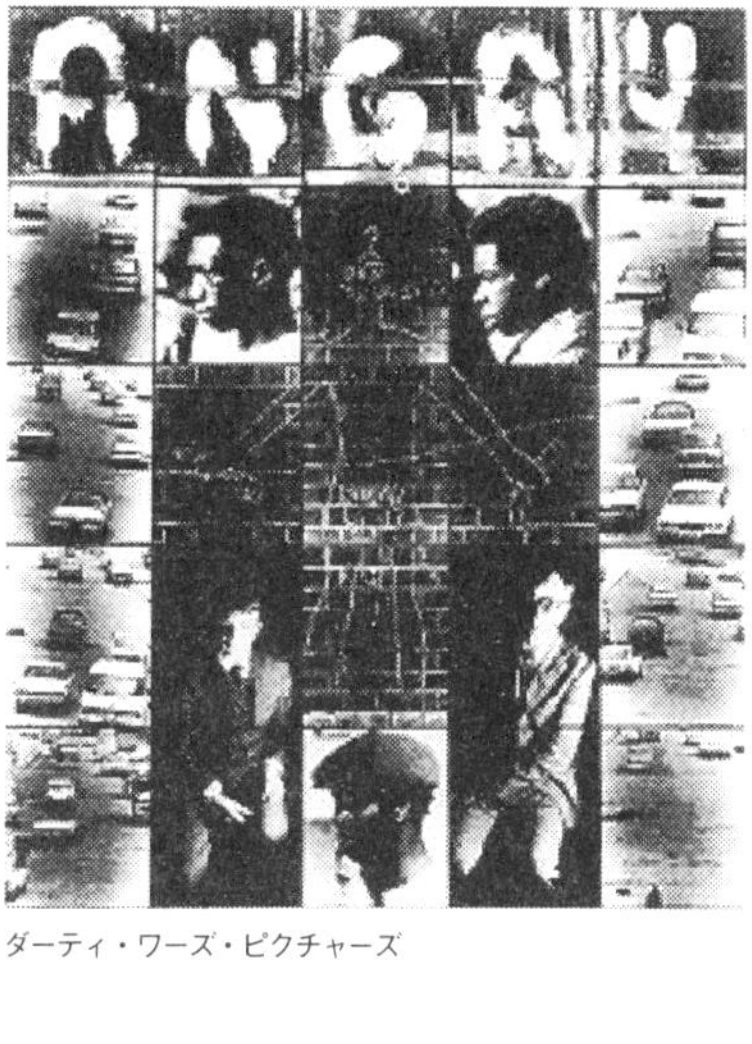
ダーティ・ワーズ・ピクチャーズ

「パラダイス」展でのコーヒー・ミルとトレード・ストア

スペクタクルにさらし、「英国人らしき」人物を演じ、自らアート作品になることで、そのオリジナリティの不可能性を提起する。他方、英国のシンボルたる国会議事堂と、二人がこよなく愛したイーストエンドの都市の断片——浮浪者、書き散らされた落書き、荒廃した通り——が「社会的シュルレアリスム」（ロバート・ヒューイスン）という並置の手法によって提示されることで、個々の写真は、一枚一枚で展示されたときに発するかもしれない「政治的正しさ」や慈善精神の押し売りへと回収されることを免れ、つねにその指示対象からズレを生み出すことになる。枠付けされ、並置された個々の写真の組み合わせからなる全体は、「意図せざる結果」を創出する。美術館に一歩足を踏み入れた者は、その作品が「高尚」な美術を生産する装置のなかにありながら、同時にその「高尚さ」から距離を維持し、かつその作品が「形式的」で「空虚」であるために美術館の制度的な確立を体現することなくその位置をずらし始めていることに気づく。

かくして「英国紳士」の亡霊を呼び起こし、自らそれを行為遂行するギルバート&ジョージの「生きた労働」を写しだした写真は、単なる社会的現実の反映（reflection）ではなく、むしろ亡霊を通してそれを客体化し、それとの距離をうみだし、自己再帰的（reflexive）に社会的現実を写し出す装置と化している。

ここでとりわけ重要なのは、「〈創る所産〉と〈創られた所産〉が表裏一体の関係にある」という二人のアートの形態である。なぜか。それは、この形態にこそ、わたしたちの認知地図を異化する「作品なき活動」の力量が賭けられているからだ。ここに見いだせるのは、自分を支えている遂行的な身振りを否認すべく、遂行的に欺くというウィットに富んだ転覆的振る舞いである。

では、もし、「名人芸的」なコミュニケーション生産の図式を民族誌的な問いに重ねあわせて、「ネイティヴを記述するフィールドワーカー」と「記述されるネイティヴ」が表裏一体の関係にあるとしたらどうだろうか。実は、図らずも、これと同じ文化的論理を、博物館というもう一つの文化装置である「公的構造を備えた空間」においてより明晰に読みとった一人の人物がいる。

*

一九九三年、ロンドンのメイフェアにある人類博物館である展覧会が開かれた。「パラダイス」と呼ばれるその展覧会には

「ニューギニア高地における連続性と変化」とサブタイトルがついている。この「パラダイス」に足を踏み入れたある人類学者は、その空間をこう描いている。

入り口付近の小さな空間では、ワギ谷の概況が紹介されている。路上の光景、現代の家屋、パプア・ニューギニアの国旗を図柄にした網バッグなどが写真に撮られ、展示されている。社会構造や一九二〇年代に生じたオーストラリアの探検家との接触、伝統的な暮らしについての紹介がある。変化は展示の最初から存在している。たとえば、「サツマイモはこんにち、ワギたちと家畜のブタの両者にとっての主食である。しかし、サツマイモがこの地域に伝わったのはほんの数百年前のことだ。そしてサツマイモを主食にするということは、すぐに現金化しやすい作物であるコーヒーの栽培を最近になってとりいれたことと同じくらい大きな影響を与えた」。しかしつぎの大きな空間に誘い込まれるため、そのままおきは見のがされがちだ。そこには驚くべきものがある——再現された高地のトレード・ストア、奇妙に装飾された楯の列、邪悪な感じの古い槍、葉でおおわれた竹の棒。木の葉は、よく見ると紙幣であることがわかる。

手動のコーヒー・ミルとコーヒーの木に並置されたトレード・ストアは、トタン板と木でできている。窓や戸口からつぎのようなものが見える。「PARADISE Kokonas」［パラダイス・ココナス］、「Bik Pela/SPEAR/coarse cut/tobacco sticks」［ピグ・ペラ、槍、粗切り、タバコ・スティック］、コーラの瓶やハンバーガーに掛かったシャツ（もっと目立っているのは、「Los Angeles Country Sheriff」［ロサンゼルス郡保安官］というパッチワークのついたものだ）、プリント柄のシャツ——「PNG」、「Jesus...」、トロピカルな背景画、「Cheese flavoured/TWISTIES/Baim nau［チーズ風味、ツイスティーズ、パイム・ナウ］」、マット、鍋、香辛料、「HIGH MOUNTAIN Instant Coffee［ハイマウンテン・インスタントコーヒー］」、鏡、帽子、アクリル繊維の糸、イワシ、茶葉、米、砂糖、乾電池、カセット、毛髪染料。……
……パラダイス。[14]

人類学者ジェイムズ・クリフォードがこの「ネイティヴ」及び精巧に再現された「民俗的意匠」からなる生活空間に読みとったのは、ワギたちの反復する「ネイティヴ」のパフォーマンスとそのズレによって創出される「真正性」と、「コンタクト・ゾーン」という即興的かつ相互行為的な政治性である。「コンタクト・ゾーン」とはメアリー・ルイーズ・プラットによって提起された概念で、歴史的・地理的に異なるルートをもった主体の空間的・時間的な同居状態を指す。それは征服・支配という認識の仕方によってしばしば見過ごされてしまった「旅する文化」の一つの局面である。

クリフォードは展覧会のカタログのあちこちに見られる「つ

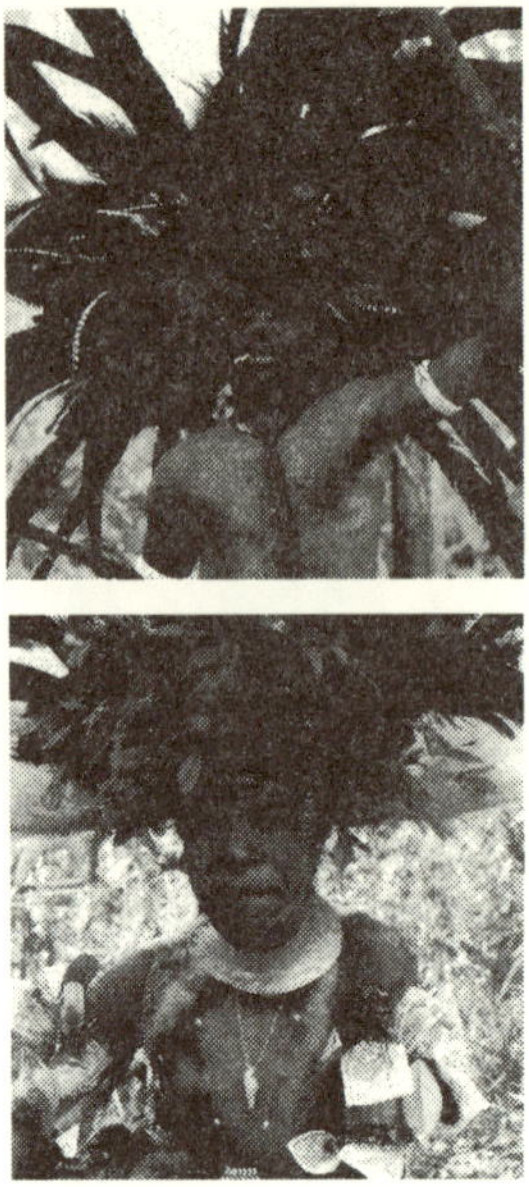

J・クリフォード『ルーツ』より

じつまの合わない細部」――ハデに着飾ったジェイムズ・ボスのその頭飾りと、その同じ彼が口にくわえる短くなったフィルター・タバコというコントラスト、あるいは缶ビールのプルトップでできている婚資を身にまとった女のイヤリング――に着目する。なぜなら、こうした「つじつまのあわない細部」が、「意に反して、あたかも本質的なもの」であるかのように写真のなかの人物を「仕上げ」ているからだ。

いいかえれば、ワギたちは、「ワギ族」とそれを目にする「西洋」の博物館における「真正性のヴィジョン」が見事に一致するように、「ネイティヴ」の亡霊を呼び戻し、「ポストモダン・ネイティヴ」役を演じているのである。このとき彼らは、「真正なネイティヴ」の亡霊として「メラネシア人」であり続ける「実践するアーティスト」として登場し、この遺物からなる人類博物館に生を吹き込む。それも彼らの日常的な民俗／民族的空間に当たり前のように散逸するコーラの瓶やハンバーガーとともに、である。

ニューギニアの社会は、しばしば極端なローカル主義として知られている。だが、クリフォードがここに見出しているのは、その「起源（ルーツ）」への注目が「経路（ルーツ）」の認識と結びあわされるときに現出する、居住と旅の複雑な歴史のプロセスである。いいかえれば、植民地化と近代の「衝突の諸行程」は、変化を導くのではなく、むしろ変化の条件を変えるものであるということ、つまり、それを通して移動性と均衡、自律性と相互の連携の実践が交渉されるような力関係を変えるものであるということだ。[15]

＊

ギルバート&ジョージのロンドンと、ワギたちの「パラダイス」にみるニューギニアは、どちらも両者の居住する空間を「フィールド」として舞台にしている。そしてこのとき、美術館あるいは博物館に展示された彼らの生きる社会や共同体は、「起源（ルーツ）」と「経路（ルーツ）」、グローバルとローカルの文化的ジャンクションの場となり、事後的に再構築されて「異種混淆的な真正性」を浮き彫りにしている。まるでマルクスがイデオロギーを論じるときに、カメラ・オブスキュラの例をとりあげたように、図らずもギルバート&ジョージとニューギニアのワギたちを写し出す写真は、どちらも再帰的な鏡＝民族誌となって、そのことをわたしたちに提示するのである。

しかし、何よりもここで見落としてはならない重要な文化のロジックは、どちらも文化産業のはらむ両義性のなかで「名人芸」を展開する「民族誌家としてのアーティスト」であるということだ。この戦略に見て取れるのは、今日、非物質的労働と呼ばれる労働のなかに包摂された政治的なもののさまざまな資質——偶発性や、予測不可能性との関係、他人へのまなざしへの露出——をAlter/Nativeな社会へと切開していく行為である。それは、かつてマルクスを当惑させた、きわめて言語活動的‐名人芸的（パフォーマティヴ）な〈現実態＝行為〉であり、むしろだからこそ、こうした「生きた労働」＝「実践するアーティスト」によって、その息絶えた美術館、博物館、あるいは都市は、グローバルとローカルを貫く「コンタクト・ゾーン」として息を吹き返し始めたのである。

5　ビジネスの前に／とともに亡霊を

「あまりにもひどすぎて、素晴らしい」——ボードレール

なるほどメランコリーはビジネスを席巻している。しかしそのとき現在の時間のなかに召喚される亡霊が、政治的なもののなかに含まれる生の偶然性、行為、活動、予測不可能なもの、意図的に継承されたわけでもない行動の特異な文脈のなかで、その文脈を奪用し、その文脈と戯れ、支配的イデオロギーのなかに書き込まれた政治的行為を逸脱させるために呼び戻されるのであれば、わたしたちはそこに隠されたもう一つの位相をくみとるチャンスを手にすることができる。

政治哲学者フランソワ・デブリクスは、デリダの「マルクスの亡霊」にみる亡霊的手法に疑義を挟みつつ、亡霊的政治性について次のように述べている。

生者に命を与えるよう死者に要請すること。現在の行動を成し遂げるために過去の精神＝霊（spirit）を呼び出すこと。現在の政治闘争に意味を与えるために過去の戦闘を「呪文を唱えて召喚する」こと。これが政治的戦略としての亡霊性（spectrality: 亡霊的なものへの回帰、亡霊たちの回帰、回帰する亡霊たち）の基本的な方策である。これが政治の、つまり亡霊性としての政治的なもの、もしくは亡霊的な営みとしての政治活動の基本的な（無定形の）形式なのである。[16]

ミメーシス的なものに依拠しながら、文化産業によって生産され、地球規模に拡大した情報コミュニケーション構造——ポピュラー文化や日常生活の美的原理——のなかで、徹底して亡霊を模倣し、分身化し、客体化するとき、それらのミメーシス的作用の準拠点が、商品や官僚制、生活形態の物象化という「システム」になっている場合、図らずもその行為は批判的な様相を帯びてくる。支配的なイデオロギーに対して守勢になるの

ではなく、むしろそれをいったん全面的に支持し、それによって戦略を逆転すること、そのために「過ぎ去った世代の伝統」を呼び戻すことは政治的行為である。

このとき商品として流通する不気味な亡霊は、どこかキッチュ――「キッチュとは、だれか他人の趣味である。私にとっては、古き良き時代のあるアイデアが全く場違いの場所で用いられ、それが自分の趣味と相容れない、という状態を表す様子」――ですらある。英国のアート批評家ピーター・ワードによれば、キッチュの魅力の根本にあるのは、どうしてこんなものが最初に人びとを魅きつけたのだろう、というこの滑稽さに満ちた戸惑いである。キッチュは、たとえそれが悪趣味から生まれたものであったとして、ひとを魅きつけると同時に不快にさせる強い魅惑的な力を持つ。「キッチュはわたしたちの良き趣味という概念と相容れないために不快な気分にさせられるが、まさにこのおぞましさに我々は一番魅きつけられるのである」[17]。

ポストモダニズムと文化産業として流通する商品の両義性が興味深いとしたら、それはそこに浮上した商品＝「神秘的なもの」が、社会労働における等価性の尺度へ還元されるものとしてではなく、むしろ「商品がさまざまな流用に開かれていること、その商品が歴史的につくられたり、作り直されている可能性をもっていることに宿っている」からではないだろうか[18]。商品と化したキッチュな亡霊は、奇形な怪物といってもよい。怪物は、深さを欠き薄っぺらである。それらはどこまで行っても表層でしかないその徹底した表層性ゆえに畸形の怪物なのであり、だからこそ、怪物は風景の表層性を、物語の偽りの説話性を暴露するのであった[19]。むしろ怪物は、こうしたパラドクシカルな状態におかれた、社会組織の残滓であるからこそ、わたしたちを次の創造性へと駆り立てる。

かくして、わたしたちが目のあたりにするのは、こうした亡霊の政治とともに、いかに「詩学（ポエティクス）」と「政治学（ポリティクス）」が出会い直す「制作（ポイエーシス）」の場を切り開いていくかということだろう。

ただし、かつてベンヤミンが残した次の遺言とともに――。

キッチュは、一〇〇パーセントまったく、つかの間に消費されるという性格をもった芸術にほかならない。だが、そうなるとキッチュと芸術は、まさしく表現の聖別された形式においてはたがいに統一しがたく対立し合うことになる。それに反して、これから生まれるべき生きた形式は、なにか心暖まるものを、有用なものを、そしてまた喜びを与えてくれるものを含み、「キッチュ」を弁証法的におのれのうちに受け入れ、そうすることで大衆に近づきながら、それにもかかわらずキッチュを克服しうることが必要である[20]。

注

1　スタジオジブリが誕生したのは一九八五年。ジブリアニメは、高畑勲と宮崎駿を筆頭に、『天空の城ラピュタ』、『となりのトトロ』、『紅の豚』など、日本の不況もさておいて世界のディズニーをも凌ぐ勢いである。九四年に現ウォルト・ディズニー・インターナショナル・カンパニー社長の星野康二から幾度となない申し入れをうけ、当時企画していた『もののけ姫』をディズニーが全米公開することを条件に、九六年「カットしない、勝手に改造しない」ことを条件に広範な事業提携を開始する。また二〇〇一年一〇月、井の頭公園に「三鷹の森ジブリ美術館」が完成したことは私たちの記憶にも新しい。

2　監督の宮崎駿自身、『千と千尋の神隠し』をめぐって日本を舞台にファンタジーをつくる意味についてこう述べている。

「……湯婆婆の世界を、擬洋風にするのは、何処かで見たことがあり、夢だか現実だか定かでなくするためだが、同時に、日本の伝統的意匠が多彩なイメージの宝庫だからでもある。民俗的空間——物語、伝承、行事、意匠、神ごとから呪術に至るまで——が、どれほど豊かでユニークであるかは、ただ知られていないだけなのである。……伝統的な意匠を、現代に通じる物語に組み込み、色あざやかなモザイクの一片としてはめ込むことで、映画の世界は新鮮な説得力を獲得するのだ」。宮崎駿「不思議の町の千尋」『『千と千尋の神隠し』を読む四〇の目』キネマ旬報社、二〇〇一年、一八—一九頁。ちなみに「ジブリ」という名称は、イタリア語の「Ghibli」（ギブリ）の読み換えからなり、「サハラ砂漠に吹く熱い風」を意味する。第二次世界大戦中、イタリアの軍用偵察機が使用していた名前でもある。このことを知っていた飛行機マニアの宮崎駿がこれをスタジオ名にしたという。

3　宮崎駿は養老孟司との対談で次のように述べている。

「ぼくが生まれたのは一九四一年ですけど、自分が見て記憶にのこっているのはほとんどが戦後の風景なんです。戦後、再建されたバラックは二〇年もたつとぼろぼろなんですね。不思議なことにぼくと同じような年齢の人だけでなく、もう少し若い人たちもそういう風景を心にとめているようなんです。

ぼくが戦後見てきた木造モルタルとか、そういうふうな建築様式っていうのはたぶんそこで消えてしまうな、という予感があるんですね。そうすると、情けない風景だなとおもっていた、自分も住んでましたけど、そういう家がじつは自分たちにとって歴史的には本当にわずかな期間のものだなと思って。それが美術史的に意味があるとか、建築史上に意味があるとかということではなくて、どこかに残しておきたいという気持ちがあって、『千と千尋の神隠し』の中でそれをやったんです」。宮崎駿、養老孟司『虫眼とアニ眼』徳間書店、二〇〇二年、一三八頁。

4　クリストファー・フィンチ『ディズニーの芸術』講談社、一九七七年、四二四頁。

5　同じことは日本にもあてはまる。ポストモダン様式の興隆は、歴史的な意匠を断片的に取り入れ、表面的に模倣した建築空間を想起させる。伝統様式の記号化や「自己完結としての物語」空間の創出は、しばしば「むらおこし」をはじめとする、ローカルなアイデンティティの再構築を担ってもいる。ディズニーランドは、テーマパークの先駆けとして知られる一方で、しばしばその手法は、グローバル化の動きのなかで、ローカルな固有性を際だたせるべく創出された閉鎖的な仮構空間——「ディズニーランド化現象」——を増殖させることにもなった。

6　例えば二〇〇二年のエリザベス皇太后の死に見られたナショナルなメランコリアもまた、こうした状況の症候であるといえよう。

7　スラヴォイ・ジジェク『全体主義』青土社、二〇〇二年、一七一一七六頁。

8　ボードリヤール『シミュレーションの時代』ＪＩＣＣ出版局、一九八二年、七六―七七頁。

9　酒井隆史、渋谷望「ポストフォーディズムにおける〈人間の条件〉」『現代思想』二〇〇〇年三月、一三九頁。及びニコラス・ローズ著、挽地康彦訳「自己の生産」『現代思想』二〇〇〇年三月。

10　パオロ・ヴィルノ著、廣瀬純訳『マルチチュードの文法』月曜社、二〇〇四年、八三―九五頁。

11　ちなみに二人は生きる彫刻家として「彫刻家の原則」と題するマニフェストを記している。それによれば、1つねにスマートに着こなせ。身だしなみ良く、落ちつきと親しみと礼儀をもって抜かりなく完璧に自省を保つこと、2世間があなたを信頼し、その特権への配慮を怠らないようにするようし向けること、3評価に関する議論や批評はまったく気にせず、尊敬される落ち着きを失わないこと、4創造主がまだ掘り続けていることを忘れず、しばらくは台を離れないこと。セゾン美術館カタログ『現代美術の鬼才ギルバート＆ジョージ』（一九九七年七月二六日―九月二三日）。

12　ここで補助線としてデレク・ジャーマンを思い出したい。そうすればここに「真正な」文化に対する反感と憧れの両義性を見いだすことができるだろう。

13　ギルバート＆ジョージへのインタビュー「人間として生まれ、アーティストとして生きる」『美術手帖』一九九四年五月、一九頁。

14　ジェイムズ・クリフォード著、毛利嘉孝他訳『ルーツ』月曜社、二〇〇二年、一七三―一七四頁。

15　クリフォード前掲、一八九頁。

16　フランソワ・デブリクス著、仲正昌樹訳「政治としての亡霊性」『デリダを読む』情況出版、二〇〇〇年、一一八頁。

17　ピーター・ワード著、毛利嘉孝訳『キッチュ・シンクロニシティ』アスペクト、一九九八年、一六―一七頁。

18　クリフォード前掲、三六六頁。

19　蓮實重彦『表層批評宣言』ちくま文庫、一九八五年、二三一―二三二頁。

20　ヴァルター・ベンヤミン『パサージュ論Ⅲ』岩波書店、一九九四年、二一一―二二頁。

セッション1——渋谷 望

〈帝国〉のアンダーグラウンド

近年「グローバル化」という言葉によって名指される社会再編のプロセスは、ハートとネグリにならい〈帝国〉と呼ぶほうが適切かもしれない。というのは、このプロセスは、それは一方でかつてないほどの解放や自由を承認しつつ、同時にこの自由を擁護するためと称し、かつてないほどあからさまな管理と暴力の正当性を主張するからである。今日ますます強まりつつある〈帝国〉的管理は、「政治的なもの」——敵対性 antagonism——の消去によって成立しているのではないだろうか。

とはいえ敵対性そのものは消え去ることはできない。オフィシャルな意味で政治的敵対性は八〇年代以降、「ポストモダン的感性」の台頭とともに急速に消滅してきたが、敵対性そのものは、明白な政治的な形から別のものへと姿を変え、さまざまな場面に転位してきたように思える。とするなら、敵対性の消去と、抵抗や転位のせめぎあいはどのような形で可視化されるのであろうか、このように問いを立てることができる。本セッションで、「アンダーグラウンド」という言葉を、このせめぎあいを言い当てるために使った。「アンダーグラウンド」とは、必ずしも政治的なものではないような、にもかかわらず政治的なものに接合可能なポテンシャルを有した領域として考えることができる。それは同時に、いかがわしさや猥雑さを糧として人を惹きつけるような領域でもある。

以上のような問いを立てたとき、二つの論点を提出することができた。

①敵対性の犯罪化 criminalization

〈帝国〉の痛点ともいえるアンダーグラウンドは、社会のあらゆる局面に遍在する。この痛点は、どのような形で管理されつつあるのか。「犯罪化」の言説とポリシングの実践の上昇が、この問いに対する一つの解答ではないだろうか。酒井隆史の報告「〈帝国〉における敵対性の構築」は近年の、日本での大学の再開発(ジェントリフィケーション)が、最も身近な〈帝国〉的身振りであることを教えてくれた。彼の報告は早稲田大学における地下サークル部室の排除のレトリックと実践の分析を通じて、ポリシングとマーケティングの接合型の学生管理が大学の「グローバル化」に必須のテクノロジーとなりつつあることを示した。また、矢部史郎「White Graffiti!!——浄化社会と落書き裁判」は、行政、司法、ポリシングの三者によって形成される複合体において、数ある無数の落書きのなかから、杉並区の公園の一つのトイレにおける反戦落書きだけがとくに「重犯罪」としてコード化されていくプロセスを、二〇〇三年のケースから報告した。「落書きは違法行為だからイケナイ」という言説を成立させる文化ヘゲモニーは、このような複合的プロセスを通じて機能する権力の原因であり効果であるともいえよう。

あるいは「反権力の姿勢は弾圧の口実になるからイケナイ」という自己検閲言説もその延長にあるのではないか。平沢剛の報告「路上解放と映画」はこの点にかかわる。彼は、日本における六〇年代後半と現在の路上抗議の映像を紹介し、多様かつ豊かな敵対性の表現行為と対比させるかたちで、自己検閲的な表現行為の貧困を問題化した。

②カルチュラル・スタディーズは何をなすべきか?

われわれは以上の分析を通じて、CSが何をなすべきかを問題提起しようとした。Jポップは海外の流行をたくみに取り入れるが、同じように、危険な敵対性を解除した「Jカルスタ」を、少なくともわれわれは実践したくはないと考える。これは別にアジっているわけではない。なぜなら敵対性は日常的現実にあるからである。平井玄の報告「アンダーグラウンド・カルチュラルスタディーズ」は、日本のCSの知識社会学的分析を試みた後に、Underground CSを提起する。それは日常に遍在するいかがわしい敵対性を排除するのではなく、むしろ目をそらさずに参与観察すること——「野次馬」になること——である。〈帝国〉において、敵対性から目をそらさないことは、いまや「対抗的」たることと同義なのではないだろうか。

必ずしも狙い通りの方向で議論が活性化しなかったのが残念だが、アカデミズムに囲い込まれないCSをささやかながら実践できた、とは思う。

2　池波正太郎の「下町」

五十嵐泰正

1　「下町」語りに突出する池波正太郎[1]

台東区のほとんど中央部に当たる合羽橋道具街に、二〇〇一年にオープンした台東区中央図書館の一階に、池波正太郎記念文庫がある。これは、一九九〇年に死去した池波の妻が、彼とゆかりの深い台東区へ自筆原稿や遺品を寄贈したいと申し出た一九九二年に、ちょうど区側が老朽化した旧中央図書館の建て直しを検討していたタイミングが重なり、実現したものである。記念文庫は、自筆原稿や絵画といった池波にまつわる資料が多数収集しているのはもとより、池波の書斎が復元されているなど、単なる区立図書館の一施設という位置付けを越え、池波ファンを中心とした全国からの来訪者・観光客のまなざしも意識した多分にエンターテイメント色の強い空間である。地元ゆかりの文学者の記念館が、地域おこしという名のもとに地域観光の核としての期待を集める例は全国的にも数多いが、池波が庶民の代表を自認する「物書き」であったことから、権威の象徴であるような単館記念館の建設を遺族が嫌がり、公立中央図書館内という誰もが気軽に訪れられる形態に落ち着いた。[2]

池波正太郎記念文庫は、区立の中央図書館という地域文化行政の中核施設の顔となり、全国区の来訪者を集めるとともに、台東区民にも概ね愛されている。[3]浅草聖天町に生まれ永住町で育ち、一時期下谷区の職員も勤めた池波正太郎は、「下町っ子」の代表を自認しながら、台東区内各所を含む「下町」地域の文化や人々の営みを、時代小説やエッセイに描出した作家である。開設の経緯は多分に偶然の産物でもあったが、結果として池波の記念文庫が、数多い台東区ゆかりの作家たちの中でも、とりわけ区そのものの「顔」と呼ぶにふさわしい存在として、地域行政や区民に好意的に受け入れられているわけだ。[4]

「下町」をめぐる観光産業に目を転じても、池波正太郎の存在は大きい。健啖家として知られる池波は、自ら親しんだ東京の「下町」地域や旅先で出会った（その多くは庶民的な）料理と料理屋を評し、日々の献立を詳細に記したエッセイや日記を多数ものしているが、それらはそのままグルメガイドにもなりうるものであり、「有名な誰かが来た店ということで言うと、池波さんは最強の名前」[5]とまで評されている。当然ながら、その池波の名前は、観光産業にとって利用価値は高い。たとえば、代表的な「下町」ガイドブックである昭文社『まっぷるマガジン　東京下町を歩く』二〇〇一年版では、「文豪が愛した美食を求めて」のコーナーに池波は、森鴎外・夏目漱石とともに最も大きな扱いで登場している（pp. 20-21）。

「下町」観光における池波の重要性は、グルメだけにはとどまらない。池波の代表作とされるものは、四〇代になってから満を持して書き始めた、江戸の市井を舞台にした三大シリーズ――『鬼平犯科帳』『剣客商売』『仕掛人　藤枝梅安』。それらはすべて、テレビ時代劇として映像化されている――である。池波がこれらの小説を書くときには、切絵図と呼ばれる木版刷りの江戸の古地図を常に手元に置き、浅草や上野、深川といった場所の時代ごとの街区の様相を、作品の中に可能な限り正確に書き込んでいった[6]。映画狂としても有名だった池波の小説は、読むそばから情景が立ち上ってくるような映像的な記述に富んでいる。池波は、長谷川平蔵が踏み込んだ大店や、秋山父子の行きつけの料理屋といった固有名を持つ架空の場所を、切絵図上の街路や武家屋敷、現在も残っている寺社といった実在の固有名と並べて配置することで、読者が虚実半ばした江戸の町を視覚的かつ実体的に把握することを促す。たとえば、『剣客商売』第一話の以下の記述から、下谷五條天神門前の書物問屋から根岸の寮に向かって佐々木三冬が歩いた足どりを、現在の上野界隈の地理に多少詳しい読者ならば、街路の名前を「昭和通り」などと置き換えながら頭の中に思い浮かべて読むだろうし、そうでなくとも、切絵図を参照しながら実際に辿って歩くことが可能である。

> 山下から車坂通りへ出た三冬は、左に切り立った上野の山、右に組屋敷が並ぶ道を坂本の通りへ折れ曲がって行く。この通りは金杉、三ノ輪を経て千住大橋へつらなる奥州街道の道すじに当たり、両側の町家の灯も明るく、人通りも多い。善性寺門前を過ぎた三冬は、肩で風を切るようにして坂本二丁目と三丁目の境の小道を、左へ切れ込んだ。（「女武芸者」『剣客商売』1973=85:44）

こうした作風をもつ池波は、八〇年代の江戸東京論の盛り上がりを経て登場した「町歩き」ブームの先導者としてうってつけの存在であった。自らの幼少期からの町歩きの経験に、東京の諸街区の故事来歴と作品中の記述を織り交ぜたエッセイを綴った『江戸古地図散歩』（平凡社、1975=94）は、すでに七〇年代に出版されているし、晩年に出版した、地区ごとに編集した同様のエッセイに古地図や浮世絵を対応させた『江戸切絵図散歩』（新潮社、1989=94）に至っては、もはやほとんど町歩きのマニュアル本に近い趣になっている。池波没後一〇年以上経った現代になっても、それらの新装版が版を重ねているだけでなく、新たに池波ファンのオマージュを付け加えたガイドブックが新たに出版されている。[7] 中でも、江戸開府四〇〇周年にあたる二〇〇三年には、『鬼平犯科帳』などに登場した店舗や旧跡を地図上にプロットしたムック本[8]が、相次いで刊行されたことが目を引く。[9] その一つ『江戸東京散歩』では、天保期の地図上にプロットされた鬼平の舞台が、文政年間の絵図に落とし込まれた忠臣蔵ゆかりの地と並べられており、町歩きブームの中で、池波のフィクションが史実と比肩しうるほどのオーセンティシティを持っていることが伺われる。それは出版物上の話に止まらず、既にパブリックな観光事業の中に取り入れられてもいる。昨年の十月、江戸開府四〇〇年記念事業の一環として浅草観光協会が主催した、「大江戸史跡散歩　池波正太郎の風景」というウォーキング・ツアーに筆者も参加した。山谷から蔵前まで、参加者は地図を片手に旧浅草区内の池波ゆかりのチェックポイント一六箇所[10]をめぐり、各地に待っている観光ボランティアから解説と記念品を受け取る趣向だが、今吉柳通り沿いの本性寺では、痔を癒すと信仰されていたこの寺の縁起と、秋山小兵衛の妻と嶋岡礼蔵の墓所という『剣客商売』の設定とが、何の違和感もなく同列に語られていた。

このように、エッセイ・時代小説ともに、池波正太郎の「読み物」は、「下町」の中核である台東区の文化政策と「下町」をめぐる観光産業の双方において、ある意味特権的な地位を与えられているわけだが、台東区出身者だけで三桁に達するといわれる「ゆかりの作家」の中で、彼に比肩しうる存在は今のところ見当たらない。[11] ほかの「ゆかりの作家」たちと比べて、人気テレビ時代劇の原作者である池波の現在のファン層に、分厚いものがあるには違いないが、彼の突出ぶりはそれだけでは説明できまい。現在の「下町」界隈での池波の扱いを見るともはや、池波は「下町」を最も適切に語る作家というオーセンティシティを与えられているのみならず、池波正太郎が語るものこそが「下町」的なるものである、という逆転さえ起こっている、と極言したくもなる。少なくとも、池波が紡いできた「下町」語りが、商品化され地方行政に公的にも認証された、ドミナントな「下町」言説に、形式と語彙を提供する最重要の備蓄庫の一つとなってきたことは間違いない。だとするならば、池波正太郎の「読み物」を「下町」語りの典型とみなして分析することによって、現代の観光産業やそれを内面化した地方行政がPRしようとしている「下町」が、いかなる構造を備えているのか逆照射してみるという試みも、それほど見当違いなものではないだろう。

2 「下町」語りの形式

池波正太郎と同年齢で親交もあった司馬遼太郎は、東京オリンピックに伴う東京改造の時期を経た六〇年代末から、江戸物の代表作を書き始めた池波を、こう評している。

池波さんは、適応性に乏しい小動物のように自分から消えてしまいたいとおもっている様子で、以下は重要なことだが、この人はその頃から変らざる街としての江戸を書きはじめたのである。（中略）池波さんは江戸の街路や、裏通りや屋敷町、あるいは〈小体《こてい》な〉料理屋などを少しずつ再建設しはじめただけでなく、小悪党やらはみだし者といった都市になくてはならない市民を精力的に創りはじめた。（「池波さんのこと」池波ほか『剣客商売読本』新潮社、1990=2003:350）

池波のアシスタントだったT氏によれば、池波は、「幼いころから身の回りで出会っていたような人たちを、江戸という舞台の中で動かしているような、そういう作品を描いていた」（二〇〇四年一月聞き取り）。

池波は、自らの育った永住町（現在の元浅草一～二丁目）に生きる人々の「エネルギー」を、相互扶助の精神を、貧しい中での食の豊かさと心の余裕を愛していた。[12]それらの「下町」の気風は、都市生活の「情緒《じょうしょ》」ある習俗や景観の中でこそ育まれるものであり、池波にとって、「情緒を失った町は「廃墟」にすぎない」[13]。江戸中期に町人文化が花開いて以来のそうした街の情緒は、池波が幼少期を過ごした昭和初期までは確実に受け継がれていた、と池波は感じていた。しかし、四〇年代から江戸物三大シリーズを書き始めた池波は、「あの東京オリムピックだけはしないほうがよかった」と嘆き、[14]バブル期に至っては、「東京は、いよいよダメになった」ので、「皇居と天皇ご一家と、文化的な環境と施設のみを現東京へ残し」、首都の役割は「御役御免にしてもらいたい」という遷都論を唱えるまでに、[15]東京に進行している開発という名の変化と、それによる街の情緒の喪失を憂うことになる。現実の東京に絶望感を抱く彼は、変らぬ街のよき習俗と景観、人々の気風が有機的に結びついた一種の逃避的な理想郷として、秋山小兵衛や藤枝梅安が活躍する江戸を、時代小説に書き込んでいったのだと言えるだろう。

そうした彼が、町歩きマニュアル的な本に寄せるエッセイは、次のような記述に典型的に見られるような視線から綴られることになる。

上野と不忍池も、あかるい公園である。それでいながら、むかしの地形を、しっかりとつたえてくれているのがありがたい。（中略）私の［鬼平犯科帳］の中の［妖盗・葵小僧］に、「……池の端仲町といえば、上野・不忍池の何面に細長く連なっている町で、商店も高級な一流ぞろい。日野屋は元徳のころから、ここに店をひらき……」と、ある。そうした、小さくとも何やら由緒ありげな商舗が物しずかにたちならぶ通りで、池之端に面した側は、江戸時代の水茶屋が建ち並んでいた雰囲気もあり、その反対の南側は、下谷の芸者町という……私が少年のころは、まだ、そうした江戸のおもかげが、かなり色濃くただよっていたようにおもわれる。(「よかちょろ」『江戸古絵図散歩』平凡社、1975=94: p.32)

ほとんど「廃墟」と化した現在の東京の中に、自らの創作によって補強された江戸の街の景観や習俗を探し、自らが昭和初期に味わった東京の思い出を発見しようと、池波は躍起になって街路を歩きまわり、辛うじて発見した江戸の「面影」や「香り」や「名残」を、ほっとしたように「街歩き」好きの読者に伝えてゆく。

このような、「江戸の名残」を現在の東京に透かし見る、という池波の語りの形式は、現在の「下町」観光の方向性と非常に親和性が高いが、それは一九七〇年代に確立されていったものである。それを理解するために、ためしに、「下町」の二つの中核的盛り場と見なされている、上野と浅草に関する記述を、五〇年代と七〇年代のガイドブックとで比較してみよう。

日本交通公社が五〇年代半ばに出版した『新旅行案内5 東京』では、歴史的な背景説明に言及している部分もあるが、上野・浅草の記述ともに、主に当時の時点での賑わいと、庶民性や大衆性・気取りのなさを強調するものとなっている(1955=58: pp. 58, 64)。それに対して、一九七〇年代におけるその直接の後継シリーズである『新日本ガイド5 東京 横浜 鎌倉』では、両地域には「江戸の名残りの商人気質や職人気質が、いまなお受け継がれて」おり、「浅草は古くからの東京っ子にとっては郷愁の街」と描き出される(1976: pp. 120-1)。

地域の歴史的来歴を解説するのは、どちらの年代にも共通しているのだが、その語りから読者が受ける印象には大きな差異がある。東京都観光協会の『東京案内記』(1959)では、江戸期の盛り場としての草創期からモダン浅草の繁栄の歴史が駆け足でたどられたあとに、間をおかず「浅草復興行進曲」という小見出しが並べられ、戦災でカタストロフィを迎えたこの街が流行廃りを繰り返しながらも、往年の賑わいを取り戻しつつあることが語られる(pp. 114-8)。ここにおいて五〇年代当時の現在の浅草は、あくまでも過去の歴史的地層の上に、連続的に位置づけられている。老舗や名物に向けられる「なつかし」さも、その中に何者かの「名残」を発見する形での懐古趣味ではなく、著者および想定される読者自身が直接見知った「老舗や名物」が、戦災を経て復活することに向けられたものである。対照的に、浅草商店連合会発行の『浅草』(1975)においては、「心のふるさと　江戸の薫り」の副題が付され、仲見世以下の各見所は「今に残る江戸情緒」としてまとめられているように、七〇年代の懐古趣味は、おもに「江戸時代の名残」に向けられている。それらは、五〇年代当時の「なつかしさ」の対象からはるかに遡り、七〇年代当時の「現在」とは断絶した、変らぬ過去の保管庫としての上野・浅草の一断面である。寛永寺や浅草寺の来歴に続いて、明治・大正から昭和初期に到る上野広小路や六区興行街の賑わいが解説されることはあっても、その描写が現在に続くこの地区の変遷に位置づけられることはない。

七〇年代に確立した、こうした変らぬ江戸の名残を「下町」に探そうとする形での観光化は、この時期の大きな時代状況の中に位置づけられるものである。高度経済成長が一段落した七〇年代には、周知の通り、国鉄のディスカバー・ジャパン・キャンペーン（以下ＤＪＣ）が展開され、古きよき日本の再発見というコンセプトが、大々的に商品化された時期であり、一九七六年には、文部省がふるさと運動を提唱し始めてもいる。[16]

この時期に都市化がほぼ飽和状態に達した東京では、都心部があらかた鉄筋コンクリートのビルに埋め尽くされ、郊外化が進行してゆく。郊外に住むようになった大半の東京人は、地域共同体意識のない空虚な新興住宅地の中で、故郷喪失感を強めていく。ＤＪＣの呼びかけに呼応して、農山村＝日本の周縁部に失われたふるさとやよき過去を探そうとしたのは、そうした人々である。この時期に定式化された「下町」観光産業は、彼らに呼びかける。繁華街・歓楽街としては東京の中で地盤沈下＝周縁化されていく「下町」は、江戸の名残という私たちの過去が変らぬ形で封印されている、東京人自身の「ふるさと」なのだ、と。成田龍一は、ＤＪＣの展開の中で、「都市は自分の故郷ではない、自分の故郷は都市以外の地域にある」という意識が登場したと論じているが、[17]「下町」は、そうした故郷になりえないはずの大都市東京の中で例外的に「ふるさと」を感じることのできる場所として、観光化されていったのである。[18]

日本全国の多くの農山村が「ふるさと」として再発見される中で、さまざまな伝統の再創造が行われたように、現実に進行する環境変化の中で、現在と断絶した過去の名残を称揚するためには、いくつかのファンタジーを必要としたのだろう。その役目に、高度成長期に喪失感を覚えて苛立っていた池波正太郎の作品は、うってつけだった。実際の切絵図に、魅力的な江戸《えど》人《びと》と店舗を書き込んだ彼の時代小説は、東京人のファンタジックな過去像を明確に描き出していたし、その痕跡を歩いて探し回る彼のエッセイは、東京人の「ふるさと」を売ろうとする「下町」の観光産業に、即応的な語彙と形式を提供し続けた。[19]その回路の核にある言葉として、以下のような一節が選ばれ、池波正太郎記念文庫の入り口のパネルに肖像写真とともに飾られているのは、必然の結果である。

　東京人に故郷はない、と、東京人自身が口にするけれども、私はそうではない。私の故郷は誰がなんといっても浅草と上野なのである。（「散歩」『男のリズム』角川書店、1979, p.99）

池波が、自らの回想と時代小説を介して、「ふるさと下町」にその痕跡を見出そうとするのは、物理的な景観などの都市のハードだけではない。それ以上に彼は、そうした情緒ある都市景観の中でこそ育まれる東京人《とうきょうびと》の習俗や気風といったものを、江戸の名残として発見しようとしていく。一九七〇年代には、民俗資料を「正しい」形のまま「変化させない」ために、無形の民俗文化財にも指定制度を導入した文化財保護法改正（一九七五）が行われ、無形文化財が観光と結びついていくが[20]、この潮流と軌を一にするように、池波のノスタルジックなまなざしは東京人《とうきょうびと》の無形の営みに注がれている。

T氏によれば、池波は、「足のつま先でものを見て」小説を書く作家であった。頭で物語を構築して書いていくのではなく、身体に染み付いたひらめきで小説を書き、足で歩き、舌で味わったことを大事に表現する、職人的な「物書き」である。そうした彼は、東京人を東京人たらしめる目に見えぬ所作、作法、気風といったものが、都市の景観や習俗が物理的に壊れていくことに伴って失われることを殊のほか嘆き、彼の身体と化している作法——鮨屋やそば屋でのふるまい方、羽織の着方から、チップの渡し方、女性のあしらい方まで——を、少々恥ずかしがりながらも若い世代に語っていこうとする[21]。若い世代のファンの一部にとって、池波は「エシックスの教師」であり[22]、池波のカッコよさに惹かれて没後なお増える若い読者の一人は、「まだまだ〈大人〉ではない自分の未熟を反省し、池波作品のよさを本当に実感できる人間に成長せねばならない、と痛感しております」（埼玉県二四歳、男）という感想を来訪者ノートに寄せる。

二〇世紀前半の震災と戦災で歴史的建造物や町並みの多くを失った「下町」台東区のA区議会議員は、「この区は古い古いとは言っても、町並みだけでは勝負できない。保存されているところだけ情緒豊かであとはどうなの、っていうことではしょうがない。そうじゃなくて、ここに住んでいる人の心意気や生きざまみたいなものが、何かあるんじゃないか」と区の観光行政のあるべき姿を語る。観光ガイドブックのほうも、ここ二〇年来、「下町」の景観と文化商品に、その地の人々の気質を本質的・有機的に結び付け、「下町」と呼ばれる場所に行けば、その地で確かに育まれた「下町っ子」の人情や気風を味わうことができると、トートロジカルに繰り返してきた。いわば、身体化された人々の振る舞いこそが、「下町」最大の観光資源として想定されているわけだが、そこに明確で具体的な像を与えた最重要な言説の一つが、池波の一連の作品に他ならない。

3　身体化されたナショナリティ

その言説の機能はどうあれ、聖天町に生まれ、永住町に育った池波が、浅草や上野をふるさとと呼ぶのは、まったくもって正当な話である。しかしここで興味深いのは、地方出身者が大半を占めるはずの郊外居住の「下町ファン」の多くも、鬼平の活躍する江戸——小説を通してであれ、テレビ時代劇を通してであれ——に懐かしさを、池波のエッセイに描かれる「下町」に「ふるさと」を感じてしまうという点である。それは何よりも、池波の作品に描かれた江戸あるいは東京の「下町」を、読者や視聴者が、「われわれ」共通の「ふるさと」、つまり「日本」として感受してしまうことが、可能になっているからではないだろうか。[23]

もっとも、池波自身が「日本」に明示的に触れることは、そう多くない。これは、彼と同年齢で親しくもあった、「国民的」という形容詞がこの上なく似合うあの作家と対比してみると、一目瞭然だ。「この国のかたち」を常に意識しながら、「司馬史観」を壮大なスケールで展開する「国民作家」司馬遼太郎のナショナリズムを分節化する試みは、彼の死後既に語り尽くされた感があるので、[24] ここで繰り返す必要はないだろう。それに対して、池波正太郎に関する評論は、その司馬に匹敵する人気や知名度から考えると、驚くほど少ない。大上段に振りかぶった国家論を書かなかった池波[25]には、あまたの批評家たちもとりつく島がなく、あるのは池波ファンからのオマージュ的な解説だけなのだ。にも拘らずではなく、だからこそ、池波の「日本」が分析の俎上に載せられなければならない、と筆者は考える。池波のナショナリズムを声高に指摘するためにではなく、どうして池波作品の描く江戸や「下町」が日本として感受されてしまうのかという、そのメカニズムに迫るために、だ。そのために、彼がエッセイの中で時折試みるいささか凡庸な比較日本文化論ではなく、彼の真骨頂の「下町」語りにわずかに垣間見える「日本」という表現を、手がかりにしてみたい。

池波は時に、江戸期から連綿と続き、もはや地元民の身体に染み込んでいる「下町」の習俗の中に、ふと日本というネイションを透かし見ることがある。たとえば、「新しい年の習俗」と題されたエッセイ。[26] 家族総出の大掃除、「暮れ襤褸」と新年の新しくしたてた絣、寛永寺の鐘の音といった、「下町」の何気ない年越しの営みを、わざわざ「日本人としての習俗」と呼びなおした後に、現代では松飾りをしなくなったことを嘆き、同時に日の丸を掲揚しなくなったことも嘆いてみせる。「家」というエッセイでは、幼少期を過ごした永住町の子供たちの遊びや物売りの姿を回想して、「日本的な町の情緒《じょうしょ》」と呼ぶ。[27]

しかし彼は、首都の一角の「下町」に江戸時代から伝わる習俗を、正統な日本文化として特権化しようとするのではない。まったく逆に池波は、最近は下町と山手で同じものを食べていると嘆き、[28] まだ東京と同じような風景になることを免れている金沢や木曽路の宿場を愛で、「多種多様な形態」をいまも温存しているフランスを称揚する。[29] 池波にとっては、遠い過去から連綿と各地に伝えられて身体化している習俗を守り、「下町っ子」は「下町っ子」らしく、「山の手人」は「山の手人」らしく、「金沢人」は「金沢人」らしくあり続けることがすなわち、日本人として生きることなのである。池波の見ていた日本は、各地の「ふるさと」の日常に息づく何気ない過去の名残の中に、そしてそれを伝える地元っ子の身体の中に、静かに偏在しているのだ。

この意識と、到達不可能な無限遠点に「日本」という形象を置き、「この国のかたち」を雄弁に論じていたと評される司馬遼太郎のそれとの違いは大きい。[30]司馬文学に対して小森陽一は、男性の英雄たちのセルフ・ビルディングをネイション・ビルディングに重ねて語る一連の維新ものが、敗戦後の日本を創った企業戦士たちにリアリティを内在させる形で物語を提供し、近代日本という国家をめぐる幻想を創出した、と論じている。[31]

池波の時代小説は、あくまでも史実を中心に据える形式をとった司馬の歴史小説よりも、一段と肩の力を抜いて読める娯楽作品である、数度にわたって大河ドラマの原作者となった司馬の歴史小説に対して、池波の三大シリーズには民放のテレビ時代劇がよく似合う。司馬が、自らの営みを国家発展の全体像の中に位置づけたがるホワイトカラー男性に、「この国のかたち」を語りかけたのだとすれば、時期的にもそれと平行した池波文学やその映像化作品は、司馬の読者層よりさらに一段「庶民的」で、よりローカルな文脈で日々の生活を営んでいる人々に、日本人というアイデンティティを無言のうちに再確認させ続けたと、論じることができるのではなかろうか。

武田俊輔は、近年のナショナリズム研究が、地域的な共同体や習俗を解体し、均質的な国民を「上から」作っていく近代国家の力学を批判することに注力してきた一方で、個々の地域的なコミュニティ意識が自発的にナショナルな意識と結びついてきた側面を、見過ごしてきたと主張する。[32]近代化が均質的な風景と文化を作り出すことを常に痛罵する池波の語りは、「国民化」を目指した国家権力とは、確かに最も遠いところにある。しかしそこには、今まで見過ごされがちだった別種のナショナルな契機――「ふるさと」に古くから伝わる習俗を生きる身体こそが日本人の身体であるという、ナショナリズムへの「下からの」寡黙な呼応――が、密輸されてはいなかっただろうか。この問題提起以上の詳細な分節化は本稿の手に余るが、武田の主張を念頭におくならば、ナショナリズム研究者は、「大衆作家」池波に、「国民作家」司馬と同等以上の注意を払う必要があるだろう。

ただし、筆者は何も、池波正太郎的な「下町」語りがナショナリスティックであると指摘して、それを断罪したいわけではない。ナショナリスティックであると指摘することが即ある種の負のレッテル張りになるような議論には、筆者は正直違和感を禁じえない。佐藤健二は、ナショナリズム批判という理論的要請のみに従属して引用を切り出して、柳田民俗学に「ナショナリズムの限界」が内在していたと安易に結論付ける、昨今の文化研究の流行を痛烈に批判している。[33]先行する批判的な枠組みから一方的に、池波正太郎の作品の一節にナショナリズムの影を読み込み、そこで鬼の首を取ったかのように議論を終わらせてしまうのであれば、それはまさに佐藤が批判した浅薄さに他ならない。

池波の「下町」語りを「オヤジ慰撫」言説と口さがなく断じるのでも、何だかんだで池波の世界観が好きな自分を告白して議論を終わらせるのでもなく、もう一度現実の〈下町〉に目を向けなおしたとき、そこから一歩進んだ地点にある問題群が見えてくる。

いかに「下町」が江戸の名残という変らぬ過去の保管庫として観光化されようとも、現実の東京東部地域は、常に流動する人口を抱え、新たに生成し、混交する文化の震源地であった歴史を持っている。その歴史の最先端に、上野などに特に顕著に見られる急速な外国人の顕在化、多文化化現象がある。その状況下で、身体化されたナショナルなものをひそかに忍び込ませた池波の「下町」語りは、「他者」の排除と抑圧の言説へと容易に転化しうる。観光化のまなざしの中で過去の名残が称揚されるとき、それは「誰の」過去なのか、あるいは、「誰のために」過去の名残を保全するのか、という問題が必ず問われることになるが、人種的・文化的な多様性が増大するグローバル・シティ東京の現状は、その問い直しをめぐる闘争が先鋭化する危険性を孕んでいるのだ。

もっとも、[34]幼いときから「町」を遊び場とする、生粋の「町っ子」であった池波正太郎は、頑迷に過去に固執するだけの偏屈漢ではない。観光産業の中で再生産されることがないために、没後の現在はあまり取り上げられることがないが、ハイカラな洋食を好み、最新のフランス映画やハリウッド映画を追いかけ、フィルム・ノワールに影響されて殺し屋を主役とした斬新な時代小説を書くといった、東京人《とうきょうびと》のもう一つの面目躍如たる新物好きという一面も、池波は強く持っていた。変らぬ江戸の名残への執着と、新しい文化を吸収する柔軟な感性は、池波の中ではけっして矛盾するものではなかったのだ。

ならば、「下町」の庶民のエネルギーを愛する池波が、グローバルに越境してきた新しい庶民と、彼らのもたらす新しい文化の可能性を、どう描き出すのか。また、新来外国人たちが、池波作品にひそかに内在している「日本」という含意を脱臼させ、都市生活者のダンディズムとしてそれを新たに読み替えて、「外国生まれの下町っ子」になっていったとき、池波は彼らをどう見つめるのか。自らの「下町」語りを特権化する観光産業の思惑から離れたところで、流動するもう一つの〈下町〉のリアリティをどう評価するのか、一度池波正太郎本人に聞いてみたかった。

お忙しいなかを筆者の聞き取りに協力して、貴重なご意見をご教示下さった、A氏、T氏、Y氏の三氏にこの場を借りてお礼申しあげます。

注

1　本稿で言う「下町」とは、東京東部の一角と、その地を表象する言説群の総体のことであり、どこが「下町」なのかを特定することに筆者の興味はない。都市間競争が激化するグローバル化時代の今日、シティ・セールス／都市観光の重要性が浮上する中で、「下町」も大きく焦点化されている（拙稿「グローバル化の中の「下町」」『現代思想』31‐6、二〇〇三）。

2　T池波正太郎記念文庫・指導員への聞き取りから（二〇〇四年一月）。T氏は、一〇年以上にわたり、生前の池波正太郎の私的なアシスタントを務めた人物である。

3　Y台東区教育委員会職員への聞き取りから（二〇〇四年一月）。筆者は、二〇〇三年七月～二〇〇四年一月にかけての記念文庫来訪者ノートを閲覧したが、そこにあった以下のような書き込みは、自らの愛する「下町」の代弁者としての池波に対する、区民の強い愛着を傍証している。「池波先生の本を読むにつけ我が幼少の頃がなつかしく、自分の時代とダブる時が多いと感じます。（中略）同じ浅草に生まれてよかったと。」（浅草在住六〇歳）。「この近くに住んでいてよかった。ラッキー。自然と時代ものに手が出て池波作品に行きついたのがふしぎ…」（不明）。

4　Y氏。歴史的な背景をもつ各地域の地元への愛着が潜在していることを考えると、池波が台東区内各所で幼少期を過ごし、区内各所を満遍なく作品に取り上げていたことも、彼が区立の中央図書館の顔としてふさわしかった由縁の一つと言えるかもしれない。この点に関してはたとえば、「浅草の心意気」をベタに描いたNHKの朝ドラ『こころ』のPRを、区全体で盛り上げていくことはできなかった（A台東区議会議員への聞き取り二〇〇四年一月）ことを、付記したい。

5　大村彦次郎、常盤新平、矢野誠一「文壇食通番付。」『東京人』一八六号、二〇〇三、八七頁。

6　T氏によればこれは必ずしも時代小説家として必然的な手法ではない。たとえば藤沢周平は、「深川」と名のつけられた場所を舞台にした小説であっても、架空の街路を舞台に物語を展開している。

7　池波ほか『池波正太郎が残したかった「風景」』新潮社、二〇〇一。

8　『江戸切絵図に広がる鬼平犯科帳雲霧仁左衛門』人文社、二〇〇三、『切絵図・現代図で歩く江戸東京散歩』人文社、二〇〇三、西尾忠久編著『鬼平犯科帳を歩く』旬報社、二〇〇三。

9　これらのガイドブック的なものは、池波自身の著作、池波没後に編集されたものの双方ともに、東京を広く扱ったものではあるが、「東京」と銘打った一般的なガイドブックと比べると、現在「下町」と呼ばれている地域——谷中や千住などその中のかなりの地域は、江戸期には山手あるいは郊外と呼ばれていたところだが——の記述が、目立って分厚くなっている。池波自身が幼いころから「下町」に慣れ親しみ、小説やエッセイにも数多く取り上げていたこともあるが、現実に江戸の文化と経済の重心が、現在と比べてかなり東寄りだったわけであり、当然と言えば当然である。

10　その中の一つに、池波正太郎記念文庫も組み込まれている。

11　たとえば、台東区北部の吉原と龍泉寺町を舞台に代表作『たけくらべ』を著した樋口一葉に関しては、台東区は区立の記念館を擁しているが、池波のような「下町」観光産業への広がりは見られない。唯一『日和下駄一名東京散策記』という随筆集を持つ永井荷風のみが、彼の贔屓にした名店を紹介するガイドブックが出版されている（近藤富枝監修『永井荷風の愛した東京下町』JTB、一九九八）など、観光産業の中でも大きな存在感を示しているが、次々に関連本が出版される池波とは量的に大きな差を感じる。

12　池波「浅草」「住居と生活」「昔の味」『小説の散歩みち』朝日新聞社、一九八二＝八七、一〇二、一〇六、二〇二～五頁。

13　池波「家」『男のリズム』角川書店、一九七九、三八頁。

14　池波「大晦日」『池波正太郎の春夏秋冬』文藝春秋、一九八九＝九五、八三頁。
15　池波「遷都」『ル・パスタン』文藝春秋、一九八七＝九四、二〇五〜六頁。
16　安井眞奈美「消費される「ふるさと」」成田龍一ほか『故郷の喪失と再生』青弓社、二〇〇〇、一一二頁。
17　成田龍一「都市空間と「故郷」」成田ほか前掲書、二五〜六頁。
18　変りゆく東京の中に江戸を透かし見て往時を偲ぶという作法は、既に大正期に永井荷風が行っているし、東京の文化人の故郷喪失感は、関東大震災による下町地域の破壊に始まるが（高橋勇悦「東京人の形成」『東京人の研究』恒星社厚生閣、一九九五、一一四頁）、観光というチャンネルを通じてそうした作法が広範な東京の郊外生活者の中に浸透し、過去が封印された「ふるさと」という商品としての「下町」が大衆的なレベルで確立したのが、上記のような時代状況にあった一九七〇年代だと言ってよいだろう。
19　池波自身は意図していなかったと思われるが、池波の作品が九〇年代以降の読者に与える印象の一つに「癒し」があることが、記念文庫の来訪者ノートに、「記念文庫に来るとなぜか心が落ち着きます」、「この文章を見ると何故かスーッと肩の力が抜け楽になる気がする」といった語りが頻出することからも覗われる。現在、「下町」を「癒し系」の空間として消費しようとする来訪者の思惑が高まっていることに関する分析は別稿に譲りたいが、さしあたり、「癒し」を求められることに戸惑いながらも、「ほっとタウン上野」というキャッチフレーズを編み出して、その需要に応えている上野商店街連合会の事例を紹介しておきたい。
20　才津祐美子「「民俗文化財」創出のディスクール」『待兼山論叢日本学篇』第三〇号、一九九六、四七〜五四頁。
21　池波『男の作法』新潮社、一九八一＝八四。
22　常盤新平『池波正太郎を読む』潮出版社、一九八六＝九四、四七〜八頁。
23　たとえば、記念文庫の来訪者ノートには、郊外から来た池波ファンのこのような書き込みが残されている。「今池波作品をくり返し読んでいると、その都度日本人としての自分を再確認し、生きることのすべてを考えることがあります。」（滋賀在住、元埼《ママ》玉県人、女性）
24　『大航海』No.13、新書館、一九九六、桂英史『司馬遼太郎をなぜ読むか』新書館、一九九九、小森陽一「文学としての歴史／歴史としての文学」小森陽一、高橋哲哉編『ナショナル・ヒストリーを超えて』東京大学出版会、一九九八など。
25　元アシスタントのT氏によれば、自らの小説に対して「文学論」をして欲しくないと願っていた池波の作風には、イデオロギー性が全くなく、それゆえ左右問わず「超党派」のファンがいるという。
26　池波『池波正太郎の春夏秋冬』文藝春秋、一九八九＝九五、六八〜七〇頁。
27　池波「家」『男のリズム』角川書店、一九七九、三八頁。
28　池波「むかしの下町の味」『池波正太郎の春夏秋冬』文藝春秋、一九八九＝九五、一一六頁他。
29　池波「フランス料理（一）」『ル・パスタン』文藝春秋、一九八七＝九四、一二四頁。
30　若林幹夫「「日本」を可能にするもの」『大航海』No.13、新書館、一九九六、一〇三頁。
31　小森前掲論文、一九九八、八頁。
32　武田俊輔「民謡の歴史社会学」『ソシオロゴス』No.25、二〇〇一、一一〜二頁。
33　佐藤健二「民俗学と郷土の思想」小森陽一ほか編『編成されるナショナリズム』岩波書店、二〇〇二、五六〜九頁。
34　川本三郎「町っ子の魅力」太陽編集部編『池波正太郎の世界』平凡社、一九九八、一二一〜三頁。

3

都市への記憶——「満州国」建築へのまなざし[1]

古賀由起子

「満州国」[2]の首都であったかつての「新京」、現在の長春の都市空間は、当時の都市計画を引き継ぐ形で発達したもので、しかも当時の建築物を数多く残している。「ラストエンペラー」溥儀のかつての仮宮殿は偽皇宮博物館に(図1)、またかつての関東軍司令部の日本城郭風の建物は現在では中国共産党吉林省委員会がその権力を誇示する場となっている(図2)。「帝冠式」[3]としばしば称されるかつての官庁街の建物は解放後、中国共産党の官庁街となり、現在はその一部が吉林大学の校舎にあてられている(図3、4)。日本の霞ヶ関を彷彿させるような、街路樹の深い緑に覆われたこの整然とした官庁街を抜けると、正面にきらびやかな極彩色の装飾を施された中国風建築に突き当たる(図5)。これは、皇帝溥儀の正式の宮殿として満州国政府が建設を進めていたものだが、日本の敗戦とともに工事も中断し、一九五〇年代になってから、中国政府が日本統治時代の計画にほぼ忠実に完成したもので、はじめは博物館として、今は吉林大学の一部として使われているものである。このきらびやかな建物と向かい合うようにして、芝生の敷き詰められた広々とした広場を挟んでそびえ立つ建物がかつての国務院で、東京の国会議事堂そっくりの姿に、日本人観光客の多くが「生々しい」という感想を漏らす観光スポットである(図6)。新京は満州国の消滅とともになくなったが、近年、日本人観光客の目の前に再びその姿を現している[4]。中国の改革開放政策の進展に伴い、長春を訪れる日本人は年々増加の傾向にあり、五月初めから十月末までの観光シーズンには、毎日三百人近い日本人観光客が長春を訪れる。そうした日本人にとって、このかつての満州国の首都はまさに、消滅した帝国の遺物という考古学的発見であり、また同時にリアルタイムの満州国テーマパークとなっているのである。

図1——旧仮宮殿（偽皇宮博物館）。「9・18を忘れるな」と刻まれた碑の前で記念写真を撮っているのは日本人団体観光客

図2——旧関東軍司令部（現中国共産党吉林省委員会）

図3——旧軍事部庁舎（現吉林大学付属第一医院）

図4——旧司法部庁舎（現吉林大学）

図5——旧満州国新宮殿（現吉林大学、通称「地質宮」）

図6——旧国務院（現吉林大学医学部）

1　昭和と天皇と建築

戦後日本でしばしば「旧満州」と言及される中国東北部の都市の多くに当時の建築物が残されているが[5]、その中でも長春の都市空間を特殊にしている要因の一つが、帝冠式と呼ばれる建築様式の存在である。その名の通り、冠のような形の屋根をのせた建築で、鉄筋コンクリート造りの胴体部分には西洋風建築が用いられている。神奈川県庁舎（一九二八年竣工）、名古屋市庁舎（一九三三年）、「日本生命館（現日本橋高島屋の一部）」（一九三三年）、「軍人会館（現九段会館）」（一九三四年）、「愛知県庁舎」（一九三八年）といったように昭和元年頃から急速に広まった帝冠様式は、「帝国議会議事堂」のアイデアとして下田菊太郎が提案した「帝冠併合式」が始まりといわれ、この議院建築に関して下田は次のように述べている。「皇室中心の国体を表現し四民相協り相議して国家を擁護するの趣意に適い知識を中外に求めるの思想にも合うし、犯すべからざるの威容儼として他の模倣的建築物の間に世界を風靡するの大観たるべし[6]」。石造りの西洋風建築とアジア風の屋根の折衷は、まさに皇国日本の近代化を体現するものと見なされた。明治天皇亡き後、皇室中心の国体の維持へ建築的な貢献を目指したのが、あたかも洋装した天皇の身体を体現するかのような帝冠式建築だったのである。

日本国内では散発的に採用されるにとどまっていたこの建築様式が、新京では都市を装飾する顔として採用されることになった。もっとも日本国内では日本式の屋根がのせられることが多かったが、新京においては「五族協和」という満州国の政治スローガンの体現を意識して、中国風の湾曲のある屋根を載せたものが多く見られる。新京の官庁建築は、政治イデオロギーへの建築的貢献を期待されていたのである。国都建設局顧問となって官庁建築を指導したのは佐野利器であるが、彼は、日本国内の帝冠様式の先駆けとなった神奈川県庁舎を手がけており、新京の建築様式については、「満州の気分を基調とすることを望む[7]」と述べている。その存在をグロテスクと表現する日本人観光客が多いのは、アンバランスな折衷主義にのみよるのではない。その背景にある日本帝国主義や冠をかぶる天皇の存在を、しばしばその様式に投影しているのである。

満州国を飾る顔として採用された帝冠様式も、戦後の日本建築史研究の中ではファシズムが生み出した「鬼っ子」として捉えられることが多い。これに対して飯島洋一は『王の身体都市——昭和天皇の時代と建築』の中で、帝冠様式に表現される思想が戦後日本の建築様式にも形を変えて脈々と受け継がれていることを指摘している[8]。一九二〇年代後半から一九三〇年代にかけて帝冠式建築を推進したとされる伊東忠太（一八六七—一九五四）にはじまり、丹下健三（一九一三年生まれ）、磯崎新（一九三一年生まれ）、隈研吾（一九五四年生まれ）という昭和の各時代を代表する四人の建築家を取り上げ、昭和初期の帝冠式建築に具現化された天皇制が、これらの建築家のさまざまな建築スタイルを通じて形を変えて現れていることが、ラカンの精神分析学の概念を援用して示されている。日本の元号が天皇制にもとづく時間軸を構成していることに見られるように、昭和の時代は無意識に昭和天皇の身体時間にとらわれており、これらの四人の建築家も例外ではないというのである。昭和天皇の身体は不在の身体として国民に示され、むしろ隠喩としての身体が、各時代のメディアを通じて、例えば、写真（御真影）、声（終戦時のラジオ放送）、あるいはデジタル数値（天皇危篤の際日々報道された体温、体温、脈拍、血圧、呼吸数）というかたちで存在したことを示した上で、各世代の建築家の作品とこうした隠喩としての昭和天皇の身体表現との関係を明らかにしている。ポストモダンな建築物が林立し、デジタル化された現代の東京の都市空間においてもなお、飯島は昭和天皇の影を感じ取っているのである。

2　帝国の記憶と建築――長春の都市空間と「帝冠様式」

さてここで、飯島が隈研吾の作品を通して示したデジタル化された時代に、昭和天皇の身体の建築的表現である帝冠式の建物が、アナログで時代錯誤な形をとって、かつて満州国の首都「新京」と呼ばれた中国東北部の都市長春で日本人観光客の目前に再び現れていることに注目するべきであろう。建築様式は、それぞれの時代の思想や欲望を映す鏡である。[9]しかし同時に、建築形式に表現され内包される意味は、こうした建築物がある一定の都市空間の中に配置され、利用されていく過程で、その記号論的意味を変化させてゆく。建築家や都市計画による「第一の生産」に対置して、利用を通じた都市空間の再生産をミッシェル・ド セルトーは都市空間の「第二の生産」と呼んだが、[10]こうした記号論的側面の考察を範疇に入れていない飯島の分析からは、戦後日本の建築様式に見る天皇の亡霊の出現と、中国・長春における満州国の亡霊の建築的出現との関連を見ることは難しいであろう。他方、空間の消費という「第二の生産」段階においては、都市空間が再構成されるだけではなく、空間の消費者としての主体もまた再編成されていくことに気づく。これは、吉見俊哉が「都市の感受性」[11]と端的に表現しているものであるが、物理的存在としての都市空間は、様々な形で空間消費の主体としての個人の身体的感受性――動作、視線、自己認識など――を規定しているのである。都市空間とその利用者である個人との相互作用を考慮したアプローチは、長春の都市空間で「負の遺産継承者としての日本人」としての自己を（再）認識する日本人観光客を分析する際に非常に有用なものと思われる。

更に、長春における満州国の亡霊の出現は、飯島の観察とは異なった形で、日本国内でのデジタル化の意味に光を当てるものとなりそうである。ここでは、高橋哲哉の提示する、戦争の記憶に関する考察が参考になるように思われる。[12] 高橋は、戦争の記憶というものが亡霊的であると述べた上で、亡霊として戻ってくるこうした記憶は、時間の論理に逆行すると指摘する。時間の論理（chronology）とは、未来へと前進する論理で、これは他方では忘却の論理となる訳であるが、これに逆行する論理が時代錯誤、アナクロニズム（anachronism）であるという。戦争の記憶はまさに、忘却への反逆としてのアナクロニズムに基づくものだというのである。こうしてみると、デジタル化した日本でますます進む戦争の歴史の忘却と、それに反逆するかのように出現した長春での満州国の亡霊、という構図が浮き上がってくる。そうした意味で、これは帝国の建築的記憶をめぐる、飯島の示した物語のコインの裏側の物語といえる。

「歴史」の出現——満州国の亡霊と日本人観光客

新京は満州国の消滅と共に地図から消えたが、近年になって日本人の目の前に再びその姿を現している。中国の改革開放政策や冷戦の終結に後押しされ、長春への日本人観光客は毎年増加の傾向にあり、長春への観光客全体の一割強を占める。かつての満州国の首都は、考古学的発見とも言えるような遺構を数多く残しており、これが長春観光の目玉である。欧米の旅行ガイドブックの多くは、長春は見るべきものはほとんどないためわざわざ足を止める必要なし、と、この都市を取り上げることはあまりないが、日本のガイドブックでは、満州国の歴史を色濃く残す街として、写真をふんだんに使い数ページを割いて紹介されているのが一般的である。あたかも建築ガイドブックのように主要な満州国の旧址が丁寧に解説されており、「満州国」を訪ねる旅としての長春が描き出されている。実際のところ、現在の長春の街並みは当時の都市計画そのものを概ね踏襲しており、また当時の官庁街が現在は中国共産党の官庁街となっていることもあって、生きたテーマパークの様相を呈しているのである。このように街の「顔」ともなった戦後の長春における帝冠式建築の命運は、戦後日本、とくに戦後の東京における同様式の建築の行く末とはずいぶん異なっている。そもそもかつての「帝都」東京における帝冠式の建物は点在しているに過ぎなかったが、これが焦土と化した東京にタケノコのように生えていった様々なスタイルの建築物の林立する都市空間の中に埋没している。飯島洋一が指摘するように最近のポストモダンな建築に天皇や帝国の記憶が内包されているものも散見されるが、それらの多くは建築家の思想の投影にとどまっており、街往く人々に天皇や帝国を想起させるものとは必ずしもなっていない。

満州国の遺構のほかにこれといった観光名所のない長春へ訪れる観光客にとって、偽皇宮博物館と長春映画宮（かつての満州映画株式会社、満映）、そしてかつての官庁街が観光のメイン・スポット、というのは中国人観光客にしても日本人観光客にしても同じで、これら三つのスポットを直結する観光用の市バス路線も整備されている。もっとも、帝国主義的過去との対峙を避けることが国民的シンドロームとなった戦後日本に育った日本人にとって長春は、日本では断片としてしか見えてこない「本物」の歴史さがしの場を提供している。亡霊はつねに「ここ」ではなく「そこ」に出現する、というデリダの指摘がまさにあてはまるのが、現在の長春なのである。[13]「過去」がスペクタクルとして認知される「歴史」は、〈あそこ・向こう〉に認められる――過去は置換え装置を通すことにより眼に見えるモノとなるようである。帝冠式の建物は東京にも存在するが、こうした建物は東京の都市空間に吸収され、そこに歴史的亡霊を見る者は少ない。一方、同様の建築様式の建物が、長春を訪れる日本人にとっては、満州国の亡霊を眼にしたとの感を抱かせるのである。こうした意味で、長春の都市空間は、デジタル化されたポストモダンな東京の都市空間のアナログ（analog）な「他者」として浮上してきたとも言える。同時に、アナログな長春の都市空間は、日本人にとっては「あたかも時の流れを凍結されたかつての歴史」を示す、アナクロニスティック（anachronistic=時代錯誤）でアナログ（analogue=当時を彷彿とさせる）な「時間的他者」ともなっているのである。

このように現在は日本人観光客が過去を投影する対象としての長春の都市空間であるが、そもそも満州国建国当時の「新京」の都市空間は、日本人が未来イメージを投影する場であった。[14]長春の市街地は幅数十メートルの大通りで区切られ、直径数十メートルのロータリーとそれを華やかに取り囲む堂々とした石造りの建物が配置されており、こうした一九世紀パリを模した壮大な都市計画、あるいは水洗トイレの完備した住宅など、当時の日本国内での都市環境よりはるかに先進的な空間がそこには体現されていたのである。しかし現在、かつての未来都市は、日本人観光客が過去を投影する場となっている。

こうした都市空間の中で、日本人観光客は、観光の対象――満州国の遺構というスペクタクル――へ眼差しを投げかける観客として存在する訳であるが、同時に、眼差しを投げかけられる対象としての自己を強く意識することになり、この点が長春における日本人観光客の体験を非常にユニークなものとしている。日本人観光客の置かれたこうした重層性を強烈に認識させる空間としては、かつての国務院の建物（現吉林大学医学部）の一部につくられた歴史展示コーナーが挙げられる。これは満州国の第二代総理大臣だった張景恵の執務室を中心に遺留品や写真パネルを用いた展示であるが、日本人観光客の増加に伴い、日本語を話す若い女性の中国人ガイドが随時七、八名待機している。当時の日本人の蛮行を彼女らのたどたどしい日本語で説明されながら、関東軍の操り人形として存在した（と説明される）張景恵の執務室に足を踏み入れ、彼の遺品に取り囲まれるころには、どの観光客も、自分がその歴史的いわく付きの空間を構成する一要素として存在させられていることを感じるのである。「さあ、こちらが謁見台です」との声に、かつての官庁街と新宮殿（現在の地質宮）を見渡す、その広々としたバルコニーに立つ日本人観光客は押しなべて居心地が悪そうで、遠慮がちに記念写真をとると、そそくさと展示館を後にしている。長春を歴史的空間と捉える日本人にとって、こうした空間においては、「あの戦争にかかわった日本人」として地元中国人の視線に映る「日本人」としての存在を意識し、想像せざるを得ないのである。フィールドワークの一環として偽満皇宮博物館で博物館専属ガイドをしていた際に、「ああ、あなたは日本人ですか。よかった、中国人のガイドさんにこうした歴史を説明されるのは実に肩身の狭いものがあるから」という言葉をしばしば聞くことになったのも、こうした自意識の現れを示しているといえよう。飯島洋一が丹下健三の建築の分析をするにあたり、昭和天皇の御真影をめぐって、まなざされる対象としての国民に注目しているが、長春における「満州観光」を考える際に、こうした「逆転のまなざし」とでも呼ぶべき状態の存在が、日本人による長春観光の体験を特殊なものにしているのである。

長春を訪れる日本人の大多数は、いわゆる満州引揚者なのだが、彼らにとって、長春への旅は、矛盾に満ちた感情とあからさまに対峙する場を提供している。頭では、満州国は存在すべきものではなく、また自分たちが満州国で生活していたこと自体が誤りであったと認めていながら、その一方であふれ出る懐かしさをとどめることができず、しかし、そうした懐かしいという感情自体を現地の中国人に対しては表現すべきものではないと感じている。同時に、第二の「故郷」となった「祖国」日本への複雑な思いも去来する。彼らの中には引き揚げ後、引き揚げ者に対する差別をおそれ、満州とのつながりを隠して生活してきたものも多い。彼らはツアーで同行する他の引き揚げ経験者と、戦後長らく抑圧してきた満州での記憶を共有し、「本来の自己」を取り戻す作業を行うのである。しかし、この自分探しの旅はまた別な意味で複雑さに満ちたものである。「故郷」長春は、当時の面影を留めてはいるが、しかし都市景観全体に見る変化も大きい。さらに、日本人として「新京」を闊歩していた自分たちが、今は都市の「他者」として長春の地に立っているという事実。「本当の故郷」と再会する旅は同時に、故郷の喪失を確認する旅ともなっているのである。「「満州国」をでっちあげた日本国家は、「満州国」の葬式を出していない」と一九六〇年代に指摘したのは竹内好であるが[15]、満州引揚者にとって、長春への旅は、何十年も延期された満州国を弔う過程もかねている。戦後日本という新たな故郷・祖国へ突如「挿入」された彼らにとっては、満州国の死を確認することにより、日本での自己の存在を再確認する必要を感じている者が少なくないのである。そうした過程を経てもなお、彼らの多くは長春を立ち去る際にこうつぶやく——「やはり私の故郷はここなんだよ。」

長春を訪れる日本人観光客は、こうした満州引揚者だけではない。満州国とは直接かかわりを持つことのなかった、しかし戦争を経験した世代や、あるいは大学生もかなりの数が長春に足を運んでいる。彼らの長春での体験を分析する上で有用と思われるのが、uncannyという概念である。この語はしばしば「薄気味悪い、不気味な」と訳されるが、この表現がまさに、長春に残る満州国の遺構を目にした一般の日本人観光客がしばしば口にするものとなっている。では、このuncannyとは一体どういう概念なのであろうか？

　フロイトが指摘するように、uncanny（薄気味悪い、不気味な）という言葉には、「馴染みのある」（das Heimliche [homely]）という意味と同時に、「見知らぬ」（das Unheimliche [unhomely]）という相対する意味が含まれている。フロイトはこの概念について次のように述べている。「uncannyというのは、見知らぬ目新しいものではなく、何か古馴染みのものが精神的抑圧によって疎外され、見知らぬものと認知されることを指すのである[16]」。フロイトの論文からは、現代（modern）において発現するuncannyとは即ち前近代（pre-modern）の痕跡であるとも読み取れる。こうした解釈に対し、Mladen Dolarはラカンの理論を援用し、現代に特有なuncannyの側面に光を当て、抑圧されているのは前近代ではなく、現代の疎外された片割れ、つまり現代そのものであると主張している[17]。すなわちuncannyとは、消滅・欠如したかに見えた、現代の構成要素の予期せぬ出現といえる。Dolarは更に、欠如あるいは喪失そのものが不安感をかき立てるのではなく、「欠如の欠如」こそが不安をもたらすというラカンの分析にも言及し、現代というのは、そもそも欠如をその現実認識の条件としているというのである。こうした見方にもとづくと、本来なら「欠如」として存在し、目に触れないはずのuncannyの出現は不気味なものとなる。

　長春を訪れる一般の日本人観光客がしばしば口にする、「薄気味悪い」「生々しい」あるいは「おどろおどしい」という形容詞は、こうした不安を表しているようである。日本人観光客にとって長春の都市空間をuncannyなものにしている最大の要因は、消滅したはずのものがそこに出現している、という「欠如の欠如」であろう。長春で日本人観光客が目にするのは、死んだはずの満州国の出現である。戦後日本において抑圧された戦争の記憶、なによりも突如消滅したかに見える満州国のイメージが、非常に日本的な要素がありながら完全な日本建築とは異なる建築物に囲まれた都市空間を歩くことにより、知っているはずで知らない、馴染みがあるようで馴染みのない風景となって迫ってくるのであろう。更に、そうした風景に挿入され、「あの戦争を起こした日本人」やその後継者としての自我――それは日本国内では必ずしも意識されるものではない――を突きつけられ、あまり自覚することのなかった「負の遺産の相続人」を期待される自己、という認識に不安感を感じるのかも知れない。長春の都市空間に投影されるこうした不安が、日本人観光客をもってこの空間をuncannyなものと認識させるのである。[18]同時に、あくまでもイメージとしてのみ存在していた「満州国」や「戦争」が、単なる視覚的イメージとしてではなく、触わって確認することのできる生々しい「現物」として迫り、それが「本物の、生の歴史に触れている」との感覚を抱かせるのである。長春に留学しているある日本人学生は、帝冠式建築の並ぶ官庁街について次のようにコメントしている。「これは、時期によって感じ方が変わりましたね。最初のうちは、うわー、えぐい、っていうか、生々しい、っていうか。だってそのままであるでしょう。……でも今は慣れちゃったというか、特にこれっていう感じもないですね。」このコメントに凝縮された感情は、他の多くの学生にも共通した反応で、uncannyなものに対する薄気味悪さと同時に、日本国内では触れることのできない「本物」の歴史に接している、という感慨がそこには含まれているのである。

多くの旅行者は、「日本人」としての罪の意識から、ある種の居心地の悪さを感じている。特に、戦争を体験した世代にとっては、中国人ガイドに見つめられる対象としての自分に、どうしようもない気まずさを隠すことができない。例えばある六〇代の男性は仕事で何度も長春に足を運んでいるが、毎回表現しようのない居心地の悪さを感じると言う。偽皇宮博物館のガイドとして現れた私が日本人であると知り、「ああ、日本人ですか。よかった。こういうところで中国人にガイドされるのもどうもね。……そりゃ、あなたみたいに若い人なんかは過去の事実として客観的に見ることができるかもしれないけれど、私なんかはこの歴史の一部を若いときに過ごしてきているから、そういうわけにはいかないよ。」という言葉を吐いている。同様の感慨は数多くきかれ、例えば一九四〇年代生まれの、初めて中国東北部を訪ねた男性は次のような感想を漏らした。「あの旧国務院の中の展示を参観した時に日本語が話せる中国人のガイドがついたんだけれどもね、これがたまらないんだよね。あの、中国人が穴を掘った前で首をつきだして、その首を日本人が斬っている写真の前で、これは事実です、とか言われるとね。」こうした例に見られるように、一般観光客の多くは、「日本人」として感じる自責の念を当然のものとして疑問視もしない。しかし、こうした自責の念に対してどのように反応すれば良いかわからないという戸惑いも隠せないのである。

その一方で、中国側でしばしば出される日本の戦後処理に対する批判に対して不満の意を表明する日本人観光客も少数ながら存在する。例えば、農協ツアーで偽皇宮博物館を初めて訪れた五〇代と六〇代の三人の男性は、日本語を話す中国人ガイドの説明に耳を傾けている他のツアー参加者から離れて「九・一八を忘れるな」[19]と刻まれた石碑の土台に腰掛けながら、次のような会話を交わしている。

「この満州国も、長春の発展に随分貢献したんだなあ。」

「建物にしたって都市計画にしたって、何もなかったんだからな。」

（ここで私が話に加わる）「でも、日本による侵略がなければ、中国の経済はもっと発展しているはずだと考える中国人も多いみたいですよ。」

「それはそうかもしれないけれど、日本の侵略がなくたって、共産党と政府軍とが十数年も戦って国土をさんざん荒らしているんだから、そう一筋縄にもいかないわな。」

「まあ、何と言っても満鉄の貢献は多大だよ。あの鉄道がなかったら、ハルビンなんて地方都市にすぎないし、特に黒竜江省なんて今ごろ完全に発展から取り残されているはずだからね。やっぱり、満鉄の貢献だね。」

彼らは、満州国のもたらした諸悪だけではなく、鉄道などのインフラ整備が後の中国の発展に貢献した点もある程度は認めて欲しいと、しかし人目を憚りながらつぶやくのである。こうしたつぶやきの裏には、「日本人」として、こうしたコメントは「中国人」には伝えられない、という、やはり「日本人」としての罪の意識を前提とした了見が見え隠れする。

一方、たいした予備知識もなく長春にやってきた、総勢四〇人のある高校生のグループは、悲壮な雰囲気で長春を後にした。長春は、「日本人」としての罪の意識を発見する場であり、また自分たちの関知しない出来事に対する責任を負う、という負の遺産の相続者としての立場に対するとまどいと、こうした挑戦に対する決意が交錯する場となったのである。彼らは、学校の交流プログラムとして、長春の高校生との交流をかねて長春観光を共にし、その一環として偽皇宮博物館を訪れた。写真や蝋人形を用いて日本人による中国人虐殺を示す展示を前に、中国人パートナーの手を握りながら泣き出してしまう者、表情も言葉も無くしてパートナーから慰められる者、そしていたたまれなくなりその場をそっと離れる者など、反応は様々だが、「歴史」をヴィジュアルな形で突きつけられた衝撃の大きさを物語っている。同時に、「日本人」として負の遺産を相続することに対し、彼らの多くは疑問をはさまない。むしろ、どういう言動が求められているのか、という疑問に答えることができず体を固くするしかないのである。その一方で中国人のパートナーと手をつないでいる「日本人」としての自分を強く意識し、また「日本人」として選択の余地なく背負った過去の遺産を、きわめて自然に抵抗もなく受け入れ、そうした責務をむしろ当然のものと感じている。以下、引用が長くなるが、彼らが長春で「歴史」に対峙した感想を数日後に綴った手紙を何通か紹介したい。彼らの「日本人」としての責任感や生々しいとまどいが読み取れるはずである。

博物館に入って初めはどう行った場所なのか分かりませんでした。博物館の中を見学している時、首だけの写真や、赤ちゃんの首のない死骸を見てとてもおどろきました。何の写真なのかを中国人の一緒にいた子に聞いたら、日本軍が殺した中国の赤ちゃんだと教えてくれました。わたしはついとっさに、ゴメンナサイと謝ってしまいました。その子はあなた達はとてもイイ人だと言ってくれました。昔、日本軍は中国に対してとてもヒドイ事をしてしまったのに、今は、そんな日本人を受け入れてくれて、しかも友好関係を深めようとしてくれているのを知って、本当によかったと思います。もうこんな出来事は一生おきないでほしいと思いました。

中国に対して日本がしたことは、とても同じ日本人とは思えませんでした。それでも、やはり行ったのは日本人なんだと思うととても申し訳ない気持ちでいっぱいになります。たとえ今の日本人にその罪の意識が消えかけていて、また昔の人のやったことだと割り切ってしまうにはあまりにも残酷で、虫のいい話だと思います。日本の代表としてなんてとてもおこがましく思うのでそれなら一人の日本人として、とても申し訳ないと思い、謝罪の意を示したいです。今、中国と日本の友好関係は良いのですが、その下にはたくさんの人の犠牲を、命があり僕らは決してそれを軽んじてはいけないと思います。

私は偽満皇宮博物館について、何も予習をしないで行った。だから、どんな所なんだろうって、ワクワクしてた。だけど、行って、説明を聞いているうちに、ここがどういう場所か分かった。そこには、本当に悲惨な写真がたくさんあって、見てられないものも多くあった。満州事変については勉強してあって、日本がひどいことをしてたことは知ってた。でも、いざその現場に自分が立ってみると、よけいに身にしみて感じた。一人の個人というよりも、日本人として、本当に謝りたい気持ちだった。偽満皇宮博物館を見学している間、私が中国に来てから仲良くなった呉さんは、どんなひどい写真を見ても、ずっと私と手を繋いでいてくれた。それが私にとって、本当に支えになるってゆうか、救われた。満州事変を起こしたのは、昔の日本人だけど、やっぱりつらかった。もうあんな写真は見たくない。あんな場所は、絶対に造りたくないと思った。中国の学生が、昔の日本人を見る目で私達を見るのでなく、今の私達をしっかり見てくれているのがうれしかった。でも、見学し終わった後、ニコニコ笑って写真を撮る気になんて、ちっともなれなかった。

わたしは日本で少しは勉強してきたつもりだったけど、偽満皇宮で写真などを見てすごく怖くなりました。本当ならホストファミリーの静ちゃんといろいろ話がしたかったのに、いざとなったら何も言葉が出てきませんでした。怖がっているわたしの肩を静ちゃんは優しく抱いてくれました。本当ならわたしが何か言わなければいけないのに静ちゃんは、わたしの肩を抱いたまま「大丈夫だから。」と何度も言ってくれました。それに「昔のことだから。」とも言ってくれました。でも昔のことでもその事実は変わりません。日本人としてひと言、謝ることができなかった自分が恥ずかしいし悔しいです。ホームステイをした家のおばあちゃんもとても優しく接してくれました。昔の事実はかえることができないし、わたしは日本が悪かったと本当にそう思います。でもこれからは、その歴史を知っている上でわたしたち若い世代が新しい友好のきずなを作っていきたいと思います。今日は九月一八日です。この日に長春の町にいれることをよく考えたいと思います。

このように、長春という都市空間は、当事者としての、あるいは遺産相続者としての戦争責任の問題を日本人観光客につきつける場となっている。そこでは、「中国人」の眼差しを常に意識しながら、「日本人」としての遺産継承が所与のものとして語られるのである。その上で、見る者としての観光客が、見られる者としての自己存在を認識し、発すべき言葉、とるべき反応を、見えない脚本の中に探ることになる。こうした不安の中、その観光客としての反応は、ある意味で「無難な」国民の物語に吸収されることが多いように見受けられる。ひと言に収斂すれば、「日本人として過去を恥じ、責任を感じる」という物語である。こうしたナレーションは、そもそも、満州国とその消滅という過程が突きつけてくる、「国民」や「民族」に対する鋭い疑問や、負の遺産継承をめぐる世代間の葛藤をも拡散してしまう物語なのである。しかし、そうした物語は、中国人の眼差しを意識した、不安の交錯する空間の中で、最も安易で安全な反応として共有されていくのである。[20]

遺構と歴史――地元中国人の視線

では、地元の中国人は、満州国の遺構を数多く残す長春の都市空間に対して、いかなる感情を抱いているであろうか?また、長春に大挙して訪れる日本人観光客を、彼らはどう見ているのであろうか?

長春市政府は、一九八〇年代半ばに、満州国の遺構を保存することを決定し、「偽満州国」の主立った建物は、その歴史的由来を明記した表示と共に保護されることになった。一九九〇年代半ばに、韓国のソウルで、長い議論の末、かつての朝鮮総督府の建物が壊されたのと対照的である。「物質的存在を消しても、思想が残れば元も子もない。物質的存在が残っても、思想が変われば良いのだ。」という八〇歳半ばの老人の言葉が、こうした態度を代表している。長春市政府は、満州国の遺構を生きた歴史の証人として残し、後世の教育に利用する道を選んだのである。

もっとも、物理的遺構を残しても、対象の日常化によって記憶の風化は起こりうる。現在、長春で起こっているのは、こうした形での戦争の記憶の風化であるように見受けられる。長春の大学生の、かの戦争に関する知識は驚くほど乏しく平面化している。歴史教科書で学ぶ歴史は十分に暗記しているが、それはスローガン化された歴史の粗筋であり、歴史の複雑性に対する興味や理解は乏しい。また、長らく地方史の勉強がカリキュラムに組み入れられていなかったため、日中間の戦争のアウトラインは知っていても、例えば地元長春で何が起こったかについては、殆ど何も知らないという学生が多々存在する。そうした学生にとって、長春の建築的遺構は、なんの感情的印象も残さないものであるだけでなく、その存在すら知らないものも多い。その一方で、歴史を知らない日本人とは異なり、中国人として自分たちは「正確な歴史の理解者」という優越感は深く浸透している。こうした、「歴史」の余剰と欠如――歴史の正当な伝道者としての認識〈interpretive privilege〉と歴史認識の画一化に由来する空白――に起因する問題は中国の戦争世代や識者の間でも認識され始めている。例えば長春市政府は、二〇〇二年より識者を集めて地方史の歴史教科書の編纂をはじめ、昨年の秋から各学校で地方史の授業が始められている。改革開放路線の進展に伴い共産党の一党支配体制が揺らぐ中国では、「国民の物語」が以前にも増して必要とされており、抗日に始まる建国神話を再浸透させる試みの中に、地方史への取り組みも組み入れられているのである。

「偽満州国の建物を見て、どう感じる？」という質問に対して、「日本はすごい！」という答えが返ってくることも少なくない。若い世代の中には、満州国の遺構に、日本の先進性、またその裏返しとして中国の後進性を投影している者も数多く存在するのである。当時の日本の技術的先進性や管理技術の先進性に対してだけでなく、戦後日本の復興・発展に対する畏怖の念も混じっている。例えば、一九八〇年代、九〇年代に建てられ、既に数十年もの年月が経過したかのように老朽化した建物を指しながらその後進性を指摘し、戦後数十年を経ても年月の流れを感じさせない「偽満州国」の建築物と比較する。こうしたコメントの裏には、中国政府への不満が見え隠れし、このような話題の後には、必ずと言っていいほど、中国政府の政治腐敗の問題が語られる。このように満州国の遺構に日本の先進性を投影するのは若い世代が多いが、その教育程度や社会的地位は多岐にわたっており、例えばある長春市政府の官僚は、堅牢な建築物をつくり出した日本の管理体制の優秀さを感じ取っている。彼らにとって、満州国の遺構は反面教師として存在しているともいえるが、その存在が即座に「歴史」を想起させるものとは必ずしもいえないのである。

また、若い世代の中には、まったくの無関心を表明する者も多い。こうした建物に対して、これといった特別の感情を持たない、と彼らは言う。あるいは「え、あの建物は日本人が建てたの？ 満州族の民族建築かと思っていた」という反応もある。「五族協和」という満州国の政治スローガンを表現する意図で、多少中国風の屋根を載せた、満州国の権威を象徴する帝冠式建築が、戦後数十年を経て、土着の建築様式と誤解されることになったのは、歴史の皮肉としか言いようがない。[21] こうした反応を反映するかのように、帝冠式の建物が建ち並ぶかつての官庁街には、この建築様式をエコーした、ポストモダン的な帝冠式の建築物が新たに加えられている（図7、8）。一九八〇年代のドイツで、ナチスドイツを代表する建築家アルベール・スピァ

図7——地元新聞社「長春日報」の新社屋は旧司法部のモチーフを取り入れたデザイン。左手に見える建物が旧司法部。

図8——昨年完成したばかりの高校。隣の敷地に立つ旧国務院のモチーフを使っている。

的な、ナチスの時代を彷彿とさせる建築様式をポストモダンな形で取り入れることに対して過剰なほどの反発があったのとは対照的である。[22]

　このような満州国の遺構に対して多く見られる無関心・無感情とは裏腹に、日本人の戦後処理あるいは歴史観に対する眼は厳しい。「日本人はあの戦争のことを何も知らない」「日本人はあの戦争を肯定している」という声を、世代や教育程度にかかわらず耳にすることが多い。こうした日本人観を持つ彼らにとって、長春に大挙して押し寄せる日本人観光客は甚だ不可解な存在となるのである。例えば、偽皇宮博物館内部の、日本の戦争犯罪に関する展示を参観する日本人観光客に対する眼は、一概に批判的である。それは、「こうした内容は日本では見聞きしたことがないであろう」あるいは、「こうした展示を見ても歴史の真実を否定するのだろう」といった悲観的推測に基づいている。「日本は民主主義にもとづく国家なのであるから、たとえば南京虐殺を認めない政府見解は、一般市民の歴史観の反映なのである」という理解が広く浸透している影響でもあるが、これは中国政府やメディア対する不信感の裏返しともいえる。結果として、地元中国人が、日本人観光客の視線として感じているのは、「歴史」に対峙するとまどいや自責の念ではない。むしろ、現代中国の後進性や戦争の歴史の否認、といったものを投影していると想像することが多いように見受けられる。

このように、長春という都市空間に様々なイメージを投影しながらも、日本人観光客と地元中国人のイメージが交錯する機会はほとんどない。戦争の記憶という負の遺産にどう取り組むかという問題について共通の問題意識をもつことなく、他者の発するプロジェクターの光におびえ、いらだつ戦後世代の不安が交錯する空間が長春の都市空間となっているのである。プロジェクターの画像を横から眺めると、光の筋が認められるのみでスクリーンに投影された画像が見えなくなる。お互いのプロジェクターが投げ出した画面を見ることができないまま、双方の投影する光の影の持つ見えない意味におびえる空間がそこには創出される。こうした不安により、日本国内では体現する機会の少ない形での過去との対峙、という場を提供するかに見える長春の都市空間は、むしろそうした政治的葛藤を拡散するかのように、「国民」という名のもとに語られる物語に収斂されていくのである。

3 スクリーンの向こうに——都市への記憶

こうして見てみると、一方では、長春という特殊な都市空間は、「国民の物語」が日中双方から、たいした抵抗も無く受け入れられる場を提供している。そこでは、両者は「国民」という名の下に、負の遺産の相続者としてのそれぞれの役割を演じるのである。その一方で、「国民」あるいは「民族」という概念の脆弱さが露呈される場でもある。例えば、満州引き揚げ者が長春で遭遇する二つの「故国」への複雑な思いは、国民や民族という枠組みを所与のものとして議論されてきた戦争責任・戦後処理の問題に鋭い疑問を投げかける可能性のあるものである。しかし、彼らの抱く複雑な思いが長春という空間を離れて表現されることはまれである。むしろ彼らの経験する心理的葛藤は、「旧満州」という空間に封じ込まれ、国民の物語の中に吸収されてしまう。「眼差しを投げかける主体」としての観光客が「眼差しを投げかけられる客体」として再構成される都市空間は、「日本人」として輪郭づけられる主体を再認識する空間となっているのである。中国側にとっても、「国民の物語」はパンドラの箱である。抗日にその正当性を求める建国神話がこれまでになく必要とされる今、日本人観光客が長春の都市空間に投影する過去への思いが内包する葛藤に対峙することは、共産党一党支配の正当性の根拠ともなっている自国の戦後の物語をも揺さぶる可能性を秘めているものだからである。

注

1 本稿は、二〇〇二年に米国のウエナー・グレン人類学研究財団（Wenner-Gren Foundation for Anthropological Research, Individual Research Grant）および社会科学研究財団（Social Science Research Council, International Dissertation Field Research Fellowship）から、また二〇〇三年に米国教育局フルブライト委員会（US Department of Education, Fulbright-Hays Doctoral Dissertation Research Abroad Training Grant）からの助成により、中国と日本で行った二年間のフィールドワークの一部を整理したリサーチノートである。

2 「満州国」は、中国ではそれが傀儡政権に基づくものであることを示す「偽満州国」あるいは「偽満」と呼称されている。日本では、こうした意味を込めて、「いわゆる満州国」という意味合いで括弧付きの「満州国」という表記がされることが多い。ここでもそうした意味で括弧を付けたが、以後は括弧を省略して表記する。

3 新京における帝冠式建築については、越沢明『満州国の首都計画——東京の現在と未来を問う』（日本経済評論社、一九八八年）の第七章に詳しい。越沢は、新京の官庁建築を日本国内で萌芽した帝冠様式の延長線上に位置づけているが、そこに表現される「民族協和」のスタイルからこれを「興亜式」と呼んで、日本国内の帝冠様式との違いをあらわしている。本稿では、これら「興亜式」の建築群はあくまでも帝冠様式の一形態であること、また日本での建築様式との継続性を顕示する目的で「帝冠式」との表現を用いることにする。

4 戦後における日本人の「満州観光」に関しては、高媛「記憶産業としてのツーリズム——戦後における日本人の「満州」観光」『現代思想』Vol.29-4（青土社、二〇〇一年三月）の分析が鋭い。

5 西澤泰彦『「満州」都市物語——ハルビン・大連・瀋陽・長春』（河出書房新社、一九九六年）は、こうした「旧満州」の都市の現在を射程に入れながら、「満州」を代表する四都市の都市計画と建築を分析している。

6 下田菊太郎『思想と建築』（私家版、一九二八年）、飯島洋一『王の身体都市——昭和天皇の時代と建築』（青土社、一九九六年）よりの引用、四〇頁参照。

7 佐野利器が提出した十一項目からなる新京都市計画の意見書の第九項。前出、越沢明『満州国の首都計画』よりの引用、一八八頁参照。

8 前出、飯島『王の身体都市』。

9 この点について飯島は、建築の生産という側面に注目し、生産者としての建築家が建築様式を通じて表現しようとした思想や欲望を分析している。これに対して、消費の対象としての建築という側面を取り上げ、消費を通じて建築に投影されるイメージが創出する意味に重点をおいて分析しているものとして Anthony Vidler, *The Architectural Uncanny: Essays in the Modern Unhomely* (Cambridge, Massachusetts: The MIT Press, 1992)が挙げられる。

10 ドセルトーは、第一の生産で見受けられる国家や市場の権力の体現では捉えきることのできない力学を第二の生産の中に見いだしている。国家や市場が意図した空間を通じた社会力学が、都市空間の消費により修正・変形していく過程に注目している訳である。Michel de Certeau, *The Practice of Everyday Life*, trans. Steven F. Rendall (Berkeley:University of California Press, 1984)。

11 吉見俊哉『都市のドラマトゥルギー——東京・盛り場の社会史』（弘文堂、一九八七年）、一五頁。同様の分析を提示しているものとして、Fredric Jameson, *Postmodernism, or, the Cultural Logic of Late Capitalism* (Durham: Duke University Press, 1991) が挙げられる。ジェームソンは、ド セルトーの呼ぶところの「第一の生産」が、いかに「第二の生産」を規定し、また第二の生産、すなわち都市空間の消費を通じて、いかに都市消費者としての「主体」が形成されていくかを、ポストモダンなデザインのホテルの分析を通して示している。

12　高橋哲哉『戦後責任論』(講談社、一九九九年)。

13　Jacques Derrida, *Spectors of Marx: The State of the Debt, the Work of Mourning, and the New International*, trans. Peggy Kamuf (New York: Routledge, 1994), 176.

14　満州国の首都としての新京の都市計画については、前出、越沢『満州国の首都計画』に詳しい。

15　竹内好「満州国研究の意義」『竹内好全集第四巻』(筑摩書房、一九八〇年〈一九六三年初出〉)、四一六頁。

16　Sigmund Freud, "The 'Uncanny,'" *The Standard Edition of the Complete Psychological Works of Sigmund Freud*, vol.XVII, 217-256, ed. James Strachey (London: The Hogarth Press, 1955), 241.

17　Mladen Dolar, "I Shall Be with You on Your Wedding-Night':Lacan and the Uncanny," *October* 58, Fall (1991):5-23.

18　Anthony Vidlerは前出の*The Architectural Uncanny*の中で、そもそも建物そのものの特性として「不気味な建築」などあるはずはなく、「不気味」だという感覚は、そうと認識する主体の意識の投影の結果であると主張している。更に、こうした意識は所与の文化に存在する疎外に起因するものであると述べている。「"uncanny"とは、ある空間の特性として存在しているのでも、ある空間が必然的にもたらす感覚でもない。Uncannyとは、美的側面を指し示すものであり、ある種の精神状態の投影をあらわすものなのである。この精神状態とは、現実と非現実との境界線を曖昧にし、不安感をかき立てるような曖昧さをもたらすもので、覚醒と幻想とを行ったり来たりするものとなっている。」(一一頁)。

19　日本で「満州事変」と称される歴史は、中国ではその日付を取って「九・一八」と俗称されている。

20　このような形で安易に「日本人の戦争責任」を語る問題点を明解に提示しているものとして、李順愛『戦後世代の戦争責任論―『敗戦後論』をめぐって』(岩波ブックレットNo.四六七、一九九八年)が挙げられる。

21　前出の『満州国の首都計画』の中で越沢は、一九三〇年代に入って、中国でも「民族形式」と呼ばれる、帝冠様式に類似した折衷様式の建築が次々に建てられたことを指摘しているが、長春の地元中国人が帝冠様式の建築物を土着のものと見なす要因はこうした点にも存在する。越沢は同時に、中華ナショナリズムの具現化として始まったこの民族形式建築に対する中国での評価に振幅があることも指摘している。二一四―二一八頁参照。

22　戦後ドイツにおけるナチズムの記憶をめぐる建築家論争に関しては、Gavriel D. Rosenfeld, "'The Architects' Debate':Architectural Discourse and the Memory of Nazism in the Federal Republic of Germany, 1977-1997," *History & Memory*, Vol.9 No.1/2 (Fall 1997)に詳しい。

コラム1――SMILE TRANCE

究極のバリアフリースタイルを求めて

SMILE TRANCEとはjijicoとsatokonを中心として2000年に始動したアートグループだ。グッズ販売、空間演出、イベントオーガナイズ、ラジオ、図書館、着ぐるみショーなど、場のニーズに応じて様々なスタイルとメンバー構成で展開している。さらには、「デコタワシ」という発光エコたわしのアイデア商品を量産・販売、移動型プレイグラウンドの地方巡業、小学校の障害児学級にアトラクション設備を寄付……と、掴みどころのない活動も数多く行っているため、たまに慈善団体などに見間違われたりもする。

SMILE TRANCEのバックグラウンドは、ずばり「パーティ」だ。パーティで遊ぶ中で見えた課題を、かたちやフィールドにして社会の中に再提示している。(パーティの定義や歴史については、木村重樹編『サイケデリック・トランス・パーティ・ハンドブック』[河出書房新社]を参照のこと)。90年代半ば、我々はイクイノックスというコアなパーティに出会い、どんどんシーンにのめりこんでいった。一時期は住処も引き払い、バックパックにテントを背負って世界各地のパーティスポットを渡り歩く程、パーティに熱中してしまっていた。なぜ、我々はパーティにヤラレてしまったのか。単に世紀末の狂乱に巻かれていたのか、それとも、ただガムシャラに踊っていたかったのか。誤解を恐れずに白状すると、我々はパーティに、三つのマジックをかけられてしまっていたのだ。

一つは磁場。野外のパーティは多くの場合、野山やビーチ、時には砂漠など、施設のあまり整っていない場所に、サウンドシステムを設置してつくっていく。固定しない一次的な空間づくりもスリリングだが、そこに集まってくる人々の気合がこれまた尋常ではない。純粋に踊り、音に酔い、誰かに会いに……、目的はそれぞれあれど、この特別な時間を過ごすが為に、各自ポジティブなエネルギーを充填し、報酬とはあまり関係なく、参加者それぞれが得意な芸を披露しあいにやって来る。自発的なエモーションが集中して、大勢の人間がひとつの地面を踏み鳴らすことで生まれる磁力場のエネルギー。そんな強烈なダイナミズムに、まずもって我々は圧倒されてしまったのだ。

次に、エコロジー。過酷な環境下のパーティでは、限られた電力や水や食料をパーティ全体のサイクルとして考え、無駄なく工夫して過ごすという、まさにエコロジーの概念が普通に浸透している。つまり実社会で声高らかにエコロジーを唱えるよりも、ずっと健康的で効率的な方法がパーティで実践されているのだ。もちろんDIYへの意識も高く、会場を彩るデコレーションや音のフィールド・機材・舞台なども必要最低限のしくみで運営される。そんなスマートな(リ)サイクル環境に、我々は美をも感じてしまうのだ。

三つめに、バリアフリー。パーティは多くのトライブが接触し、性別、年齢、国籍、職種、さらにいえば障害等の垣根さえ開放される場所だ。大自然の中、長時間に及ぶダンス=有酸素運動で極限の精神状態に入ると、言語を超越したレベルでのコミュニケーションが始まる。たとえ相手が子供であろうと「こいつスゲエ」と思えばリスペクトできる。そして、チャンスオペレーションの中で自由にクルーズしていく関係性。そんなボーダレスなマインドを持てる場所は、パーティ以外ではいまだかつて体験したことがない。

このように、今まで実社会では理想論と思っていたことが、パーティの中ではけっこう上手く実行されていることに気がついた。ならば逆に、実社会の中でもこのパーティメソッドは有効なのではないか。エコロジカルで、バリアフリーで、アートな磁場がつくれるんじゃないか。そんな思いが原動力となって、SMILE TRANCEは誕生した。(ちなみに初期は「アートオブライフ」という意味も含めた「住まいのトランス」という語呂合わせもあったが、「住まい」がホームサプライ的なイメージを彷彿させることもあって「笑顔で超常体験」という意味合いにシフトした。)

SMILE TRANCEは現在、パーティと実社会を行き来しながら表現活動を続けている。しかし、表層的な世間と同調させ、受けのいいスタイルに形骸化していくのはつまらないと思っているので、今後もコインシデンシャルな運命を受け入れつつ、拡張増幅していくつもりだ。

以上のようなコンセプトから、クロスカルチャーパーティ「スマトラウンジ」や、自由形プレイグラウンド「すまとらんど」等、バラエティに富んだコンタクトゾーンを多数用意しているので、あらゆるフィールドのスマイリーでトランシーな皆さんにはぜひ、コネクトしにきていただきたい。

最後に、この執筆のきっかけとなったカルチャラル・タイフーンへのブース参加に、もし「役割」があったとすれば、SMILE TRANCEはカルチュラル・スタディーズが宿命としているだろう「新しい文化の研究」、その新しい文化という枠組みの開放(バリアフリー)に、少しだけ協力できたのかもしれない。なぜなら、我々はカルチュラル・スタディーズにとってアウトサイダーだったからだ。 (ブース参加)

4 若年労働と下位文化——スケートボードをする若者の日常

田中研之輔

1 ストリートの「現在」

「ストリートカルチャー」と称される文化的活動が、九〇年代には多様に創出された。「ストリートカルチャー」の中心的な担い手である若者は、駅前広場を文化創造の拠点に奇抜で斬新な「スタイル」を生み出してきた。通勤や通学、買い物や友人との待ち合わせで駅ビルを利用する人びとは、ストリートダンス・ストリートミュージック・ストリートスケートボーディング等に打ち込む若者を見かけるだろう。また、線路に隣接する防音壁や高架下の壁面に書かれたアーティスティックな絵柄を目にすることも珍しくない。このように都市空間を文化的パフォーマンスの場として読み替えていく「ストリートカルチャー」の展開には、既存の組織や規範に囚われない若年層の文化的活動の萌芽をみることができる。[1]

だが、「ストリートカルチャー」の現場から視点を移し「若年の労働」に着目するならば、文化的活動の担い手としての若者をとりまく次のような現況が浮かびあがってくる。それは、バブル経済崩壊以降の労働市場の急激な変化に翻弄される若者の姿である。たとえば、「不安定な若者たちが《社会的弱者》に転落する」という宮本（2002）の警句は、九〇年代後半を「ポスト青年期」[2]として生きる若者たちの深刻な状況のある一面を捉えている。宮本の指摘は、「若年層の失業率悪化」、「フリーター・高卒無業者の増加」としてこれまで繰り返し語られてきた「若年労働」問題をめぐる一つの視座を提示している。

若年層の文化的活動の展開と若年労働市場の構造変容を問題視する論考を踏まえた上で重要視したいのは、文化的活動の担い手である若者にとっての労働であり、深刻な労働市場下で働く若者にとっての文化的活動である。言葉を換えるなら、現在を生きる若者にとって文化と労働がどのように連関しているかを彼らの日々の暮らしぶりから捉えていく記述の試みである。

筆者は、九〇年代以降に都市広場にたむろするようになったスケートボーダーに注目し、なかでも土浦駅西口広場を利用する若年集団への参与観察を二年半にわたり継続してきた。[3]この経験的蓄積をもとに「ストリートカルチャー」の担い手である若者にとっての文化と労働とのかかわりを描きだすことが本稿の狙いである。[4]

2 ストリートをとりまく若年労働市場

グローバルな市場経済の激化と産業構造の転換期における労働市場の再編は、世代間と地域間の格差を助長しながら推し進められている。[5]若年労働を取り上げる際に注視しなければならない事は、対象の年齢や属性、さらに対象とする若年層をとりまく産業構造の地域的特性である。「フリーター」と一面的にみなされる若者も、その社会階層は様々である。[6]また、若年労働市場の変容は、地域の産業・経済構造と連動し地域間偏差を反映している。それ故に、ある具体的な若年集団に着目する場合には、その集団がいかなる社会層の若者によって構成されているかを明らかにすると同時に、若年集団を取り巻く産業や労働市場の地域特性を考慮しなければならない。[7]

本稿で分析対象とするのは、茨城県の土浦駅西口広場を定期的に利用する十五名の若者である。対象とする十五名は、十八歳から二十四歳までの若年男子である。その内訳は、高卒者が十三名、高校中退者が一名、土浦市内の高校に通学するものが一名である。高校を卒業した十四名（高校中退者を含む）のうち、九名が製造業の生産工程の一部を受け持つ土浦市内の下請工場で働いている。進学した三名のうち、一名が私立大学に通い、二名が専門学校に通っている。アルバイトをしているのは、一名である。残りの一名は、無業者である。高校に通学する一名は、すでにクリーニング屋への就職が内定している。この集団の特徴は、十八歳から二十四歳までの「高卒若年」男子によって構成されていることである。[8]

ここで「高卒若年層」は労働市場の悪化を一方的に受容する客体であるという見方には留意が必要である。若者は一方的に《社会的弱者》なる境遇を受け入れるわけではない。結論を急ぐことなく、本稿では若者の生に向き合いながら彼らが抱く労働観を抽出していくことにしよう。具体的に次節では、対象とする十五名の中からカズシとタクヤの二人を中心的に取り上げ、彼らの日々の生活における労働と文化的活動とのかかわりを記述していく。カズシのケースでは、身体的な厳しさをともなう日々の単純作業のなかで形成される労働観を明らかにする。次に取り上げるのはタクヤである。タクヤのケースからは、或る一人の若者が高校を卒業し、就職し、その後離職し、アルバイト生活を送るに至るまでの過程でいかなる労働観を形成していくのかを追尾することが可能となる。

	年齢	始年	高校	希望職	職業・属性	職業移動（2001年5月～2003年12月）（A＝アルバイト）	親の職業	属性	兄弟
カズシ	23	小6	A	－	製造業	→（下請け工場）移動なし（正規雇用）	建設作業	長男	姉
ケンジ	23	小6	S	フリーター	大学生	→（茨城県内某）私立大学卒業→硝子下請け会社（正規雇用）	会社員	次男	兄
ユウタ	23	中1	G	－	製造業	→宅配A→洗車A→製造作業（正規雇用）	会社員	長男	妹弟弟
ツヨシ	24	中3	K	－	フリーター	→塗装工→スキー場A→ガソリンスタンドA→塗装工（短期）	飲食店	長男	姉弟
トモキ	22	中3	S	－	製造業	→コンビニA→製造作業→ペットボトル再生工場（短期）	会社員	長男	妹
ユウジ	23	中3	G	－	製造業	→移動なし	会社員	長男	妹
ヒロシ	21	高2	N	高校教師	大学生	→（都内某）私立大学在学中	税金管理	次男	兄
タカシ	22	中2	K	－	建設業	→移動なし（正規雇用）	建設作業	次男	兄
オサム	21	高1	K	－	製造業	→移動なし（正規雇用）	水道業	長男	姉
タクヤ	20	高2	H	美容師	高校生	→美容院→ゲームセンターA→（都内某）専門学校在学中	会社員	長男	－
テツヤ	20	高2	N	理容師	高校生	→（茨城県内）理容師専門学校在学中	会社員	長男	弟
ジュン	20	18	－	特になし	無職	→無職（この間、アルバイト経験なし）	飲食業	長男	－
カズヤ	18	小6	K	絵描き	高校生	→高校在学中：クリーニング屋（正規雇用内定）	飲食業	次男	姉兄
コウイチ	20	高1	I	特になし	高校中退	→コンビニA→客引きA→洋服販売A→コンビニA	飲食業	長男	妹
ダイスケ	19	中1	G	特になし	高校生	→電気メーカー下請け工場（正規雇用）	飲食業	三男	兄兄

表1　スケートボーダー15名のパーソナルデータ[9]

3　ストリートの文化と労働

カズシは、地元の高校を卒業し土浦市内のコンクリート製品製造業の下請工場に就職した。それから五年が経過する。この間、カズシは主に型枠工事作業に従事してきた。工場に就職した頃について、「一年目はすんごく頑張ってたな。腕のいい人の言われた通りにやると上手くできるし、仕事を一生懸命やって、仲良くなったやつもいるし、そんなに苦労はなかった」（2002.3.22.金）と振り返る。就職後三年を過ぎた頃、カズシは仕事を辞めるかどうかで迷っていた。「仕事を辞めたい」と語る背景には、「低賃金」・「単純作業の身体的な厳しさ」という仕事に対する日頃から鬱積した不満があった。

今年で四年目じゃないですか、それなのに給料はまったくあがらないし、今は残業あるから十五（万円）くらいいくんすけど、普通は十二（万円）くらいっすね。冬は忙しいから残業して多少貰えるんですけど、入社一年目のときは、冬で三十八万。それからかなり減って、今年は、ボーナス十五万すよ。うちの会社は、道路工事とかなくならないかぎり潰れることはないんですけど、だんだん最近うざくなってきて、むかつくんすよ。仕事やってて、おもしろくねーんすよ。それでも、なんか一つくらいおもしれーことねーかなって思うんですよね。そうじゃないと、今みたいに仕事が苦痛でしか

たない（2002.3.22.金）。

賃金への不満は、仕事への「うざさ」や「むかつき」といった言葉で語られる。身体的な厳しさは、長時間に及ぶ単純作業の繰り返しからくる。型枠施行や型枠工事は、中腰の姿勢で作業を続けなければならない。カズシは、型枠作業による腰痛を和らげるために、コルセットを装着している。時には炎症を抑えるために湿布を貼る。二人組で行われる作業の相方も同じように腰を痛めている。このように職業病ともいえる腰痛と向きあいながら仕事を続けている。そんな中、カズシは次の出来事を経験し型枠作業による慢性的な腰痛以外の「身体的厳しさ」を痛感する。

仕事かえたいっすね。よくよくっすよ。目のまわりに麻酔して、ピンセットみたいのでとるんすよ。これで二回目なんすよ。目痛くて、痛くて寝れなくて、ようやく寝たと思ったら、朝方三時頃目が覚めて、目やにがすごくて、目開かなくて、これはやばいなって思った。仕事も目医者に行くから休みますって電話して。それで、目医者で診察してもらったら、二つ入ってましたね。錆びみたいのが二つ。小さいんすけどね（2002.3.22.金）。

昼間の単純労働での肉体的な疲れは、夜間におけるスケートボードのパフォーマンスに影響する。逆の場合もある。スケートボードで怪我した箇所を庇いながら工場でのルーティン作業をこなす[10]。いずれにしても、職場やスケートボードで痛めた身体は、彼らの日常のあらゆる生活面において何らかの支障をきたすことになる。たとえば、帰宅時に玄関のノブを回すのに手首が痛む。学校でも、仕事のときでも、家にいるときにも、寝るときにも痛みは続く。彼らの日常において、身体の痛みはスケートボーダーであることと、下請け工場で働く労働者であることを絶えず同時に意識させるのである。彼らは、身体の痛みと昼間の仕事場で、また夜間の広場で向き合いながら日々を過ごしている。

仕事は俺にとっては重要なことじゃないんすよ。ただ、毎日働いているだけ。この仕事でおもしろいことなんて一つもない。鉄の棒持ってコンクリートかき混ぜる。単純で、熱くて、火傷もする。夏なんか死にそう。もう辞めたいっすよ。なんか仕事やっててもつまんねーし。あんなの人間のするようなことじゃないし、俺がやらなくてもできる。誰でもできる。それでも（仕事を）辞めないのは、辞めれないだけ。仕事辞めたところで他の仕事なんにもないんすよ（2002.3.19.火）。

カズシは、仕事は自分にとって重要なことではないと語る。カズシは、漠然とした不安を抱きつつ、自分がどのようなところにいるのかを察していく。それは、「おれもそろそろ廃人街道まっしぐらって感じすよ」（2001.6.17日）といったスケートボードをしている最中のカズシの「つぶやき」のなかにも窺い知れる。カズシのケースからは、下請工場に就職してからの日々の労働に対する一人の若者の向き合い方がみえてきた。次にタクヤのケースを取り上げていこう。

タクヤと出会ったのは、タクヤが高校三年の春先である。出会って二ヵ月後が経過した頃、タクヤは「就職」について口にするようになる。

俺は大学に進学するわけじゃないし。専門（学校）も高校出てから自分で行くわけだから、三者面談なんか関係ねーし。それにしても学校はうぜー。専門は土浦で、美容師の専門行こうと思って、専門行きながら、今自分が髪の毛切ってもらっているところで修行しようと思って、知り合いが土浦のカットハウスで働いているから、そこにお願いする（2001.7.13金）。

タクヤは、求人募集の掲示板で見つけた美容院の面接を受ける。面接の結果、不採用となった。「自分の学校にきてた求人先なのに落ちたんすよ。推薦で落ちたようなもん。なんかひどくないっすか。俺、美容師向きじゃないのかな。俺、社会人になったこともないから、わかんないし。」（2001.10.24水）と不採用の結果に対して愚痴をこぼした。その後タクヤは、土浦市にある職業安定所に足を運んだ。結局、「つくば市の美容院がとってくれましたよ。とりあえず、契約だけど、まあ普通にやってれば、正社員になれると思うんで、安心すよ。」（2001.10.29月）と美容院の就職が決まった。

高校を卒業し美容院で働き始めて間もなくタクヤは、「美容師の世界ってオレが想像していたのと違う。オレ、一人浮いちゃっている感じっすね。働き始めて一週間ですけど、オレ他の仕事したいかも。それでも、接客の仕方はすごい誉められているんですよ。」（2002.3.29金）と述べた。タクヤのように、実際に仕事に就き、働き始めて、労働の厳しい現実に直面し戸惑いを覚える若者は少なくない。タクヤは、研修生として一ヵ月働いた賃金がアルバイトをして稼ぐ金額よりも低いことに納得できないでいた。そして、タクヤは仕事が身体的に過酷だからではなく労働の対価としての賃金の低さに「馬鹿にされた」と語り、働き始めた美容院を一ヵ月で辞めた。

四月二十四日の給料日に美容院やめましたよ。仕事が大変っていうわけではないんだけど、給料があまりに安くて辞めました。月八万から九万円ですよ。日給三千円で、時給にしたら三百円ぐらい。研修生だとかなんとか知らないけど、馬鹿にしている。最初は十三万って話だったのに、騙されたって感じです。これだったらバイトしたほうが確実に稼げる。今は、職安行って仕事探しています。事務系とかで探しているんですけど、高卒じゃつらい。正社員になりたいのに相手にされない（2002.5.5日）。

美容院を辞めた翌日から職業安定所に通い、職探しを始める。学卒就職した仕事場を短期間で辞めることはとりわけ珍しいことではない。タクヤの友人であるコウイチは、アルバイトを次々とかえている。コウイチがアルバイトをしている理由は、「正社員になれねーし、正社員になったら、なったで縛られるのはあわねー。アルバイトだったら、気にくわなかったら簡単に辞めれる」（2002.8.6.火）からである。

タクヤは、高校卒業後就職した美容院に通うため、つくば市の家賃六万円のアパートを借り、ユカリ（彼女）と同棲生活を送っていた。二十四才の彼女はタクヤの就職とともに服飾関係のアルバイトをやめ、水戸市の実家からつくば市のアパートに移り住んだ。タクヤとユカリが住むアパートの家賃は、タクヤの両親が払っていた。ユカリは、つくば市に移り住むとすぐに大型スーパーのレジのアルバイトを始めた。レジのアルバイトは、長続きしなかった。結局、一ヶ月も経過しないうちにユカリはバイトを辞めた。その後は、タクヤのアルバイト収入とタクヤの両親からの小遣いで生活をしている。収入に関して幾度か揉め事を繰り返し、二人は、約四ヵ月間で同棲生活に終止符を打った。ユカリは水戸の実家に戻り、再びアルバイト生活をはじめた。

土浦駅西口広場を利用する若者の大半は、実家で両親のもとで暮らしている。タクヤのように、実家を出てアパート暮らしをしているものは少ない。高校を卒業した十三名のうち、十一名が実家で生活している。自宅生活は、アルバイト収入や低賃金労働でも彼らがそれほど不自由なく「やっていける」ことの大きな要素である。働かなくても、収入がなくても、生活していくことはできる。

新規学卒就職した美容院を一月で辞め、職業安定所に通っている頃、タクヤには昼間と夜間を身体の痛みと向き合うような厳しさはない。タクヤは正社員になるために足繁く職業安定所に通った。この時期の「がんがん就職活動したのに、ことごとく落ちた」経験を通じて、タクヤは次第に現在の生活に対する不安を口にするようになる。

ケンさん、最近どうしたもんかなって思うんすよ。このまま、俺はバイトでいいのかって。悩みが多すぎる。将来のこととか、考えるんですよ。俺は、親のパイプねーしな。まわりみていると、俺もこのまま脱落していくんかなって。こっちの人間って地元意識強いから、東京とかでないんすよね。若いうちは、遊んでけっていうけど、遊べねーすよね。最近、ナーバスになっちゃって。すべてのことにおいて、きっかけないんすよ。俺って、地元志向ってことでもねーし、土浦になんか愛着あるのかなって。なんか不安になるんすよね。だから、とりあえず、東京にでてみようかなって、親も専門（学校）ぐらいは、でておけって言うし、こっち（土浦）で正社員になれねーし。受けてもうかんねーし。俺にはなんにもないなって思っちゃって、このままどうすんかなって思うわけですよ。高卒の資格なんてクソクレー。二十二才とかになってどうにもなんねーってのは、困る。まあ、とにかく俺は男だし、将来的には自分で生きていかないといけないからって不安になりますね。俺、どうなっちゃうんすかね
（2002.10.15.火）。

「このまま脱落していくんか」という不安を取り払うようにタクヤは、東京の専門学校行きを検討している。土浦で就職できないので、とりあえず「東京」にでてみようかというタクヤの選択には、地方小都市で生活する高卒若年層の閉塞的な現実が伺える。ユカリとの同棲生活を終えたタクヤは、借りていたアパートを引き払い、土浦の実家に戻りアルバイト生活で日々を過ごしていた。その後、タクヤは、ホテルマンを養成する専門学校に通うために都内に移り住み、一人暮らしを始めている。

ストリートからの文化と労働――結びに代えて

駅前広場にたむろする若者は、労働市場の深刻化の影響を色濃く受けるなかで「ストリートカルチャー」を創出している。本稿で対象としたような学校内の友人ネットワークを越えて文化的活動を媒介に形成される若年集団については、高校で行われる統計調査や家庭に配布するような形での労働意識調査で取り上げられることはない。けれども、この集団は、11・6％という過去最悪の完全失業率の値を示す十五歳から二十四歳までの若年男子の年齢区分に当て嵌まる。[11] 本稿の事例は、この年齢区分に位置する若者の生のありようを断片的にではあるが象徴的に浮かびあがらせている。

　それでは、土浦駅西口広場を利用するスケートボーダーを対象にした本稿をとおして得られる知見についてまとめよう。

　第一に、彼らにとってスケートボードとは、日常生活における単なる「一部分」ではない。彼らがスケートボーダーとして生きることは、「痛み」や「不安」といった身体の感覚を介して、肉体労働者として働くこと、あるいはアルバイトをしているということと、絶えず連続しあっている。第二に、都市広場にたむろする集団は、こうした身体経験の共有を媒介としながら、若者たちに生きる「意味」を備給するひとつの文化を創出しつつある。しかし、第三に、こうして生み出される文化は、労働者としての意識を弱める作用をもっているがゆえに、労働者としての若者たちの「周辺化」を無意識のうちに促進する可能性がある、また、日々の不安を隠蔽する作用をもっているがゆえに、若者たちがそうした「周辺化」を進んで受け入れる事態を招く可能性がある。

　振り返るなら、初期カルチュラル・スタディーズは、「労働者階級」の若者の文化的実践に焦点を据え蓄積を重ねてきた。そ

して、わが国におけるカルチュラル・スタディーズという学的実践の導入は、「若者文化」という一枚岩的に語られがちな状況を大きく展開させた。若者のサブカルチュラルな実践に着目する視座は、「若者文化」の多様化・分極化を捉えるのに有効な分析手立てを提示している。

その一方でわれわれは、深刻化する「若年労働」を問題視する言説を生産することにも、消費することにも、違和感を覚えなくなっている。今では、若年労働の深刻化を謳いながらも、そうした語り口そのものが結果的に若者の「生き様」を隠蔽しているかのように感じられる論考を目にすることも少なくない。若年労働を問題視する際には、専門領域化した理論枠組に惑わされてはならない。今求められるのは、文化的活動と不安定な労働の連続からなる若年層の日々の暮らしぶりを丹念に抽出していく「構え」と、それをもとに既存の枠組を再構築していく領域横断的な語り口である。

注

1　若年層を取り巻く家族や学校がどの程度まで変容しているかについては、別稿で詳細な検討が必要だろう。ここでは、既存の社会構造の「解体」の中で出現する都市貧困を経験する若年層の主体性の闘争に着目したMcDonald（1999）の先駆的な研究を念頭においている。

2　青年期と成人期の間の新しいライフステージのことを「ポスト青年期」の出現とする宮本は、九〇年代の初めには、「ポスト青年期」とは、豊かなモラトリアム期を謳歌する「贅沢な若者たち」のことであったのに対して、九〇年代後半には、深刻な経済不況と就職難に直面して学校から仕事へとスムーズに移行できなくなった「不安定な若者たち」のことである（宮本2002）と述べている。さらに、若年労働の深刻化について宮本は、それが社会経済変動によってもたらされた結果であり、教育・雇用・家族・価値観の根本の見直しが必要な社会構造的問題であると述べている。

3　そこでは、学校の友人関係をこえてスケートボードを媒介に集団を形成する背景に、学校文化・親文化・地域文化からは理解されにくいスケートボードをやり続けていることの彼らなりの論理や実践があることを明らかにした。詳しくは拙稿（田中2003）を参照。

4　本稿は、P・ウイリスの「Learning to Labor」（1977）の訳者である熊沢と山田によって書かれた「あとがきの問い」に対する実証的アプローチによるひとつの応えとしても位置付けておきたい。あとがきには、顕在的な「階級社会」のイギリスの労働者階級の若者とその文化について述べたウイリスの研究をうけて、「日本における『労働者階級』の文化はどのような形にあるのか」（熊沢・山田1985）と書かれている。さらに、二人は、「イギリスの〈野郎ども〉は、学校から『落ちこぼれ』ても、職業世界に根づいている（逞しさも退嬰もあわせもつ）労働者階級の文化に抱擁されて、それなりに屈せずにやってゆく。しかし、日本の生徒たちは、ひとたび学校教育から脱落すれば、すなわち『勉強して下積みでない仕事につく』という『順接』に失敗すれば、『無階級』をたてまえとする国柄であるだけに、みずからの労働生活を支えるに足る『対抗文化』をどこにも見出せないまま、劣等感にさいなまれることになるのではないか。そういう思いを禁じえないのである。日本の若者が〈野郎ども〉を真似る必要こそないが、いまひとつの「学びかた」、「働きかた」を模索しなければならないと痛感する」（熊沢・山田1985）と述べている。

5　世代間格差の広がりについては、玄田（2001）が詳しい。

6　このとき「いかなる社会階層の若者がフリーターになるのか」という具体的な問いを検討していく作業は必須である。小杉編（2002）では、フリーターとみなされる若者を取り巻く社会的背景について、階層的視点（耳塚）やジェンダーの観点（本田）からの論考を交え検討されている。

7　詳細な検討は、拙稿（2004）を参照。

8　「高卒若年労働」については、すでに膨大な蓄積が積み重ねられている。それらは、一、日本労働研究機構による高卒若年層の労働意識に関する「ヒアリング」や「アンケート」を用いた統計的実証研究（小杉 2001日本労働研究機構 1990, 1992, 1996a, 1996b, 1998, 2000a, 2000b, 2001）、二、教育社会学者による高校生の学校から職場への移行に関する研究（石田 1998）（苅谷 1991,1993, 2000）（寺田 1997）（粒来 1997）、三、労働経済学者による若年労働の深刻な状況を労働市場、雇用構造の変容から明らかにしたもの（玄田 2001）（矢島 2001）、に整理できる。高卒若年層を取り巻く九〇年代以降の労働市場の特徴は、森川・杉田（2001）らによって次の五点で整理されている。①高卒者を継続的に受け入れてきた企業の高卒労働市場からの撤退傾向のなかで、新規高卒就職の斡旋を行ってきた高校—企業関係の衰退がみられる。このような状況のなかで、②教育政策や高校現場の指導においては、生徒の「適性」や「個性」を重視する傾向が強まる。③生徒側には、自分の「やりたいこと」を、進路選択の基準・指針として重視する傾向がみられる。さらに、④生徒の進路・就職選択に関しては、家庭の経済状況や、社会階層が大きく関連している。⑤たとえ高卒時に進学や就職といった或る進路選択をしたとしても、本人の納得に基づいていない限り、容易に離学や離職に結びつく、といったようにまとめることができる。このように「高卒若年層」の労働意識は、高校生を対象にした統計的意識調査や、「フリーター」をしている個人を対象とした聞き取り調査をもとに報告されてきた。それにより、例えば、「モラトリアム型」、「夢追求型」、「やむを得ず型」（日本労働研究機構 2000b）といった明確な類型化がなされてきた。本稿では、こうした類型化では捉えきれない、若者が日々の生活をとおして労働観を形成していくプロセスを重視している。

9　表1の職業分類、親の職業に関しては、基本的にインフォーマント十五名による分類に基づいている。項目内の属性は、二〇〇二年十二月の時点でのデータである。「職業移動」は、二〇〇三年十二月末までを対象にした。「始年」とは、スケートボードを始めた時の学年を指している。

10　スケートボードで痛める身体の様相については、拙稿（田中 2002）に詳しい。

11　総務省が発表した二〇〇三年十二月の完全失業率は、4・9％と前月比を0・3ポイントの若干の改善を示した。だが、その中で、十五歳から二十四歳までの男性の完全失業率は、前年を0・5ポイント上昇し、11・6％と過去最悪の値を示した。詳しくは、総務省統計局労働力調査（速報二〇〇四年一月三〇日公表）二〇〇三年十二月結果（季節調整値）を参照。

引用・参考文献

新谷周平 2002「ストリートダンスからフリーターへ——進路選択のプロセスと下位文化の影響力」『教育社会学研究』71:151-170.
玄田有史 2001『仕事のなかの曖昧な不安——揺れる若年の現在』中央公論新社
Gill,J.Claire,W. 1992 *Youth, Family And Citizenship*, Open University Press 宮本みち子監訳 1996『若者はなぜ大人になれないのか』新評論

石田浩 1998「教育と労働市場——新規学卒者の就職と職安・学校」『経済成長Ⅱ受容と抵抗』東京大学出版会 pp.138-182.
苅谷剛彦 1991『学校・職業・選抜の社会学』東京大学出版会
苅谷剛彦 1993「高卒労働市場の日本的特質——労働市場の変化と学校に委ねられた職業選抜のゆらぎ」『日本労働研究機構雑誌』405:2-13.
苅谷剛彦 1995『大衆教育社会のゆくえ 学歴主義と平等神話の戦後史』中央公論社
苅谷剛彦・菅山真次・石田浩編 2000『学校・職安と労働市場——戦後新規学卒市場の制度化過程』東京大学出版会
川喜多喬 1999「労働者の転職・失業・定年・引退」『講座社会学6 労働』東京大学出版会
小杉礼子 2001「増加する若年非正規雇用者の実態とその問題点」『日本労働研究雑誌』490: 44-57.
小杉礼子編 2002『自由の代償/フリーター——現代若者の就業意識と行動』日本労働研究機構
小杉礼子 2003『フリーターという生き方』勁草書房
McDonald, K 1999 "Struggles for Subjectivity:Identity, Action and Youth Experience" Cambridge University Press.
宮本みち子 2002『若者が《社会的弱者》に転落する』洋泉社
森川譲・杉田美由紀 2001『新規高卒者に関する就職環境調査』宮崎県地域雇用開発協議会
日本労働研究機構 1990『高卒者の進路選択と職業志向——初期職業経歴に関する追跡調査より』調査研究報告書 No4.
日本労働研究機構 1992『高卒3年目のキャリアと意識——初期職業経歴に関する追跡調査（第2回）より』調査研究報告書 No28.
日本労働研究機構 1996a『若年労働力の急減と人的資源管理の転換』調査研究報告書 No.80.
日本労働研究機構 1996b『高卒者の初期キャリア形成と高校教育——初期職業経歴に関する追跡調査結果』調査研究報告書 No89.
日本労働研究機構 1998『新規高卒労働市場の変化と職業への移行の支援』調査研究報告書 No114.
日本労働研究機構 2000a『若者の就業行動の変化を考える』調査研究報告書 No.102.
日本労働研究機構 2000b『フリーターの意識と実態——97人のヒアリング結果より』調査研究報告書 No.136.
日本労働研究機構 2000『進路決定をめぐる高校生の意識と行動～高卒「フリーター」増加の実態と背景』調査研究報告書 No.138.
日本労働研究機構 2001『大都市の若者の就業行動と意識～広がるフリーター経験と共感』調査研究報告書 No.146.
田中研之輔 2002「都市広場の身体文化——スケートボーダーの生活誌から」『現代スポーツ評論7』創文企画
田中研之輔 2003「都市空間と若者の『族』文化——スケートボーダーの日常的実践から」『スポーツ社会学研究11』
田中研之輔 2004「都市郊外の〈外部〉——スケートボーダーの社会的世界」『現代風俗学研究』第10号
寺田盛紀 1997「高校職業教育研究課程と生徒進路の関係構造に関する実証的研究——愛知県の職業科・専門学科と求人・職業実績の関連分析」、『名古屋大学教育学部紀要』
粒来香 1997「高卒無業者の研究」『教育社会学研究』61:185-208.
Willis.P.1977 *LEARNING TO LABOR:how working class kids get working class jobs*, COLUMBIA UNIVERSITY PRESS 熊沢誠・山田潤訳 1985『ハマータウンの野郎ども』ちくま学芸文庫
矢島正見・耳塚寛編著 2001『変わる若者と職業世界——トランジッションの社会学』学分社
安田雪 2003『働きたいのに……高校生就職難の社会構造』勁草書房

コラム2――二木 信

「日常のリアリティ」を転倒させろ！

切実な同時代的感覚は、恐ろしくナイーヴな「日常のリアリティ」という幻想によって葬られている。そのリアリティとやらは、ニューヨークで飛行機がビルに立て続けに突っ込んでも、マドリッドで電車が吹き飛ばされて、それがスペイン民衆を立ち上がらせ政権を交代させたとしても、さらには自国の軍隊が人道的支援という胡散臭い大義名分を振りかざすプラモマニアの防衛庁長官と、無駄に饒舌な首相に先導されイラクに派遣されたとしても、びくともしない強靭さ、いや、鈍感さを持ってしてはじめて成立する。

そういう精神的引きこもり現象は日本において、特に絶望的な情況かもしれない。己の感性を絶対化して産み出された「日常のリアリティ」は、それだけに他者へ否応ない世界観の共有をも要求してくる。反戦の声を上げることさえも、「日常のリアリティ」からはひどくかけ離れた空虚なスローガンとしか響かない人間は、隙あらば声を発する者を冷笑という卑劣な武器によって封じ込めようともする。自らの安住できるこの土地に荒波を立てないでくれと言わんばかりに……。そんな約束の地など、端から用意されてなどないのに。

もし、あなたが今、渋谷、新宿、それはトレンディ（？）な街、原宿でもいい、とにかく街、路上へと繰り出せば、権力の鼻を突く匂いが充満していることに気づかされるだろう。うろうろと徘徊する警官の異様な増殖と、渋谷の大ビジョンから垂れ流される自衛隊の勧誘映像（？）。どう考えたっておかしい。次は都内のクラブ締め付けが強化されるという話も聞いた。青山近辺で定期的にクラブイベントをやってる人間としてはもう本当に黙ってられない、緊迫した情勢だ。夜中、酒を飲みながら踊りまくり、仲間と談笑する自由さえ奪われるなんて、警官がそこら中徘徊するよりも危機的だ。奴らが内部に忍び込んで楽しみを破壊しにくるんだから。飲みの席でこれはもう戒厳令だよ、とジョークを飛ばしあってたのを、懐かしむ日が来てしまうのだろうかと考えるとますます恐ろしい。ここまできても、怒りの声を上げないようじゃ、どうぞクラブ文化も一切合財禁止してください、とこちらから申し出てるようなものだ。

クラブ、ライヴハウス、路上、とにかくあらゆる空間から猥雑さも、喧騒も、怒号も根こそぎむしり取られた後に残るのは、街でおとなしく買い物するという消費行為のみか!?　そんなもん金のない人間にとっちゃ意味はないし、金があった所でモノ買うだけで、人間の生が充足するとは到底考えられない。ヒップホップもテクノもハウスもダヴだってトランスだっていい、どうしようもなく尖がった音楽が鳴らされる空間は自分たちで死守していかなきゃならない。それはすでに用意されて、はいどうぞと誰からか手渡される、そんな種類の代物じゃない。心の底から、そういう音楽なりを求めるなら、場所、空間も構築してかなければならないし、それを潰そうとする奴らとも闘わなきゃならない。

敵を明確にすることは何も悪いことじゃない。それよりも、冷めた目をぎょろぎょろさせて傍観している方が、よっぽど性質が悪い。そろそろ、浅薄な「日常のリアリティ」を転倒させる必要がある。リアリティという危うい感覚は、いつでも覆すことができるはずだ。理不尽な戦争が起きて、それの被害を受けているのは間違いなく、「私たち」なのだから。それこそ、国籍だの人種だの、思想以前の問題であって自分の薄っぺらい感性を他者に強要するより、そういう同時代性を各々のスタイルを持って感受し、吐き出せる方がどれほど豊かなことだろうか。

そこで、振り返って見ると二〇〇三年六月二九日にあったカルチュラル・タイフーンの打ち上げクラブイベントにはそういう各々のスタイル（ここではＤＪの）にそれぞれ筋が通っていて、多様なヴァイヴスの放出があったと思う。それとプログラム終了後に自然発生的に起こった鳴り物ならしながらの早稲田大学内デモだって、立ち会うことはできなかったけど、素晴らしい試みだったと思う。そういうことは、わざわざ文化実践なんて言葉で飾る必要もない。ただ、その場で湧き上がる個々のあっちこっち向いた情念のベクトルが交錯して発生したことなのだから。そういう在野の実験をこれからも様々な規模で散発的にぶち上げていかなければならない。そんな衝動にかられるのは、危機の時代に突入したという意識が無性に疼くからなのかもしれない。（パーティー・オーガナイー）

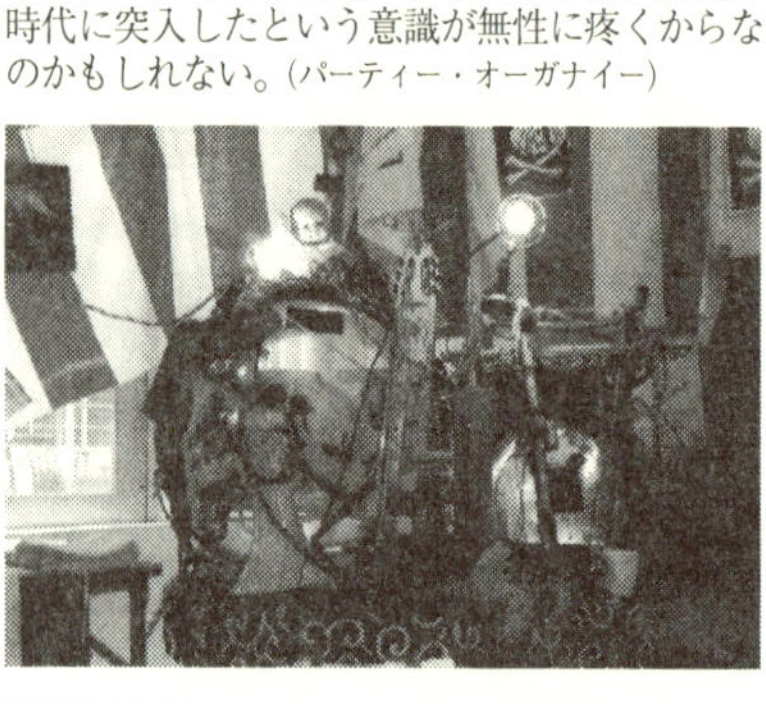

Ⅱ

コンタクト・ゾーンとしての身体

▲カルチュラル・タイフーン、ブースにて（2003年6月28日）
▼東京駅で電車を待つアイルランドサポーター
（2002年6月、撮影：田中東子）

5

模倣領域《ミメティック・ゾーン》——複数性としてのスポーツ技芸《アート》

山本敦久

自然はもろもろの類似をつくり出す。動物の擬態のことを考えてみさえすればいい。類似を生み出す最高の能力をもっているのは、しかし人間である。類似を見てとるという人間のもつ才能は、似たものになるように、また似た振る舞いをとるように強いた、かつては強大であった力のその痕跡にほかならない。ひょっとすると人間は、模倣の能力を決定的な誘因としない、いかなる高次の機能も所有していないのかもしれない。

ヴァルター・ベンヤミン「模倣の能力について」

記憶の閃光

「ピカソをごらん。『ゲルニカ』をごらん。素晴らしい絵だ。何を描いた絵か。スペインの人々だ。スペイン革命のエネルギーだよ。『ゲルニカ』を見ると、スペイン革命の動きのすべて、渦巻きのすべてが、美的なかたちに込められていることが分かるだろう」。ジェイムズはクリケットの試合に「ゲルニカ」の絵葉書を持って行っては、ゲームの合間にそれをとり出して研究していた。ゲームが始まると、彼はそれをしまうのだ。（ホール 2000）

一枚の絵葉書に描かれた美的なフォルムに昇華されていく民衆たちの革命のエネルギーを、目前のクリケッターたちの身体フォルムの美に重ね合わせるC・L・R・ジェイムズの手つきは、スポーツにおける一瞬のイメージが、どこか別の時間や場所を迂回し別の文脈と重なりながらも、つねに歴史の現在性のひとつの破片であり、同時に未来に向けて積み重ねられるそれらの破片の集積体であることを物語っている。また、ひとりの黒人アスリートの消耗しきった身体の危機から、継続する人種主義の現在を感知したポール・ギルロイの「奴隷たちのその子孫にとって、未来は突然まったく過去のように映りはじめた」という言葉にも同様の感性をみることができる（Gilroy,2000）。九八年サッカーW杯フランス大会のファイナルの舞台で、苦悶の表情を浮かべたロナウドの顔や、彼の身体の衰弱を通して見えてしまったものは何だろうか。それはグローバル資本によって現在も搾取される黒人身体であり、その場面には一瞬ではあるが、時空間を越えて、黒人奴隷の記憶がオーヴァーラップしたのである。ただしそれは回帰ではない。イギリスの人種研究者のレス・バックは、ベンヤミンの有名な「危機の瞬間にひらめくような想起」というフレーズを引用しながら、このシーンを「人種的思考の過去の歴史が、現在において積み上げられている」と表現した（バック 2002）。

あるひとつのプレイやシーンの瞬間に、別のものや過去のものと思われていた歴史の破片が重なり合うことがスポーツの場面にはある。歴史的な文脈やその種別性から解き放たれた破片が、それが留められていた文脈の痕跡を残しながら、スポーツ的なフォルムや組織形態の類似性に触発されて、新たな節合を遂げるときに歴史の別の分節化の契機がみえてくることがあるのだ。近代の、そしてポスト・コロニアルの知識人や批評家、そして政治家やアクティヴィストたちの多くが、これまでスポーツについて語りながら、同時に社会闘争を語り、政治の変化を語ってきた。かれらはスポーツを分析や記述の対象に切り詰めるのではなく、むしろスポーツのシーンが発光する歴史の再分節化の能力に触発されていたのかもしれない。だとしたらスポーツという身体文化にとって決定的に重要なひとつの特徴が、そこから逆に透かし見えてくるだろう。議論を先取りするなら、スポーツという身体文化が、近代社会にわずかな残滓として継承された人間の「模倣能力」を刺激し、呼び覚ます装置として機能していることを浮かび上がらせているように思えるのである。

模倣領域としてのスポーツ・アリーナ

名著『リデンプション・ソング』（邦訳『モハメド・アリとその時代——グローバル・ヒーローの肖像』）の中でマイク・マークシーは、近代スポーツの原理に関して次のような興味深い説明をしている。

近代スポーツは、そもそもの始まりから、スポーツを生みだした社会から隔絶しつつ、同時にその社会の内側に特異な空間を占有していたのである。（マークシー 2001）

スポーツのフィールドは、ルールの貫徹によって平等性が維持される特異な空間である。外部の社会から隔絶されたこの自律性の領域における成功や失敗といった結果は、かえってその他の競争原理、たとえば戦争、経済、政治、さまざまな社会闘争、反植民地主義闘争、反人種主義闘争といったものをその周囲に引き寄せることになったという理解は重要である。マークシーによれば「スポーツ自体に意味作用がないから、解釈が開かれたものとなった」のである。政治、経済、社会闘争のみならず戦争までもが、いつもどこかスポーツに類似している。

黒人フェミニストのベル・フックスが、「歴史的に黒人男性と白人男性の競争は、スポーツの領域の中で強調されてきた」と述べているように、スポーツは開かれた競争、支配、コントロールのパブリックな表現としての数少ないもののひとつであり続けた（hooks,1994）。ジョン・ホバーマンは、植民地主義的なコンテクストにおいてスポーツは文化的支配と人種闘争のフィールドという二つの側面を併せ持っていたと論じている（Hoberman,1997）。被支配者たちにとって、スポーツ競技で勝つことは支配者と同等の価値を持つことを意味したのである。ホバーマンの著書がさらに興味深いことを教えてくれる。当初、植民者たちは、自らの人種的優越性のひとつの徴として、スポーツにおける身体能力や身体的なバイタリティを主張していたが、黒人アスリートたちが西洋白人社会のアスレティックな優位性に挑戦するようになってはじめて、人種主義的な精神／身体の二元図式がスポーツの言説を構成しはじめたのである。言うまでもなく、やがて支配者たちは身体能力を誇示する特権を黒人たちに譲り渡していくのだが。

西洋近代スポーツが産業社会化に伴う白人男性の「女性化」の恐怖に抗うかのように、ホモソーシャルな制度として発展したことは、これまでフェミニストたちによって指摘されてきた。女性化の恐怖に抗うアスレティックな身体は、植民地主義的なコンテクストにおいて、その恐怖を黒人男性身体に投影するが、その恐怖を反射する黒人男性身体に増加された恐怖を見出してしまう。文化人類学者のマイケル・タウシグは、二〇世紀への転換期に、空前のゴムブームが巻き起こるプトマヨ川上流でインディオたちにくわえられた大虐殺を論じながら、自らが他者に投影した「野蛮」のイメージに怯え、それを模倣するかのように残虐的な暴力で応答するというメカニズムの作動を描き出している。タウシグはこれを「コロニアル・ミラー」と呼ぶ（Taussig,1993）。この概念は、フランツ・ファノンの『地に呪われたる者』の序文によせたサルトルの次の言葉を思い出させる。

ヨーロッパ人は、奴隷とモンスターを創造することをつうじてのみ人間になることができるというレイシストのヒューマニティよりも確かなものはない。

二〇世紀を通じて、近代スポーツという領域は、まるでこの言葉を具現化するように政治や人間たちの心性と重なっていった。近代的主体の他者たちの生は、まさにファノンの『黒い皮膚・白い仮面』の分析の鍵となった黒人男性のコロニアルな主体化、「分離された自己」である。ステュアート・ホールが述べるように「黒人男性は、白人の『他者』という疎外された存在を通じた彼自身との関係においてのみ存在することができる」（Hall,1996）。男性主義的な色彩の強いファノンの記述は、コロニアルなスポーツの文脈の中で構築される黒人男性主体という視角からすれば、女性化され、去勢された男性が「夢の中」（スポーツという隔絶された空間）で、身体を政治化することによってしか実現できない男性性の主張によって自由を獲得するという、そのような「従属化した男性性」（Mercer,1994）の構築を語っていたのかもしれない。ファノンは、白人の目に映った黒人身体を次のようにならべる（ファノン 1998）。

「ニグロとは、生物学、ペニス、強さ、アスレティック、精力、ボクサー、ジョー・ルイス、ジェシー・オーエンス、セネガル歩兵隊、未開、動物、悪魔、罪」。（一部改訳）

黒人男性のアスレティックな形象が、植民地主義的想像力の重要な場所を占めている。それは白人男性の恐怖の対象であり、欲望の対象である。また、白人身体は、黒人たちの分裂した主体構築の対象でもある。スポーツ・フィールドで接触する二つの陣営は、「コロニアル・ミラー」という相互の関係性の中で、「模倣領域《ミメティック・ゾーン》」という場を形成するこの領域は、異質なものが出会い、互いに模倣し合う関係の中で競い合いながら、変化の可能性をつねに含んだ主体や集合的アイデンティティが構築されるような場であるが、そこでは経済的、政治的な不平等がかならずしも解消されるわけではない。スポーツが発光する模倣への衝動は、政治や経済といった他の競争が演じられる舞台ともなりうるのである。タウシグは、西洋が、西洋を模倣する陣営に出会うことを通じて起こる模倣のスパイラルな増殖によって、安定した自己と他者の境界線が曖昧になると論じる。しかし、スポーツ的な文脈においては、そのことが提示する可能性をいったん保留しなければならない。なぜなら、ギルロイの次のような言葉が、近代（現代）スポーツの文脈に響き渡るからだ。

身体的な強さ、スポーツ、格闘技、競争、また、それらに付随する諸価値は、ファシストの一般的な美学の核となる構成要素ではないだろう。しかし、それらがナショナル・アイデンティティと人種アイデンティティと身体的な具現化との間の関係を提示する方法は、過去のファシスト・ムーヴメントと、いまなお現代文化に影響を与えるファシスト的なものを特徴づけるものの中心に横たわっている。（Gilroy.2000）

ミメティック・エコノミー

スポーツが模倣領域であるというアイデアは、自分自身のスポーツの経験からも導かれている。スキルを習得し、それを発展させていくプロセスにおいて、模倣はもっとも重要な要素のひとつになる。模倣によらないスキルはありえないとも言えるだろう。約二年間のボクシングジムでの経験で、時折書きとめていたノートの中から「模倣能力」に関する記述部分を少し長いがここで引用してみたい。

スポーツのスキルの習得と定着は、他者の物真似という側面が強い。他者の特徴から切り取ってきた部分の組み合わせによるところも大きい。……一日の練習は、必ず鏡の前でのシャドーボクシングから始まる。毎日、自分の体と動きとフォルムを、壁一面の大きな鏡を通じて見る。そして修正する。この身体図式の再構成は、鏡の中の自己を通じてなされているると同時に、トレーナーが実践してくれる「理想」のフォルムや、自分よりもボクシングに熟練した選手、自分が「あんなふうになりたい」と思う選手のフォルムに似せていくプロセスでもある。鏡に写るのは、僕の身体のイメージだけではなく、何人もの身体イメージである。視覚にコピーされたイメージと、体の中に残った修正されたフォルムの感覚や記憶をもったまま、サンドバッグを打ち始める。鏡のイメージを記憶のイメージにスライドさせる。ここに、さまざまな他者たちのフォルム、呼吸の仕方、リズム、スピード、首の振り方、腕の位置、姿勢、動きの流れ、ジャブのタイミング、コンビネーション、壁にかけられた同じジム出身の元世界チャンピオンたちの写真のイメージも重なってくる。映像で毎日見ている、好きな黒人ボクサーたちの動きのイメージが現れてくる。二階のリングでスパーリングをしている世界チャンピオンの佐藤修の動き、フォルム、スキル。これも、映像で彼の試合を繰り返し見た記憶と、実際に彼の動きを見た記憶が重なりながら、僕の中に入り込んでくる。サンドバッグを叩いているのは、もはや確固とした自己ではない。むしろ佐藤修の動きであり、モハメド・アリの切断を織り込んだリズムであり、後楽園で見た同じ階級のボクサーたちの記憶であり、トレーナーのアドバイスであり、ジムのボクサー仲間たちの無数のフォルムである。ところが、リングでスパーリングが始めれば、「顎さげろ！　ジャブでリズムとれよ！」というトレーナーからの呆れた声が飛んでくる。僕の物真似は、こうして毎日、失敗している。

これは固有の場所の固有の体験かもしれないし、それ以上であるかもしれないが、この記述から見えてくるのは、ボクシングジムという空間の中のミメティック・エコノミーである。この空間では、その外部の社会のさまざまなヒエラルヒーはそれほど強く意味を持たないが、スキルをどれだけ磨き上げているか、どれだけ高度なパフォーマンスを発現できるか、デビュー後の戦績といったものが尊敬に繋がっていくことがある。知る限りにおいては、ジムの中では競争原理が前面にあらわれるというよりも、むしろ互いに模倣し模倣される関係が支配的であり、そこでスキルやその組み合わせの想像力を磨き上げていくということがある（もちろん、優れた選手になるためにとってそれがすべてではないが）。近年のスポーツ批評や解説は、特に「進化」、「オリジナリティ」、「強い個性」という言葉に支配されているが、スポーツにはそれらに還元できない特徴が含まれている。

スポーツのフィールドでは、ベンヤミンやアドルノ、ホルクハイマーら、フランクフルト学派が練り上げた「ミメーシス」という概念がふさわしくもある（ここに、マイケル・タウシグを加えてもいいだろう）。もう一度、先に引用したボクシングジムでの体験の記述に戻ってみたい。スキルを磨くプロセスは、写真や映像のイメージ、鏡の中の自分の姿や他者の姿、実際に目に入ってくる他者の身体の動きやフォルム、どこかで見た記憶といった無数の「他なるもの《オルタリティ》」へと身を埋没させ、それを内側から理解、感知していく「模倣能力」によるところが大きい。この経験は、「自己」や「個性」といったものが、きわめて不安定なものにすぎないし、所与のものではありえないことを示している。むしろそうしたものは、同一性よりも非同一性、単一性よりも多数性といったものである。コピーにコピーが重なり、組み合わさりながら無限にミメーシスを増幅していくプロセスである。こうして磨き上げられていくスキルも身体も、つねに固定化されたものではない。ちょうど、あるシーンの瞬間に別の記憶や歴史の破片が重なることで別の歴史が見えてくるように、つねに変化の可能性を含んでいるし、つねに失敗の契機を含んでいる。互いに模倣し合い、新しいパフォーマンスを表現していきながら変化していくことを、仮にスポーツ批評家のように「進化」や「オリジナリティ」と呼ぶなら、そのときトレーニングでの肉体の抵抗や苦痛は楽しさに変わることがある。スポーツは、ここに身体（肉体）を資源として投資していくのである。

ただし、このミメーシスが身体的な実践であることこそが、スポーツの中の近代というものを指し示している点には注意を払わなければならない。自／他の境界が曖昧になることで近代的な二元論を乗り越える契機になるのかといえば、スポーツの文脈からいえばまだまだ留保が必要になる。なぜなら瞬間ごとに入り込んでくる他者のイメージは、その瞬間にはモデルや権威を示してもいるからだ。それは常にプリミティヴなものを抑圧するように求めることによって、肉体を植民地化することでもある。理想として、あるいは「真正性」として見いだされうるものによる制御が、肉体を攻撃してもいるのだ。鏡に向かい、あるいは「他なるもの《オルタリティ》」へと埋没していくときにミメーシスの増殖を可能にするが、それはまた、身体を厳格にトレーニングすることを受け入れるプロセスであり、身体（肉体）という資源の扱いの同意を生み出すということでもある。

アドルノが「スポーツには、暴力を加えたいという熱望だけでなく、みずから服従し、そして苦しみたいという熱望が属している」と厳しく批判したのはこの点に関わる（アドルノ 1996）。同様に、ピエール・ブルデューは、身体的規律こそが「飼いならし」の道具だといいながら、「全体主義的様相を呈するあらゆる政体が、集団的な身体実践に大きな地位を与えている」ことを説明していく（ブルデュー 1988）。

> 集団的実践とは、社会的なるものを象徴しつつ、それを身体化することに貢献し、社会のオーケストラ的組織化の身体的・集団的ミメーシスによってこの組織化を強めようとする。

スポーツに対する、アドルノやブルデューの注意深い構えは、次のようなファシスト・コリオグラファーの言葉を知っているからだ。

若い人々が少なくとも午前と夕方にそれぞれ一時間ずつ、しかもあらゆる種類のスポーツや体操で、身体的に訓練されない日がないようにしなければならない。この場合とりわけスポーツを忘れてはならない。……まったく非常にたくさんの「民族主義者たち」から、スポーツは粗暴で下品なものと見られている。ボクシングがそうである。ボクシングについて「教養のある人々」の間にあやまった考えがいかに広がっているかは、信じられぬくらいである。……これくらい攻撃精神を助長し、電光石火の決断力を必要とし、肉体を鋼鉄のように鍛えるスポーツはない。……民族主義国家はまさに、平和的な耽美主義や、肉体的に腐敗した群を育てあげるのが課題ではない。……男性的な力の権化たることを自負する男子、さらにこういう男を世に送りだすことができる女子が、民族主義国家の理想なのだ。(アドルフ・ヒトラー『わが闘争』)

ここでもう一度、本稿の冒頭シーンに戻ってみよう。反ファシズム闘争のアレゴリーとしての一枚の芸術作品とクリケットにおける身体の美の重ね合わせが、ファシズムもまたスポーツに熱狂し、アスリートの身体に政治の美学をみようとしていた歴史を思い起こさせるのである。人種化されたアスレティックな身体が、ナショナル・アイデンティティのイコンとして(マスキュリンな)崇拝の対象となった歴史的契機のひとつを、ポール・ギルロイは、マックス・シュメリングとアフリカン・アメリカンのジョー・ルイスが闘った空前のボクシングタイトルマッチの中に見出していることに注意を向けよう。このスペクタクルとしてのボクシングは、二人のボクサーの因縁めいた確執を強調しながら、戦間期のアメリカ、ナチス体制双方の国家権力と人種権力を過剰にドラマ化した。組織化されたミメティックな振る舞いやスタイルの構成要素としてのスポーツや身体トレーニングへのファシスト的関心は、このスペクタクルの中で、イコンとしてのひとりのボクサーの身体と相互に関連し合ったのである。肉体を政治化し、美学化するテクノロジーが作動するこのスポーツ空間は、血と身体、帰属の幻想に基づきながら領土を要塞化していく空間、つまり「キャンプ」を活性化させる。このスペクタクルな政治空間は、極端に純化された人種のアーキタイプを生産し、人種の優越性を証明する両国家の熱狂的な実験室となったのである。その意味で、アメリカにとってみれば、依然として続く黒人差別を一時的に背景に押しやった捩れた反人種主義なのであった(Gilroy,2000)。

したがって、スポーツがファシストに「なる」ための道具になりうると言っただけでは不十分である。ドイツとアメリカの双方が、マスキュリンな人種のアーキタイプへ投影される政治化された熱狂を、スパイラルな相互模倣関係によって増殖させながら戦間期の空気を作り出していったプロセスに、右も左も、民主主義も全体主義もそう違いはないのだから。これはむしろ近代スポーツが抱えている大きな問題を私たちに投げかけている。「国民みんなで」と国旗を振る群集に危険をキャッチする者たちが沈黙するのは、スポーツのこの側面を知っているからだ。だからといってスポーツがもつ他の可能性までも捨て去るわけにはいかないだろう。ファシスト的な熱狂のコアとして美学へと純化されていくアスリートの身体と、民衆的な革命のエネルギーが集約される審美的な黒人アスリートの身体との間にある溝には何があるのだろうか、それを探ることはけっして無駄ではない。そのための手がかりとして、もう一度、C・L・R・ジェイムズを呼び出してみよう。

複数性としてのスポーツ技芸

ジェイムズがクリケットに込めたものは、たんに植民地がいかに本国の権力を打ち負かすかの象徴的な再演だけではない。それはひとりの人物が全民衆のエネルギーを語る象徴的なものとしてゲームがあるのだという、はるかに大きな想像力あふれる概念なのである。(ホール 1998)

ジェイムズの詩的かつ革命的なスポーツ・ライティングは、彼の自伝的なクリケット論、『境界を越えて』(James,1963/1994)に実現されている。特にその冒頭のシーンは、模倣領域として読んでいくと、芸術生産(アートとしてのスポーツパフォーマンスの生産)の重要な場としてのクリケットに関する魅力的な描写を提供していることに気づく。それは現代のスポーツの分析にも応用していくことが可能な資源と方法になりうる。

ジェイムズは自身が少年だった頃の目線を通して、隣の家に住んでいたマシュー・ボンドマンの姿をゆっくりと思い出していく。攻撃的で、反社会的な身振りをするボンドマンは、ピューリタン的な厳格さを保つジェイムズの家庭とは対照的なものとして描写される。彼はいつも汚れた格好をし、働きもせず、獰猛な瞳をさらけだしながら大声を張り上げ、汚い言葉を吐き、裸足でメイン・ストリートを歩くような人物であった。叔母や祖母はそのような彼を軽蔑していたが、ジェイムズはボンドマンの身体に「社会の中での人格」に触れる深い経験を感じ取っていたのである。

マシュー、彼の生活のすべての面において粗雑で、卑俗なマシューが、その手にバットを持ったときには、まさに優雅さとスタイルそのものだった。

ジェイムズは、ボンドマンの独特のストローク・フォルムに品格と洗練を発見し、広い意味での社会における攻撃的な人格と、ウィケットでの洗練されたスタイルとの間の大きな溝に直面する。少年は、ボンドマンという黒い身体こそが、英国スポーツの真髄であり、そこに植民者の優位性が誇示されるクリケッターの原型的な表現を見る。社会がその内部に生み出しながらも、その社会から隔絶されたウィケットという空間で美しくボールを打ち返すボンドマンの身体は、スポーツの自律性とスポーツの政治的な理解のための重要な方法を示している。もちろん、クリケットはコロニアルな権力を反映するものである。しかし、だからこそこの領域での勝利の象徴性や伝説は、帝国の権威を揺るがすものでもある。クリケットのこうした社会的な意味に、ジェイムズは、個々人がアーティスティックな美を創造する能力としての「意義深いフォルム」を生み出す契機をみる。ボンドマンにとってこの領域は、彼の「表現」の可能性を切り開くのである。

彼がローカル・クラブで練習していた午後には、人びとは立ち止まり、見物し、彼の順番が終わると去っていった。彼は片方の足を地面につける、ある種、独特なストロークをしていていた。その打球はカバー方向を切り裂き、あるいはレッグ方向の地を這った。どんな打球であれ、マシューが身をかがめてボールを打ち返すたびに、長く低い「ああ……」という声が多くの見物人たちの口から漏れ、そして私の小さな魂は、マシューを認める喜びに震えたのだ。

マシューのキャリアは長くは続かなかった。彼は定期的には練習せず、またクラブに会費を払わなかった。かれらはそんな彼を我慢し、試合用のフランネルと白いシューズを用意してあげたのだった。

ここに引用したジェイムズの記述には、単数性と複数性が離れがたく埋め込まれている。ボンドマンのストロークを見物する群れの個々人の種別的な情動の投影を通じて、彼のストロークがひとつの「表現」となり、「フォルム」となり、それがボンドマンと彼を取り巻く群れの身体に交流し、浸透していくかのようだ。社会の中での彼の暴力的で、いつも軽蔑される身振りは、スポーツという空間の中の彼の身体と完全に照応関係で結ばれるものではない。ジェイムズのクリケット論を経由しつつ、審美的な黒人パフォーマンスの議論をさらに発展させる論文を書いているブレット・セント・ルイスによれば、ボンドマンのパフォーマンスの「シンボリック・パワー」が、イギリスの植民地主義の原型的な表現としてのクリケットの内側で、その表現を覆し、別の方向へと導こうとしていると述べている(St.Louis, 2000)。

ブラック・パフォーマンスのシンボリック・パワーを最大限に引き出そうとするジェイムズにとって、ボンドマンの「フォルム」は、所与なものでも、あらかじめ理想化されたものの具現化でもない。スポーツという競争原理の内部に個人的な成功を認めさせないボンドマンのパフォーマンスが示すのは、それに内在する群集性や複数性なのである。そこでは、ルイスが述べるように「階層化されていないエキゾチックなまなざしのもとで、パフォーマンスは新しい意味を獲得する」のだ。転覆可能性を含むこのパフォーマンスとそのシンボリック・パワーは、ウィケットというリミナルな領域の出来事に過ぎないのかもしれない。だからといって政治的に無垢なものとして退けられるものではない。限られた空間とはいえ、見たこともないような創造的なパフォーマンスの現場に立ち合いたい、目撃したいという群れの衝動は、ジェイムズという書き手を通じて、ボンドマンのストロークとともに反植民地闘争の重要なシニフィアンへと押し上げられていったのである。スポーツが切りひらくこの可能性を簡単に放棄してしまうわけにはいかない。なぜなら、諸々の社会闘争がスポーツ的な模倣能力によって触発され、スポーツ的な集合性のあり方をとることがあるからだ。

　ここで注意が必要だが、ジェイムズはそこに国民化の力が作用することを隠さない（すでにこの点は上野俊哉が『ディアスポラの思考』の中で精密に論じている）。だからこそ、スポーツという領域の中で生み出される〈一時的自律ゾーン〉を、非政治的なものとして切り捨てるのではなく、それ自体がときに社会構造の政治的な組織化やその変化をうちに含んでいるかもしれないということから、スポーツという身体文化を真剣に考えはじめてみるべきではないだろうか（小笠原博毅のPファンクなサッカー文化論「笑う男、もしくはガルガンチュアとヘラクレス——二〇〇二年W杯にみる男らしさ」はその挑戦的なテクストである）。『境界を越えて』の中には、一九六三年の西インドのクリケットチームのイングランド遠征の記述があるが、帝国の権威を揺るがしかねないスポーツという空間での勝利の象徴性は、植民地から独立を勝ち取ろうとする時代の空気と無縁ではないし、そこにはノッティングヒルの人種暴動（一九五八年）とイノック・パウエルの「血の川」演説（一九六八年）とにはさまれた歴史的、地理学的な文脈が刻まれているだろう。また、一九六八年のメキシコ・オリンピック、そして〈キンシャサの奇跡〉へと結実していく黒人アスリートたちの闘争、フィールドやリングでのスポーツ技芸は、黒人たちに公共圏への入口を準備したことも事実だ。その後の黒人公共圏の衰退とスポーツの関係はすでにギルロイが厳しく批判しているが、スポーツにおける黒人パフォーマンスが、文化に、そして政治に動きをもたらした痕跡は消えることはない。

　スポーツがファシズムへ転がる／転がらない契機を精密な理論で説明することは筆者の能力を超えている。しかし、すでにあるものの投影として、あるいは人種や国民の（ジェンダー化された）アーキタイプやモデルとして設定された身体イメージを模倣するかのように政治が形作られていくことがスポーツとファシズムの関係であるとするなら、そうではない形での集合性のあり方が、スポーツには少なからずあるということをもっと考えてみてもいいのではないだろうか。確固としたモデルやアーキタイプが設定されていなくても、スポーツの技芸を模倣関係の中から生産し、磨き上げ、またその技芸に魅了され、それに情動を投企する群れがいるのだから。

スポーツ技芸にはコピーライトがない!

どれほどの卓越したスポーツのスキルやパフォーマンスであれ、それは起源《オリジナル》でもなければ「自然」なものでもない。あるスキルを習得するプロセスであれ、そのスキルやパフォーマンスがオーディエンスとの間に構築される紐帯によって技芸へとたかめられるプロセスであれ、それらは少なからずフォルムやスタイルの類似性を手がかりに、異なる文脈から切り取られた身振りと身振り、記憶と記憶とが重ね合わされながら、なかば偶発的に別のスタイルを生み出していくということがスポーツや身体文化にはありうる(天才と謳われるイチローのバッティング・フォームでさえも、アフリカン・アメリカンのメジャー・リーガー、ケン・グリフィーJr.のフォームからの引用とその転形なのである)。

そう! スポーツ技芸にはそもそもコピーライトがないではないか! 多額の放映権やスポンサーシップによってスポーツが商業化しても、その内部でつねに個々の技芸は世界中で模倣され、アレンジされる。そこはつねに人々に出会いの空間をもたらしている。スポーツにおけるスキルやスタイル(応援のスタイルまでも含めて)は、時間や空間を越えて異質なものが接触し模倣し合う空間を創り出し、そこで磨き上げられ、同一化の手前で逸れてまたどこかに移動する。このようなプロセスがスポーツ技芸の真正性だとしたら、それはつねに複数性と移動によってしか昇華されないものである。それはヒトラーが理想化したスポーツからはこぼれ落ちるものだ。

現代のスポーツは、決定的に資本主義にダメージを与えるような抵抗や解放へと直接繋がるようなものではないし、むしろ「成功」のナラティヴを補強すらしている。もちろん、その中から一握りの巨額の報酬を得るアスリートもでてくる。しかし、模倣領域としてのスポーツは、なによりもスキルを集団で磨き上げながら、パフォーマンスの「快楽」を引き出す創造的な空間であるだろう。そのとき、資本主義はスポーツにとっての最大の敵であり、同時に親密なパートナーであるかもしれない。このことを一旦認めてみるなら、スポーツはグローバル資本主義の内部、それもかなり深部に入り込んでいると考えることもできる。スポーツがもつ抵抗の契機は、そこからようやく探り始めることができるだろう。

参照文献

Gilroy, P. (2000) *Between Camps: Nations, cultures and the allure of race*, Allen Lane, London.

Hall, S. (1996) "The After-life of Frantz Fanon: Why Fanon? Why Now? Why Black Skin, White Mask?", Read, A. (ed.) *The Fact of Blackness: Frantz Fanon and Visual Representation*, ICA, London.

Hoberman.J. (1997) *Darwin's Athletes: How sport has damaged black*

America and preserved the myth of race, Mariner Books, Boston.

hooks, b. (1994) *Outlow Culture: Resisting Representations*, Routledge, London.

James, C.L.R. (1963 [1994]) *Beyond a Boundary*, Serpent's Tail, London.

Mercer, K. (1994) *Welcome to the jungle*, Routledge, London.

St Louis, B. (2000) "Readings within a Diasporic Boundary: Transatlantic Black Performance and the Poetic Imperative in Sport" Hesse.B.(ed.) *Un/settled Multiculturalism: Diaspora, entanglements, transruptions*, Zed Press, London.

Taussig, M. (1993) *Mimesis and Alterity: a particular history of the senses*, Routledge, London.

アドルノ、テオドール（1996）『プリズメン——文化批判と社会』渡辺裕邦、三原弟平訳、ちくま学芸文庫。

上野俊哉（1999）『ディアスポラの思考』筑摩書房。

小笠原博毅（2003）「笑う男、もしくはガルガンチュアとヘラクレス——二〇〇二年W杯にみる男らしさ」黄順姫編『W杯サッカーの熱狂と遺産——二〇〇二年日韓ワールドカップを巡って』世界思想社。

バック、レス（2002）「ユニオンジャックの下の黒——アイデンティティの見世物、ワールドカップ、そしてなぜサッカーを真剣に考える必要があるのか」有元健訳（二〇〇二年三月に九州大学で行われたサッカー・ワークショップでの発表原稿）

ファノン、フランツ（1996）『地に呪われたる者』鈴木道彦、浦野衣子訳、みすず書房。

ファノン、フランツ（1998）『黒い皮膚・白い仮面』海老坂武、加藤晴久訳、みすず書房。

ブルデュー、ピエール（1988）『構造と実践：ブルデュー自身によるブルデュー』石崎晴己訳、新評論。

ベンヤミン、ヴァルター（1996）「模倣の能力について」浅井健二郎（編訳）『ベンヤミン・コレクション2』ちくま学芸文庫。

ホール、ステュアート（1998）「C・L・R・ジェイムズの肖像」浜邦彦訳『現代思想vol.26-4』青土社。

マークシー、マイク（2001）『モハメド・アリとその時代——グローバル・ヒーローの肖像』藤永康政訳、未来社。

6

接触領域《コンタクト・ゾーン》としてのスポーツ・フィールド
――身体の否定的認識について

有元 健

二〇〇二年二月一〇日、ロンドン郊外ピットフォード

久しぶりに晴れ間が見える中でサッカーをする。ロンジャパ集まったのはちょうど十一人ぎりぎり。特にディフェンスの人間がいないので、苦戦を強いられるのは間違いない。

特に両サイドのディフェンスが薄い。相手のポジションチェンジに翻弄され、中央もがら空きになる。1点、そして2点。その後、ロンジャパ敵のディフェンダーのミスをついて、1点を返す。しかし、エリア内中央でボールを受けた相手FWが鋭く反転からシュート。ゴール左に突き刺さる。

後半も流れは変わらない。相手のボランチは中央でしっかりとボールをキープでき、しかも的確に両サイドにボールをちらす。大きなサイドチェンジにディフェンスの修正が間に合わず、サイドをえぐられ失点。そして、5点目を献上。

技術、体力、戦術。すべての面で負けている。なすすべがない。「トップ下」だった僕は、5点目を取られてから、右サイドに大きく張る。フリーでボールを受けて速攻にかけるしかない。しかし、八割方あきらめている。

中央でボールを受けた僕に、あのボランチ野郎がタックルをしてきた。完全に足裏を見せての危険なタックルだ。しかしレフェリーは笛を吹かない。頭にきた僕は報復のタックルに入ろうとするが、玉離れが早いためその機会がない。いつのまにか彼は交代していた。

タッチラインのところに、子どもがいる。おそらくパパはこのピッチで戦っている（遊んでいる？）はずだ。彼らが点を取ると、その子は叫ぶ「イェー！」。僕の頭に、昨日読んだ『When Saturday Comes』の記事がよみがえる。その冊子の最後の方に、イングランドにきた二人の日本人選手を批評した記事が載っていた。記事の内容は単純だ。彼らが活躍できないこと、クラブは金銭的な利益目的で彼らを購入したが期待を裏切られたこと、それにもかかわらず多くの日本人ジャーナリスト

が取材に訪れるが何も書く記事がないこと、などだ。所詮日本人にはサッカーはできないってことさ。背の低いキーパーや軟弱なFW。タフなイングランドサッカーに適応できるわけないじゃないか。せめて金ぐらい運んできてくれればいいものを。僕のドリブルは「タフな」タックルで止められる。ひ弱でちびのディフェンダーはヘディングも勝てず、楽にボールをキープさせる。「イェー!」僕の「タフな」パパが、あんな軟弱な連中に負けるわけないじゃないか!

情けなさと怒りがつのってきた。僕はもう我慢ができない。ボールを見る必要はない、いけ、削ってやれ。しかし、何か別のものが僕を抑える。結果、中途半端なタックルになる。ボールは奪えない、だが足はすくってやった。しかし、こいつは何事もなかったかのように立ちあがる。レフェリーも笛を吹かない。僕はただ、試合が終わるのを待った。試合後、監督のSさんは言う、「もうちょっとパスがつなげればね」。僕は思う、「そんなことじゃない。もう、すべてが足りない。なのになぜそこまで《パス》にこだわるのか」と。

この個人的な経験は、私のパソコンの「フィールドノート」というファイルに収められたものだ。「ロンジャパ」というのは、ロンドン・ジャパニーズの略称。ロンドン在住の日本人で構成されているサッカーチームで、シーズン中はロンドン郊外のサッカーチームと練習試合を頻繁に行っている。イングランド人のチームはもちろん、ロンドン在住のポーランド人コミュニティのチームなど、相手はバラエティに富んでいる。上の記述はそうした試合の一風景である。一シーズンを通して、勝利の美酒を味わうのが一度か二度というこのチームは、この試合でも当り前のように負けてしまうのだが、このときの私はいつになく憤りと敗北感を感じていたのを思い出す。

私は留学中のロンドンでサッカーの練習や試合をするたびに、このようなノートを付けていたわけではない。文化人類学者の前では決して「フィールドノート」などと呼ぶことができないほどお粗末な日記のようなものを、私はサッカーをめぐって何か気になる経験をした時に書き留めていたにすぎない。アルバイトで行っていたサッカーの取材や、パブで地元のサッカーファンと交流をもったときの事などだ。今思うと、とりとめのない旅日記のようなものである。だがこの時の経験をノートに記したとき、そこにははっきりとした理由があり、私自身それを自覚していた。フィールド上の怒りと憤り、そして後に続く白昼夢の原因は、おそらくタッチラインの外から僕らを眺めて歓声を上げるその少年だったのだ。「イェー」という彼の叫び声、そして自信たっぷりにフィールドに注がれる興奮したそのまなざし。私はそれを、ファノンのあの有名な情景に重ねたのである。ホミ・バーバが『黒い皮膚・白い仮面』に現れる原初的光景の一つと呼ぶシーン。すなわち、フランス本国を歩くファノンが白人の母子とすれ違ったときに、その子から投げかけられる、「ママ、見て、ニグロだよ、ぼくこわい！」というあの視線と声である。何度となく引用されてきたこの情景を、このとき私もまた自分の経験を解釈する参照点として想起した。おそらくただ惨めに試合に負けるだけのことならば、それほど印象に残らなかったかもしれない試合を、私にとって記憶／記録に留めるほどのものにしたのは、あのイングランド人少年の視線と声だった。彼の声によって、私の屈辱は決定的なものとなった。完全なる敗北感、そして自分（たち）の黄色い身体への劣等感。もちろん私はファノンのように怖がられたのではない。むしろ恐怖感を与えるどころか、ただ彼のパパの肯定性を証明するためにだけ存在したかのようだった。それはファノンのシーンの反転である。ファノンを見た子どもの恐怖が、黒人男性を野蛮さ、過剰な男性性（恐るべき生殖能力）として表象するフランス社会に蓄積された諸言説の産物であるとすれば、私の身体に付された記号とは男性性の欠如だったに違いない。イングランドで最も販売部数の多いファンジン『*When Saturday Comes*』に掲載された小さな日本人選手の特集記事は、親切にもそうした私の推論／空想に物質的な根拠を提供してくれた。私の黄色い身体はこうしてあのイングランド人少年の原初的光景の一部となった（そしてそれは「アジア」という想像化された地理学の中で、イギリスの支配的な白人サッカー文化におけるヒエラルキーの最下層を構成する「パキ」というカテゴリーと節合されていくのだろうか）。あるいはむしろ、あの緑のフィールドと白人の身体、そしてあの少年のまなざしと声は、異文化と身体的に接触した私にとっての（身体をめぐる）原初的光景だったのだろうか？

＊

本論は非西洋社会における人々の身体認識のあり方がどのように社会的編成に節合されているかを考えるための一つの視点を提示する試みである。上述のような社会的・歴史的背景を捨象したファノンへの言及が『黒い皮膚・白い仮面』における精神分析的な主体形成のプロセスとしての身体論をプチブル的に特権化・流用しているという批判を逃れえないことは承知している。しかしそれを自覚しながらも私がここでファノンを出発点として考えてみたいのは、非西洋の人々が西洋の力と遭遇するときの身体経験、そしてそれを通じた自己認識のプロセスである。そしてそれは、そうした身体認識が精神分析的な主体形成のプロセスを越えてどのようにより広い社会的文脈のなかに節合されていくのかという問題にも結び付くだろう。例えばポール・ギルロイは、西洋において身体認識を通じた差異化・階層化のプロセス（人種学）が西洋の近代そして国民の編成において決定的な要素であったというが（『*Between Camps*』）、もしこのギルロイの議論を受け入れるならば、そのとき非西洋社会においてもまたそうした身体認識のプロセスが自国における近代（化）、そして国民の編成と関わっていたと考えることができるだろう。西洋という他者、帝国主義という力との遭遇における身体認識を通じた社会的編成。そうした問題系の出発点となる寓話的な情景として、あのファノンのシーンが想起されるのである。

時代も場所も異なる別のフィールドの光景が、この問題をより具体的に提示してくれるかもしれない。人類学者スーザン・ブロウネルは、『*Training the Body for China*』の中で、アヘン戦争後の中国人が自らの身体的差異を自覚し、辮髪を切る契機を導いたフィールド上での光景を二つ上げている。

当時のサッカーの試合において、いっておくべきエピソードがある。セント・ジョーンズ大学と南京大学との最初の何試合かのこと、いまだ、清朝の終わりで生徒たちは四人辮髪をつけていた。ボールをけったり、身をかわしたり、追いかけたりするとき、辮髪はとてもじゃまだったので、彼らは頭の上にそれを括りつけた。しかし、彼らが激しく走り回るために、それはまた開いてしまい、そうなるともう一度括りつけるのは大変だった。もう彼らは、辮髪をそのままふりみだすしかなかった。それを見た観客は大いに笑った。プレーヤーがボールを競り合うと、辮髪がばさっとなびき、敵の顔を打つ。そこで相手は立ち止まって目をこするしかない。そうしてプレーヤーは一瞬有利に立ち、ドリブルを始めるのだった。観客の中に次のように冗談を言うものがいても無理はなかった。

「辮髪で相手の顔を打つのはファールにすべきじゃないか。そうじゃないと不利だよ。」

ブロウネルはこの光景について次のように解説を加える。

この物語はいかにスポーツが身体技法をはっきりと、そして公に示すものかを表している。近代スポーツと辮髪が相容れないということは、そこにいたすべての観客にとって明らかだった。そしてこうした中で、少なくとも彼らは突然、この長く確立されてきたシンボルがはっきりとばかげているということを認識しないわけにいかなかった。

もう一つは、国民体育大会の高跳び競技の光景である。

高飛びの選手サン・バオシンは二回ミスをした。それは彼の身体がバーを越えていても、首の後ろに結んでいる辮髪がひっかかるためだった。審査員が、彼は西洋人であったが、「すぐに切りなさい！」というと、フィールドにいた多くの選手たちも彼にそれを促した。ワンによる新聞記事の解釈によれば、「そのとき、人々の心は憤慨し、彼らの革命精神は湧き上がった。そして清朝が人々に押し付けていたその慣習を根絶しようと願った」

おそらく近代におけるスポーツのフィールドは、異なる文化的・社会的文脈によって育まれ、形成されたさまざまな身体が、まさにその特定の身体性を拠り所として遭遇する、特権的に制度化された接触領域だといえるだろう。体格や運動能力などともすれば「人種的」に解釈されてきた身体的差異、あるいは「国民性」に基づくとされる身体技法、すなわちプレースタイルの差異などがフィールドで接触する。そこでは、競技という特殊な言語ゲームの抽象性によって（そして時としてスペクタクル化されたその舞台設定によって）、他者の身体とともに自己の身体も客観的に可視化され、分析の対象となることが容易になる。しかしメアリー・ルイーズ・プラットの定義が示しているように、接触領域とは「暴力的な政治や根源的な不平等、解決不能な闘争といったことの諸条件をつねに含んでいる」（植民地的）遭遇の空間である（『*Imperial Eyes, Travel Writing and Transculturation*』）。そのときフィールドは、幸福な異文化交通を導くというよりも、むしろ両文化間に作動する権力関係を具現化する現場となる。ブロウネルが描くこの二つの光景は、まさにそうした文化間の断絶とその階層性があからさまに露呈された瞬間なのである。

ブロウネルもいうようにこの事例が実際に「革命精神」を高揚させたとは考えにくいし、またこの二つの出来事が、現実的に全中国的な規模で身体認識の変容を導いたとも思わない。しかしこの二つの事例がファノンのあの光景と一つの共通点を持っていることは明らかだ。ファノンは白人少年の呼びかけによって「自分の身体上に客観的なまなざしを」注ぎ、そして彼自身の「人種的な特徴を発見」した。西洋の視線の内面化という契機が西洋人による呼びかけによって生じた。そして、それによって彼は、自らの身体を否定的なものとして認識した。この清朝末期の中国におけるフィールド上で起こった出来事もまた同じプロセスを示している。彼らの身体は、西洋人の観客や審判員のまなざしと呼びかけによって「突然」、別の身体基準を参照点として再認識されなければならなかった。そしてそのとき彼らの身体文化であり社会的シンボルでもあった辮髪は「ばかげたもの」として知覚された。否定的な身体認識。それはおそらく「トラウマ的」とでもいえる身体認識だ。ここに描かれているのは、非西洋の人々が、近代における西洋の植民地主義・帝国主義の力と直面したときに、自らの身体を否定的なものとして認識したそのプロセスである。西洋近代は非西洋社会にあらゆる場面における「理想像」を提供したが、身体もその例に漏れない。あのフィールドにいた中国の人々は、辮髪という身体的特徴であり社会的シンボルを「ばかげたもの」と認識するまなざしを内面化した。そのまなざしの先には、しっかりと文明化・近代化された白人の身体という理想的なモデルが準備されている。「完全な白人になりたい」という欲望を抱いていたファノンが経験した衝撃は、そのモデルとの同一化の不可能性という身体的事実を認識したことであった。こうして非西洋の人々は、白人という理想的身体と、決してそれに同一化できない「欠如」としての自己との裂け目において、身体的図式を再構築しなければならなかった。ファノンはそれを第三人称による身体認識と呼ぶ。そしてそれはひとえに「否定的な作業」なのだ。

*

こうした否定的な身体認識という視点から、非西洋社会の身体文化、そして身体をめぐるポリティクスを考えてみてはどうだろうか。例えば近代日本の身体の編成を考える上でも、この視点は有効になるかもしれない。フィールドという接触領域は、「日本人」にとっても決して幸福な自己／他者理解の場であるとは限らなかったのだから。

「では暫らくのお別れだ。シッカリ頼むぜ。きっと帰るように……」。一九二四年四月二七日の正午前、桟橋に横付けされた巨船香取丸の甲板。パリ・オリンピックをめざす日本代表選手団二四名を見送る人々が、船の上にも下にも満ち溢れていた。秩父宮から下賜された日章旗を翻した甲板は人で埋まり、見知らぬ同士が感激に満ちた笑顔と握手を交わしていた。「今度こそは」という固い決心は選手にも、指導者にも、一般のファンにもみなぎっていたはずだった。やがて汽笛が一度、二度と鳴り響き、五色のテープを引きずりながら香取丸は神戸を出港した。このとき東の空から飛行機が二機香取丸に近づいてくる。驚くばかりの低空飛行でその二機は何回となくマストすれすれにビラを撒いた。うまく甲板に落ちたそのビラには「振るへ振るへ日本人選手」と記されている。これから一ヶ月あまりの船旅が始まる。フランス、パリ近郊コロンブまでの道程はまだ遠い。

一九二四年パリ・オリンピックに参加・随行した人々の手記からなる『オリムピックみやげ』には、アントワープから四年後、パリへと向かう日本代表選手たち、コーチ陣、付添い、見学員を見送る人々からなるこうした情景が描かれている。人々の思いは熱く、また選手たちも相当の勢いと自信を持ってこのオリンピックに臨んだに違いない。この日本代表選手団の中に見学員として参加・随行し、大阪毎日新聞社に定期的に記録を寄せていた森田俊彦もそうした一人だった。翌二八日の門司市（現在の門司区）での練習では、走り幅跳びの織田幹雄が7メートル10の日本新記録をマークし、マラソンの金栗四三は門司—小倉間8マイルを単独で走破した。彼の目には選手たちが頼もしく見えたに違いない。その後、森田の報告は船上での事細かな練習風景から、途中香港で行われた対抗試合の様子に至る。イギリス人、中国人、インド人からなる香港のヴィクトリア・レクリエーション・クラブの選手たちと陸上及び水泳を競い、リレーを除くすべての競技で日本選手は圧勝した。彼の報告もまた自信に満ちていた――「以上の如く全く圧倒的の勝利を占めて、軍陣の血祭に十数個のトロフィーを獲得した。自慢じゃないが、こうなるのは当然であって、こんな所で負けた日にはおめおめとパリくんだりまで行けた義理ではない」（『オリムピックみやげ』第一巻）。

しかしこの森田の期待と自信は、パリ・オリンピック開催、そして競技の進行とともに脆くも崩れ去った。当時日本ではほとんど認知されていなかったレスリングで銅メダルを獲得したとはいえ、三段跳びの六位入賞、水泳三種目での入賞を除けば、総じて日本人選手たちは惨敗だったのである。競技終了後に森田は外国人選手と日本人選手を比較し、客観的に日本人選手の敗北の原因を分析した。森田は当初、外国人選手といえば身長の高い大男だとばかり思っていたという。しかし実際にアメリカ、フィンランドなどスポーツの強い国々の選手を見ると、一概にそういうものでもないということに気づく。たしかに身長の低い選手も参加し、好成績を収めているのだ。だがそうした選手は非常に筋肉が発達していて身長の割に体重が重く、それゆえに力があった。逆に日本人選手は、競技のフォームやスタイルばかりを練習していたという。森田は次のように結論付ける。

日本選手と同じようなむしろ小さな選手も少なくない。また同じような貧弱な身体の選手もいる。しかしそれらは遺憾ながらトルコとか、メキシコなどという小さな、弱い国の選手だ。米国とかフィンランドとか、英国には身長の低い選手はいても、身体の貧弱な者は一人も見当たらない。強い者は偉大な体力と強壮な内臓器官とを持っているのだ。

要するに日本選手の弱いところはスタイルではない。スタイルの研究もいまだ足りてはいないが、この惨敗は結局体力の問題だ。練習の方法の問題だ。（『オリムピックみやげ』第二巻、強調原文）

また、陸上選手として参加した上田精一も、森田と同じ結論にいたる。「日本人の体格の貧弱さ」という文章の中で彼は、いかなるフォームであればよく跳べるかということと、いかにしてジャンプ力をつけるかというのは別問題であって、フォームは第二だという。そして次のように述べる。

われわれの体格も部分的には立派なもので恥かしくないが型が小さい。この小さい体格で対抗するには、いかにしようかいかなる種目を選んで力を傾注するのが有利であるだろうか。いかにしたら大きくなり得るだろうか。考えるべき問題だと思う。日本人の体格の貧弱さがつくづく思われた。（『オリムピックみやげ』第二巻）

この二人にとって、それまでスポーツ競技は「いかにしてプレーするか」という技術・戦術が競われる場だと認識されていた。そのためにフォームの研究が重要視されていたのである。しかし彼らがこの時はっきりと認識したのは、いかにしてゲームを行うかではなく、それを行う身体そのものが決定的に重要だということだった。ゲームという抽象性の下に彼らが見出したのは、日本人の身体そのものの「貧弱さ」だったのだ。

ただし森田も上田も、だからといって悲観することはないという。わたしたちは現状においては劣っていても一歩一歩近づいていている、必ず追いつくときが来るというのである。しかしこうした前向きな態度を取ることさえできなかった観客もいた。東京女子高等師範学校教師であり、その七年後に『女子体育』を著し日本の女子体育を牽引する一人となる三浦ひろこである。彼女が『オリムピックみやげ』に寄せた「大きい疑問」という文章のその異様な短さは、彼女の精神的なショックを映し出しているようにもみえる。以下はその全文である。


何とかなるかしらと思い、何とかなってほしいと願って、ロンドンからパリまで出て参りました。しずしずと国旗がかかげられ、おごそかに国家の奏せられる前に起立してみたいような希みさえ持って。

しかし、そういう希望はやがて一掃されました。選手が一つ一つの競技に出る時に、びりにだけならぬように祈っていました。

勝つ人々を見、負ける人々をながめていました。勝つ原因を考えましたと同時に負ける原因を思いました。私には、はっきりとわかりません。今私にわかるぐらいなら、とっくにその方面に努力されている筈と思います。

私のオリンピック見物は大きい疑問をなげかけられただけでおわりました。(『オリンピックみやげ』第二巻)

日本人選手が活躍することを願う思い、そして現実の敗北。日本人選手が「びり」になったときの彼女の羞恥心はどれほどのものだっただろうか。「私には、はっきりとわかりません」というとき、三浦はフィールド上で生じた事実についての客観的な分析を拒否しようとしている。おそらく彼女は、その客観的な分析の先にあるはずの恐るべき現実に遭遇することを拒んだのではないか。西洋の大都市であるパリにおいて、多くの(白人)観衆に満たされたスタジアムで同朋の選手たちが惨敗したという事実について、少なくともしばらくの間「大きい疑問」としてその解釈を保留にし宙吊りにする以外、ロンドン滞在中の彼女が自我を防衛する方法はなかったのではないだろうか。そのような意味でこの三浦の文章は、その極端な短さにおいても、また「わかりません」と解釈を保留するその態度についても、否定的な身体認識(あるいはその認識の拒否)が生み出した一つの症候的言説だと考えることができるかもしれない。

＊

こうした否定的な身体認識は、たんに精神分析的な主体構築にのみ関わるものではない。むしろ三浦ひろこの文章に表出されたような欲望、及び症候は、より広く社会的文脈へと結び付けられた形で発現するのである。そしてそこにおいて、身体認識とナショナルなものの形成が奇妙に節合されるあり方を見て取ることができる。

東京女子体操音楽学校長であった藤村とよ子による「日本婦人の体格と姿勢」（1927）は、こうした節合形態を示す興味深い論考である。彼女はこの論文において、日本婦人の体格の悪さとその原因を分析し、今後どのようにしてそれを改善していく必要があるかを論じている。彼女の出発点はまず、日本人の体格が劣っていることの根本的な認識である――「元来日本人は身体矮小なる点において世界中エスキモー人を除きては肩を比べ得ざる状態で、只世界無比の国体と日本魂を以って精神的に心を広くし又肩を広くする外、体格姿勢及び体質では諸外国に対して肩の狭い方である」。したがって、日本婦人は良き体格を回復し増進していかなければならないという。

多くの先行研究が示しているように、当時女性の理想の身体とされたイメージはミロのヴィーナス像であった。古代ギリシャの鍛え上げられた白人の身体こそ、「完全なる身体」として表象され同一化を欲望された身体イメージだった。体育の指導書、教科書には執拗にギリシャ彫刻の裸体像、とくにヴィーナス像の写真が添えられ、また、西洋白人がモデルとなりポーズをとったりダンスをする写真が挿入されることも多かった。いずれにしても、当時体育家とされる人々にとって西洋（特に北欧）の白人の身体が理想的なものとして認識された。各民族の身体は、体格という身体的差異によって階層化され、理想的身体からの偏差において測定・矯正されるべきものだとされた。しかし理想的身体へ近づこうとする運動が体育として実際に社会に普及していく一方で、藤村を含めた体育家にとって、それは自己の身体を否定することをも意味した。身長、体重、筋骨の発育、死亡率、歩行や姿勢など、身体の面ではいずれも文明国のうち最下位を争っている日本人。もちろん、訓練によってそれらは改善されるであろう。しかし、決定的な断絶がそこにはあった。すなわちそこにある身体は決して白人ではなく、白人にはなれないという事実である。白人という理想的身体を獲得したいという欲望、そしてその不可能性、さらに自己の身体を否定することの拒否。藤村は日本人の矮小な身体というトラウマ的現実に対して、こうした条件をもとにそれを克服しなければならなくなるのだ。

藤村は日本人が「元来」身体的に矮小であると述べており、人種的決定論を踏襲しているかに見える。しかし逆説的にも彼女によれば、日本人の体格は「昔からかく劣っている状態であったとは思われない」という。むしろ、「日本民族の体格の短小なるの原因は元来温度の高い為め一般に早熟であって結婚期の早いこと、瑞穂の国とも称した如く生産物に恵まれているため太古より水草を追って遊牧しなかった民族で自然、運動を好まなかった。又一定の土地に静止して移動しなかったため血族結婚を重ねて来た事、又座るという習慣が脚の発育を悪くし体格を短く不都合ならしめた。(中略)その昔は短身である割合には比較的胴が大で胸郭も太く、体格としては良い方であって現時ほど貧弱なる体格ではなかったことと思われる」というのだ。つまり、気候風土や生活形態、「座る」といった文化形態によって体格が矮小化したのであり、そもそもの昔はなかなかの体格を有していたという——「日本の従来の端座、禅坐は却々背を伸ばして、姿勢は立位よりも矯正され易いので、維新前の武士の姿勢、殊に彼の裃姿勢などは、西洋人の遠く及ばぬ点のある立派な姿勢であったと思われる。即ち気海丹田とて腹に底力のある姿勢で、日本固有の日本魂の宿った強みのある姿勢であった。(中略)日本の維新前の生活は質朴にして、運動に富んだ生活状態であった点においても、昔の人の姿勢は自然を破ることが少なくて、不正のものは少なかったことも考えることが出来る。現に彼の元禄時代の日本婦人の姿勢体格は何れの国に対しても恥づる処ないだけの、立派な、形容すれば雄々しいものであった。明治、大正の美人とは比較にならぬ真に体格美の持ち主であった」。そして彼女によれば、特に明治維新以後の西洋文明の輸入による運動機会の減少や、女子の和服着用の結果、こうした体格の劣化に拍車がかかったという。つまり、日本人の体格はかつて西洋白人にも引けを取らないほど優れたものであったが、文化的・歴史的な諸要因によって現在においてそれは失われており、したがって、体育という方策・実践を通じて失われた過去の理想的な身体を回復しなければならないと論じるのである。

ところで、古代や元禄時代の日本人が立派な体格をもっていたという藤村の議論にどれほどの根拠があるのだろうか。実際のところ、「日本人の昔の体格は力士の裸体絵によって見るの外に道はないのではなはだ不明瞭である」と認める彼女が依拠するのは、彼女自身の想像力、そして「直感」なのである。こうした藤村の論述形態は、酒井直樹が「死産」と呼んだ一八世紀の言説における日本語・日本人(という統一的概念の実定性)の誕生のプロセスに極めて類似している。酒井によれば「一八世紀の日本語論者たちは漢語や中国大陸からの文明を抑圧的な支配体制に見立てることによって」、書きことばという二次的なものの前に存在したとされる原初的な「話しことば」に非雑種的な民族的本来性としての「日本語」なるものを空想したという。そしてそれは、「(現在において)あるべき制度の欠如体として知覚された。つまり、「日本語と日本民族の存在は、古代には存在しても現在には存在しないもの、現在においては既に喪失されたもの、として仮設されなければならなかった」のである(『死産される日本語・日本人』)。

一八世紀の日本語学者と同じく藤村も、過去に存在してはいたが現在において失われた理想的身体を空想する。それは、西洋白人と遭遇した現在の日本人の劣等的な身体というトラウマ的現実を克服する試みであり、また、そこに充填される欲望とは、民族的本来性を体現した日本人の身体なのである。身体の否定的な認識とナショナルなイマジナリーはこうして節合される。そして、「肉体美人」と名付けられたそのフィギュアは、自然のなかですくすくと成長し、男子とともに戦っただけでなく、立派に発達した骨盤を持ち、健康な子女を生んだはずだった。失われた過去の身体はいまや再び回復すべき理想的な身体となる。

だが、藤村にとってそうした理想的な過去の身体は、完全に失われたものではなかった。文明に汚染されていない、純粋な部分を残している身体は、都市の外部に見出されたのである。まず、全国を視察した彼女の「直感」が見出したのは、そうした過去の理想的身体と台湾の「生蕃」との類似性であった――「生蕃の顔の骨組は全く日本人の田舎の人の様でそれから推して日本人の昔の体格は生蕃の如きものであったかとも思われる」。アイヌもまた、そうした過去の身体に近いものとして評価される。藤村はアイヌ人の模型を提示して次のように言う――「アイヌの子供につきて研究し、其の体格、姿勢、体力健康状態につきて日本人として身体上先ず完全なる者と認め、模型を取ったもので、（中略）西洋の正しきものの標準に劣ってはおらぬので、（中略）スポーツにおいて優勝する体格はこのアイヌ型のものでなくてはならぬ」。また、地方の女性の体格も同じく評価される――「尋常四年で十三歳の最も発育の良い娘である。日本の真の肉体の美人である。都会の服装美より生じた誤まったる美人ではない。（中略）元来大原八瀬の婦人は徳川の末世から明治大正時代の婦人の、衣服及び帯紐の害を逃れていた」。これらの身体は、都市における文明の弊害を逃れ、理想的過去の諸要素を内包した身体として見出され、評価されたのだ。「失われた真の日本」を国家の周縁部に求めようとする欲望がこの時期の民俗学者などにも共通するものであったことは指摘するまでもないだろう。藤村が理想とする真の美人、肉体美人もまた、こうした歪曲した欲望の結果として生み出されたのである。そしてその身体は、人種的な特徴を多少有してはいるが、決して西洋の身体に劣るものではなかった――「ビナスの像に比して只少し脚が短い。（中略）新潟には真の美人が多い。それは肉体美人である」。

西洋に対する身体的劣等性という「現在」におけるトラウマ的現実の克服のために、過去の身体が召喚される。その身体とは、民族的本来性というイマジナリーによってトラウマ的事実を回避しようとする症候的な言説的産物なのである。さらにそうした時間軸にそった症候の発現は、都市と田舎、中央と周縁という空間的な配置へと置換され物象化・フェティッシュ化される。こうして藤村の論文の中で否定的な身体認識を通じてナショナルな歴史学と地理的想像力が節合されるのである。

＊

最後に本論をもう一つのフィールドの光景で閉じようと思う。だが、その解釈は開いたままにしておこう。

一九二六年八月二八日スウェーデン、イエテボリ

人見絹枝はフィールド上で静かに目を閉じて祈っていた――『どうか一度です。跳ばして下さい』。彼女の目からこぼれる涙は頬をつたい、30メートルあまりの助走路はぼんやりかすんだ。5回目の施技。最後の跳躍である。十分スピードに乗った彼女の右足は、一分一厘の違いもなく踏切版を捉えた。記録は5メートル50センチ。残り一回の施技を残した英国のガン選手の記録5メートル44センチを超え、人見はトップに立った。あとはガン選手の最後の跳躍を待つだけだ。深呼吸を繰り返しついに走り出した彼女の助走を、人見は見ることができなかった。彼女はただ踏切版を見つめた。ガン選手の最後の一歩となったその左足は、無情にも板を越え、ファウルとなった。アナウンサーの決勝の報告が終わらないうちに、スタンドの観客は総立ちとなり、われるような拍手はしばらくやまなかった。『ハロー、人見、人見』という歓声の中、日章旗はスタンドの空高く君が代の演奏とともに掲揚された。

パリ・オリンピックの二年後、第二回女子オリンピック大会走り幅跳び決勝の様子である。並外れた体格と運動能力を備えた人見絹枝は、この大会に日本人女子としてただ一人参加し、走り幅跳び及び立ち幅跳び1位、円盤投げ2位、一〇〇ヤード3位という驚異的な成績で個人では総合1位となった。彼女がその後、その夭折までの数年間日本の女子陸上界を牽引したことはよく知られている。大阪毎日新聞社の記者でもあった彼女が自らの生い立ちとスポーツ経験を綴った『スパイクの跡』には、この時のことが彼女の気持ちも含めて詳しく描写されている。スタンドに掲げられる日章旗。彼女はこう続ける。

「これを見た黒田マネージャーと私は今迄の苦しみも急に嬉しさに変わりフィールドの中で泣けるだけ泣いた。多くの白人の中にたった二人の日本人が、日章旗の下で泣いたその涙はほんとに美しいものに違いなかった。この時こそ始めて自分は日本の天皇陛下の赤子の一人に成り得たものと思った。」(『スパイクの跡』1931、強調有元)

注

1　というのがたてまえだが、重要なことに、私が所属するまでのチームの中心的戦力だったのはアン・ジュンホ君であり、彼が私をチームに紹介してくれた。彼はその卓越した技術によってまさにロンジャパの攻撃の核だった。私はその後、延べ一年半ほど所属したが、他選手の年齢的な要因もあって、ゲームメーカーを任されることが多かった。

7

華麗なる「有色人種」という現実——明治期日本人エリートの洋装にみる洋行経験の光と影

眞嶋亜有

はじめに

本論は、日露戦争（一九〇四〜一九〇五）後の二十世紀初頭における日本人エリートの人種的自己認識の形成を、洋行経験における人種的身体観察、特に洋装という身体風俗における「西洋化」の観点を中心に考察することを目的としている。

そもそも、二十世紀は「人種闘争」の世紀と言われていながらも、人種研究はこれまで外交・政治・思想史など公的領域において断片的に研究されたに過ぎず、また歴史研究としても人種研究は、主として一九二〇年代後半から第二次世界大戦期における優生学やダーウィニズム、また第二次世界大戦における政治的イデオロギーとしての機能に偏った研究分野であった。然し人種意識とはそれ以前から様々なレベルで相互関係的に形成され、蓄積されたものであり、特に近代日本は、日露戦争を契機に、国際政治上での人種問題に深く関与した歴史的プロセスを有している。明治以降、脱亜入欧を目指した富国強兵政策の一つには、森有礼に見られるように国民の身体能力を向上させ、西洋列強と対等な力を持つ強靱な身体の獲得があった。[1] その為に明治日本は肉食導入を奨励し、衣食住の生活様式の「西洋化」に努めたといっても過言ではない。[2] そして日清・日露戦争を経て「一等国」としての栄光を勝ち得たかに見えた近代日本を待ち受けていたものは、西洋諸国との宿命的な差異、つまり人種という壁であった。

日露戦後から台頭する黄禍論や、米国をはじめとした排日問題、そして一九一九年パリ講和会議における人種差別撤廃案挿入問題の失敗に見ても明らかなように、日露戦争後、西洋世界に参入し始める日本は、人種という宿命的な問題からあらゆるレベルで拒絶され、西洋からの日本に対する嫌悪もしくは憎悪の念は、「黄色い脅威」（yellow peril）としてあらわれていくのである。

換言すれば、これまで和魂洋才の道を進んできた近代日本エリート達にとって、次第に現実のものとして噛み締めていく「脱亜入欧」の栄光は、人種という越えられぬ壁と、其処に浮き彫りになる自己規定の矛盾を露呈させる事となったといえよう。日露戦争後、「児童すら、我は世界の一等国民なり抔と口にするに至りました。[3]」というまでの国家的自尊心の高揚に支えられ「一等国」の栄光を勝ち得たこの華麗なる日本の影にあったのは、「東洋」と「西洋」の狭間で揺れ動く日本の孤独であり、「白色人種」に同化することも出来ず、かといって「黄色人種」にも安住できないという人種的ジレンマだった。そして人種的ジレンマは、次第に日本人エリート達の身体に可視化されてゆく。彼等は、人種問題を、身体美醜の問題として解釈し、自らの身体を醜悪視することで、白色人種である彼等と、黄色人種である自分達との差異を埋めようと努めた。[4] そして人種的差異を顕著に示す身体的部位としての「肌の色」、つまり「黄色人種」という運命を、如何にして克服出来るかという人種的ジレンマが、明治後期から大正期における日本人エリート層の間で共有されていたのである。[5]

この流れを見ても明らかなように、日本人にとっての人種的視点は、あくまで「西洋人」に対する「日本人」という観点でしか成立していなかった。当然ながら、明治以降、日本が追い求めた規範は西洋にこそあり、日本における社会的上層、所謂「上流階級」は、生活様式をはじめとした風俗から教養・文化に至るまで、西洋を規範とする事に「極端に」情熱をかけてきた一面を持っている。[6] 本論で扱う洋装に関しても、あくまでこれは彼等にとって「文明」のシンボルであり、「エリート」の象徴であるが為の身体風俗の「西洋化」を意味していた。然し、明治後期、特に日露戦争後から増えていく洋行経験で見た西洋社会には、白人以外の洋装した人種が存在したのである。存在しただけではない、西洋社会にて洋装したシナ人・土人達、所謂「有色人種」達は、西洋社会に擬似的に参入したという華々しき体験をしようと西洋世界に足を踏み入れた日本人エリートと外見上、極めて近似性を有した人々であったのである。

そして明治後期から次第に増えていく社会的上層の洋行経験は、それまでには直面することのなかった白人以外の「西洋化」された「有色人種」との連続的遭遇を彼等に与えることとなり、洋行エリート達の人種的自己認識を形成する上で重要な契機となったのである。従って本論では、明治中期から大正期における日本の洋行エリート達の西洋見聞記に於ける各人種の身体観察を巡って、洋装を中心に取り上げることによって、明治期におけるエリートとしての証であった洋行経験を通じて、日本人エリート達が、洋装をはじめとする身体の「西洋化」の限界に気づき始め、自らが「有色人種」の一員に過ぎぬ現実に直面していく過程を考察する。[7]

洋行において最も考慮し準備したであろうものは洋装であったに違いない。[8] 男性エリート達にとっては日本国内でも当然の外出着となりつつあったにも拘わらず、「本場」の洋行先では心労が絶えなかったようで、彼等の不安なり躊躇を示すかのように、明治・大正期における欧米見聞記には、著者の体験談をふまえた服装アドバイスが残されていることからも伺えよう。[9]

然しながら、日本国内外問わず洋装が定着しつつあった男性には洋装・和装の選択の余地は無かった。洋行にあたり服装選択が問われたのは女性であり、特に洋行に随行する数少ない女性達の和装・洋装を巡る服装問題は一つの課題となった。童話作家の巌谷小波（一八七〇～一九三三）は洋行における女性の服装問題について次のように書き残している。「今度の実業団には、婦人が六人同行されました。日本からは、澁澤男爵夫人、神田男爵夫人、堀越夫人、多木夫人、それに澁澤男爵夫人の従者として、高梨嬢の五人でしたが、アメリカでは、水野総領事の夫人が、始終同行されましたから、都合六人に成るのです。所で日本からの五人の方は、最初からの申合せで、日本服の一點張で通されましたが、これを却ってアメリカ側では、大に満足に感じた様でした。」[10] と、渋沢栄一をはじめ財界人による洋行グループに随行した女性六名は皆、洋行中は「和装」で一貫し、彼女たちの「和装」は、洋行先のアメリカにて好評であったという。「元来──日本服──殊に日本の婦人服は、その費用のかゝる割に、是を外国婦人の服装に比して、聊か引立負けするものです。また坐って澄まして居るにはよいが、立って動く場合には、随分不便なものですから、初めは大分反対もあり、せめて旅行服丈は、洋式の物を用意しては如何かと、わざわざ忠告した人もあったとか云ふ事です。」[11]

和装での旅行、特に慣れない船旅に欧米巡遊は、洋服に比べ「聊か引立負けする」ばかりでなく、「随分不便」な服装選択であった。それにも拘わらず、「然し婦人連には、己に自信あったものと見えて、一切洋式の服装を用ひず、旅中も宴席も、出るにも、入るにも、専ら日本服で通された勇気は、只々敬服の他はありません。」[12] と、日本女性達が敢えて和装選択を一貫させたほどの「己に自信あった」姿を賞賛している。然しこれは小波の短絡的判断に過ぎなかった。それは洋行にあえて和装を選び、朝日新聞社主催の「世界一周會」と称された欧米巡遊（一九〇八年三月一八日～六月二一日）に参加した野村みちの記録にて明らかである。野村みち曰く、「周遊中の服装につきても、亦さまざま心を悩ましけるが、さなきだに、洋装は我国の女子しからぬに、まして丈低く形醜き妾の洋装は、唯笑の種なるべしと思ひ、終に和装と定めて、付属品、修飾品類、其他の一切をも、我国の製作品をのみ用ゆることとせり。然るに、周遊中至る処、妾の日本風は、いたく欧米人の賞賛を博し、圖らず面目を施したり。日本婦人は洋装に馴れぬ事とて、脱着に人を煩はすこと多く、独旅には洋装は殊に不便なり。妾は今回の旅行によりて、婦人の欧米行には特に和服を用ゆるべきことを慫慂せんとす。[13]」

彼女は、日本国内外問わず、「美人」ともてはやされた女性である（写真参照）。其の野村みちは、洋行に向けての服装選択を極めて戦略的に行っているのである。つまり彼女は、はじめから「洋装」という西洋人と同じ「土俵」に入っては、「丈低く形醜き」自分では、必ずや「笑の種」となって審美的に敗北することを認識しているがために、あえて着物という「民族衣装」を着用することにより、西洋からの「称賛」を浴びようと試みたのである。そして彼女の「民族衣装」を巡る自意識は、本論後半に扱う、他の「有色人」の洋装に対する人種意識において、興味深いヒントを与えることになる。

「野村みち」

失策としての「民族衣装」――洋行における和装批判

野村みちに見られる戦略としての「民族衣装」着用を結果的「成功」と評価する一方で、洋行先における「民族衣装」着用への批判も出ていた。一九三〇年に書かれた滝本二郎『米国旅行案内』にて、「洋行中和服で押し通すのを国風発揮と考へる婦人や、欧米人の所謂キモノの珍奇と着方の珍妙を見て日本服の本式の着方と優雅味を範示する意気込の淑女も居られる。然し欧米人はキユリヲな室内服としては珍重すれども外出着としては不適当となし又日本風の着方は不粋だとさへ考へ、キモノの発明は日本人だがキモノの眞の着方と用途の発見は欧米人だと考へて居る。其は兎に角も、街上では不便多き上に欧米人の慣習上甚だ憎嫌する姿態を不識不識演出展示して誤解と軽蔑をこそ招くから外出には洋装をお勧めします。……拙著『洋装心得と洋食作法』を一読された上で洋装上の正しき智識を得てから洋装店に御相談なさる様にお勧め致します。[14]」と、西洋人の受けるであろう和装に対する印象に対してやや迎合主義的な面も否めないこの意見には、日本女性の「民族衣装」を選択することで「国威発揮」をはかる「意気込」への批判が記されている。

滝本は同書でフランス人女性と婚姻関係にあることを自ら言及していることから、生活世界としても、また人種的自意識の観点からしてみても、外の執筆者とは逸脱した面もあると考えられるが、このような意見は滝本個人の特異な批判ではなかったであろう。現に、大正九年に米国事業視察の為に洋行した林富平は著書『欧米視察案内』の「外遊婦人の心得」という項目にて次のように批判する。「如何に日本婦人に洋装が適さぬからとて外遊中に和服では軽業の広告見たやうで甚だ不体裁だ。幾千円を費やした立派な和装でも西洋人が見ては日本の〈ゲイシャ・ガール〉かと云ふ、実際西洋人の眼には、高価な日本服も殆んど其価値を認められぬのみならず却って曲解せられる場合があるから外遊中は少々お粗末でも洋装するに限る。[15]」と、近代西洋に於ける性的解放を暗示させたエキゾチズムへの配慮を示しながらも、和装の文化的価値も経済的価値も理解出来ぬであろう西洋人には無意味であるとし、洋行中は「少々お粗末でも洋装」に限ると批判する。女性の服装問題は、和装・洋装の選択的余地があったが為に、議論の対象になったものの、女性が敢えて「〈ゲイシャ・ガール〉」を戦略として利用した「心意気」を男性は知る由もなかった。然し、和装であれ洋装であれ、双方に共通していたものは、最も可視的で加工容易な「服装」という身体風俗を通じて実現しようとした、西洋人に対する「一等国」としての強い承認願望だったといえよう。

洋行先における洋装した「有色人種」との連続的遭遇

洋行に向けての服装選択だけにおいても、ある種の緊張感と不安を抱いた日本人エリート達にとって、明治以降、身体風俗の規範となった西洋人が住む西洋世界は、如何なるものであっただろうか。確かに西洋世界は「何がさて右も左も碧眼人種にのみ充され居り候こと故[16]」、生身の白色人種が行き交う空間であり、其の感覚は「田舎者が、東京見物に出でたるそれよりも、尚ほまごまごして途方に暮れ居り候[17]」と、文化的洗練の高き世界への新参者の感覚であったようである。然しエリート達が訪れた西洋世界において遭遇したのは、長年憧憬の念を抱いた「碧眼人種」「白色人種」ばかりではなく、西洋社会に日本人よりも先に、もしくはもとから存在していた「非白色」人種達であった。[18]そしてこれまでの如くあれだけ服装問題に考慮した洋行エリート達が洋行先でみた現実は、日本人エリート達がこれまで目もくれようとしなかった、黄色や赤色や黒色の肌をした所謂「有色人種」の人々が、日本人エリート達と同じように「洋装」をし、そして日本人以上に、身体の「西洋化」を実現していた人々との連続的遭遇に満ちていたのである。

洋装した日本人と洋装したシナ人

西洋世界における「有色人種」の中で、最も日本人と外見的に近似していたのはシナ人であった。

日露戦後、森次太郎は英国観光中、英国番兵から「〈貴下は日本人なるや支那人なるや〉」と問われ、日本人である事から非常に親切な待遇を受けたと残している。[19]また、東京高等工業学校卒業、実地工場従事してから一九〇二年文部留学生として英米派遣、米国コーネル大学にて機械工学・学士取得、英国マンチェスターの工業学校研修、三年の洋行を経て東京高等工業学校機械学科で教鞭を取っていた関口八重吉は、日露戦争期にあたる一九〇四年に山根吾一『最新渡米案内』（欧米雑誌社）にて、「従来には左程目立ざりし日本人も、日露戦役の後に於ては、各国人より注目され、善きにも悪しきにも非常に目立に至りましたから、総べて謹慎をせねばなりませぬ、戦役前に於ては髪を切りたる支那人と日本人とは区別を立つることの出来ざりし米国人も、今日では万般に注意する結果、十分に見分くるのみならず、大に待遇を改めて、日本人を優待します」と、シナ人が断髪し洋装した場合、外見上における日本人との差別化はほぼ不可能に近いにも拘わらず、アメリカでは支那人に較べて日本人への差別的優遇を受けていると云う。そして、「同じ顔色をして居る日本人に、何等の故障を云はないといふ次第ですから、是からの日本人は、十分注意せねば成りませぬ、又我は支那人と同一と見られぬ為めに、観劇に行っても上等のシーツを買ふとか、知らず知らず高い物を買ふとか、数を多く買ふとか入らざる痩我慢を出すことも多い[20]」と、唯でさえ判別が難しいシナ人との差別化を強固なものにするためには、服装や生活文化の細部にわたり金銭と努力を惜しまぬ事を奨励した。ここで重要なのは、西洋社会において見られた差別的優遇に自尊心をくすぐられる事ではない。明治四〇年代には、次第に中国人の一部にも日本人エリート達のように洋装・断髪する人々が増え始め、既に欧米滞在しているシナ人エリート層は、日本人にとっての身体の「西洋化」の最も容易な手段である「洋装」は既に定着していた。しかも、シナ人との判別が困難であったのは、完全なる他者である欧米人のみならず、日本人自身にとっても極めて困難だったのである。当時の桑港では、「検疫終わりて後、本船に乗移る、絹帽被りたる洋装の紳士多数随へり、日本人ならんと思ひしに、是は皆支那人なりけり、殿下一行も、殿下と李氏とを除くの外皆断髪洋装なれば、斯る扮装こそ御意には入えうらめ、布哇の清国領事も、殿下御来遊の報に接して断髪せりといふ、やがて清国にも断髪令行われん、今後欧米を旅行するもの、貴方は日本人ですか支那人ですかと問はねばならぬ場合多きに至らん[21]」とあるように、シナ人（特に欧米滞在している）との差別化が如何に困難なことであったか、もはや日本人ですら日本人か中国人か見当がつかない状況に差し迫っていったのであった。

戸川秋骨は、太平洋帰航のミネソタ号に乗船していた「三井物産の上海支店に職を執って居らるる幡生君」について、「同君は二人の同行者を伴れて居られるが、其れは支那人であると云ふ。両個は何れも断髪洋服姿であるが中にも其若い一個の如きは眉目清秀すこしも支那人らしい風はないのである。[22]」とあるように、「美」と「清潔」、そして「西洋化」された外見の所有は、日本人だけのものであったはずだと何処かで認識していた戸川にとっては、欧米在住のシナ人エリートの「西洋化」された外見は眩しくも受け入れ難き現実だった。また、荻野萬之助が明治三〇年代後半に、アメリカで亡命中国人の演説を聞きに言った際、演説者の身なりが「金縁の眼鏡、色がはりのウエースト、コート、金鎖、丸で日本の紳士であつて、ドーしても支那人とは見えぬ。……此会場で異様に感じたのは、支那人の中に断髪者が甚だ多いことである。断髪の支那人は全く日本人と異ならぬが、唯何処となく日本人との区別点があるのは争はれぬ所である。[23]」と、断髪しハイカラな洋装を着用した紳士的なシナ人を目の当たりにしながらも、何処か細部に日本人との差異があるだろう事を書き残すものの、アメリカ在住の中国人について荻野は、「彼等は皆辮髪を断ちて一見日本人である。洋服を着て、ハイカラをかけて居る工合は、ドーしても支那人とは受け取れぬ。中にはなかなか達者に英語を話すものが居る。[24]」と、断髪・洋装・ハイカラと身体上の「西洋」風俗三拍子を備えたシナ人は、日本人にとって「シナ人」として受け入れ難き、西洋的身体の獲得ぶりであった。

それだけではない、当時（現在もかもしれない）、勉強してもどうも英語が達者にならないで苦労した日本人エリートにとって、「なかなか達者に英語を話す」シナ人は、黄色人種として身体の「西洋化」を実現せしめた、まさに身体の「西洋化」における成功を獲得したかのような人々であった。それは大正期の欧州にても同様な光景が見られ、河上肇は当時のパリのカフェーの光景を次のように書き残している。「御覧なさい、さつき二人連れの支那の留学生らしき青年がハイカラの洋服を着て行き過ぎたばかりだのに、軍服を着た支那人が二人の淫売婦と話しながら今ここに来る。日本人はまだ一人も見付からぬ……眞黒な黒ン坊が美人を擁して今過ぎ去った。実に様々な者が絶間なく通る。[25]」「複雑なる潮」と称した異人種混在の街が巴里であり、そしてその中で先駆的な黄色人種が、シナ人だったのである。

そして、荻野萬之助が、伯林を旅立つ際、蒸気船発着場に待ち受けていた光景は百名以上の船を待つ客、それは「毛の黒い人種は猶太の一美人の外に、唯予一人と思ひきや、パナマの帽子に野外服の亜細亜人一人あり。支那や朝鮮や土耳古や波斯や、態度挙動の欧州馴れたる、而かも一人の若き美人の同伴者を有するなどさても不思議の者。[26]」だった。

ほんの数ヶ月の洋行に向けての服装問題だけで緊張と不安が隠せなかった日本人に対し、西洋世界では既に、服装・髪型から「態度挙動」といった身体風俗に至るまで「西洋化」され、しかも「若き美人の同伴者」までをも携えられるほどのシナ人エリートの眩しさが既にパリには存在したのである。そのような光景の連続的遭遇が、洋行経験だったのである。

洋装と土人

欧米に於けるシナ人に加えて、同じモンゴロイドであるアメリカの「土人」アメリカン・インディアンの場合も、日本人との身体的近似性は増した。巌谷小波は「亜米利加インジャンと称する、土人」を、「これはしたり！　肉色と云ひ、目鼻立と云ひ、何うやら我々同胞にその儘、若しくはそれ以上なのである」[27]と、彼等の容貌を含めた身体的特徴が日本人に酷似していることに驚きを見せている。それに加え、小波が「カリホルニヤ州のリバアサイド」にある「土人許りを収容し」た学校を訪れた際、「門の側に出迎えられて、立派に『君が代』を奏してくれた楽隊は、皆其所で養成された土人。又講堂に集まって歓迎の為に唱歌を合唱した、男女数百名の生徒は、悉く銅色の人達であった。但し斯う云ふ連中は、皆全く米化して居るから、文身(ほりもの)をして居る者も無ければ、羽根を冠って居る者も無く、皆すっかり白人の通りの、所謂洋服を着けて居る。一寸見た許りでは、むしろ我々のお仲間がとさへ見えるのだ」[28]ネイティヴのアメリカン・インデイアンが「洋装」しているのは最早疑う事でも無いわけであるが、彼等の姿は、身体風俗が完全に「西洋化」された為に、一見「我々のお仲間」とさえ見えると記す。が、これは勿論「仲間」ではないという含みで述べられている。

其の一方で、本論前半で取り上げた野村みちは、在米の「洋装」した土人について、ストレートに酷評する。「土着の印度人の下婢までが、之れに倣ひて、色黒く醜き容しながら、流行の衣装などをつけて、得々市街を行くさま、一見嘔吐を催すばかりなり」[29]「土人」に対する露骨な醜悪視と差別意識を「一見嘔吐を催す」とまで表現する。野村みちの見聞記は、自らが洋行に随行した日本女性として稀有の存在であり(帰国後、単著として見聞記を記したという点でも極めて稀な女性といえる)、また美人として日本・海外からもてはやされたといわれる女性でもあり、見聞記全体として、白人以外に対する記述は否定的なものが多いことは、彼女の自意識や個人的性質の観点から否めないものの、中でもアメリカ・インディアンについての露骨に差別的感想は際だっており、これは洋行に向けて自分の「民族性」で審美的勝負を挑んだ彼女の本能的な自己防衛のように思われる。

というのも、彼女は小波と同様に、どこかでアメリカン・インディアンに身体的類似性を感じていたのではなかろうか。然しそれを認める事は、敢えて「民族衣装」を纏い西洋人の「承認」を得ようとした自分の一面をも投影する事となる為に、敢えて「土人」を「色黒」くかつ「醜」い容貌を強調することで、差別的発言をしているように伺えてならない。つまり、野村みちの「土人」に対する屈折的感情を隠微に見せることとなった理由には、身体的類似性の距離感にあるのかもしれない。そして、彼女の白人以外の黒人や「土人」に対する「嘔吐を催す」ほどの軽蔑意識を持ちながらも、自分自身は「民族衣装」により西洋からの承認を求めようとする、相反した姿勢は、この時期の日本人エリートの人種的自己認識の不安定さを示しているといえるであろう。

日本人と「土人」の身体的類似性は、シナ人の場合と同様に、他者にとっても判別困難なものであった。一八九一年に『唖之旅行　前、後、続編』を刊行した末広鉄腸は、亜米利加大陸の横断汽車の中で、中部のオグデンという付近にて、「失敬ながら貴君ハ日本人でありますか又たハインジヤン人（亜米利加の土人なり）でありますか」と言ハれ[30]、戸惑いを見せている。「土人」と呼ばれたネイティヴ・インディアンと日本人の顔立ちは、先述した巌谷小波からも分かるように、色合いは程度差あるものの、酷似していたことは確かなようで、欧米人にとっては、「土人」か日本人か、判別不可能だったようである。また末広は、欧米人より「土人」と推察されただけではなく、コロンボよりサイゴンに向かう途中、現地の車夫にさえ、「余つ程色が黒うて阿弗利加人の合の子」だと間違われ、憤慨する。末広は、現地の車夫を日本人の女郎屋へ向かわせるのであるが、何軒訪れても、貧民窟の小汚い、醜い面相の女郎達のもとへ案内する車夫に怒りを示す。すると「車夫はジロリと二人の顔を眺め〈此地にハ日本の別品ハ居ない御前さん方ハ女でさへあれば善からうと思ったからさ〉〈夫れなら色の白い別品もありさうな者では無いか〉人を馬鹿にするにも程がある〈御前さん達ハ余ッ程色が黒うて阿弗利加人の合の子の様であるから上等の女郎屋へ伴れて往ったとて相手になる者があるまいじゃないか〉是ハ失敬千萬己れハ立派な日本人だが色の黒いのハ印度洋で日に焚けたのである」と激怒したという[31]。

かつて白人から「土人」と判断された末広は、相手が欧米人の時は未だ戸惑いの感情だけで済んでいたものの、コロンボからサイゴンに向かう途中での、現地車夫という労働者階級である非白人に、肌色が黒いが為にアフリカ人の混血だと思われ、しかも、白色人種の女性には「肌色」を含む外見上、相手にされるわけがない等という、屈辱を受け、異様な怒りを見せている。残念ながら末広の写真は掲載されていない。然し末広にとって、非白人の労働者階級から自分が「有色人種」にカテゴライズされる屈辱に加え、自分が「白色には値しない」と指摘されるダブルの屈辱を受けるプロセスには、日本人の肌色を巡る人種的区分が曖昧であり、また色の濃淡はあれども、他者の目からしてみれば日本人は、「有色人種」の一員に過ぎぬ事を、交通などの諸文明の発達により異人種間遭遇が拡大し始めた一九世紀末期という時代が漸く露呈させていくのである。

まとめにかえて――洋行経験と揺らぐ人種的自己認識

明治後期から次第に増え行く洋行経験は日本人エリート達に、洋行先での様々な人種との遭遇を与えた。身体という生身の可視的異文化との連続的遭遇に満ちた洋行経験は、人種的自己認識を形成する契機となった。そして本論の主題である「洋装」を媒介に明らかになった事は、日本国内において「文明」「エリート」の象徴であった「洋装」を選択した事で益々シナ人・土人・黒人等との差別化が困難に成らざるを得ない現実に直面した日本男性。その傍らで、戦略としての「民族衣装」を敢えて選択した日本女性の心情には、彼女達のうちにひめた人種的限界への自覚とジレンマが、西洋世界で遭遇する「洋装の有色人種」へのあからさまな嫌悪・侮辱意識として、表明されていくのである。

かつて在米の黒人を「洋服を着た野蛮人といふやうな考が頭の一角に起つてならぬ[32]」と記した日本人エリートの心情には、未だ「黒人」に対して人種的距離感を保てた心理的余裕すら感じられるものの、自分自身「洋服を着た野蛮人」に過ぎない一面に気づかされていくのである。日本国内において「洋装」が一つの階級差別化の華麗なる手段であったにも拘わらず、洋行先の現実には、既に自らが民族的に蔑視の対象にしていたシナ人・土人・黒人といった「有色人種」の人々に「同化」してしまう一面を有していたのみならず、時には自分たちよりも洗練された身体の「西洋化」を実現していることを目の当たりにすることで、日本人エリートの「洋装」への情念の行き場がはじめて失われていくのである。然し日本人エリートにとって、洋装以外に、如何にして白色人種に近づき、また模倣することが出来ようか。西洋世界において、身体の「西洋化」を実現し、自らに身体的近似性を有した「有色人種」との連続的遭遇は、身体の「西洋化」では乗り越えられぬ「有色人種」としての限界をも露呈したのである。

つまり、たとえ日露戦争に勝利したとはいえ、所詮、自らが「有色人種」の一員に過ぎないことを、洋装といった外見上の問題、可視的領域によって直面させられたのが洋行経験だったのである。本論で取り上げた、和装批判の滝本二郎は、大西洋航路船の食堂の様子を次のように回顧する。「此の航路では日本人は欧米人の食卓へは可成介在せしめず東洋人同志を集める様にされ、甲板椅子も一箇所に集められ、食卓も同一の処に席が集められて居る。之は却て日本人には色々な利便が有るものの、最初は不快な気分が致さぬでもない。日本を出る時には一等国民だとの考が頭の何処かに潜在して居り、或は又英米独仏は我々と同等、其れ以外の國は自分等より劣等国だとの観念さへも存して居た。……吾々日本人は一等国だとか大強国だとか考へて居るが欧米人中誰一人として斯く考へて呉れる者はいない[33]」。洋行経験は一九世紀後半から漸く人々に形成されはじめていく人種的認識と、日本人エリート達に共有された「一等国」意識におけるギャップと揺らぎの発見だったのである。そして何よりも、西洋世界の旅は、「富国強兵」さえ達成できれば対等の「一等国」になれるという、近代初期日本人エリートたちが持っていた暗黙の了解の、解体の旅だったのである。

注

1　森有礼「身体ノ能力」大久保利謙編『森有礼全集』第一巻、宣文堂書店、一九七二年、三二五頁。

2　明治期日本の肉食と身体改良については眞嶋亜有「肉食という近代――明治期日本における食肉軍事需要と肉食観の特徴」『ア

ジア文化研究』別冊、二〇〇二年等を参照。

3　文学博士・中島力造『欧米感想録』東亜書房、一九一一年、七頁。

4　眞嶋亜有「身体の〈西洋化〉を巡る情念の系譜――明治・大正期日本における〈一等国〉としての身体美の追求とその挫折」武藤浩史・榑沼範久編『運動＋（反）成長　身体医文化論Ⅱ』慶應義塾大学出版会、二〇〇三年を参照。

5　眞嶋亜有「〈黄色人種〉という運命の超克――明治期日本人エリートの〈肌色〉を巡る人種意識の諸相」北澤一利・栗山茂久編『感覚の伝統と近代』青弓社、二〇〇四年春（近刊予定）を参照。

6　竹内洋・解説、タキエ・スギヤマ・リブラ『近代日本の上流階級――華族のエスノグラフィ』世界思想社、二〇〇〇年。

7　本論で取り上げている「シナ人」「土人」といった表現は、本論で引用する歴史資料上の表現に基づいて用いたものである。

8　一言で「洋行」といっても、この時期はエリート層の欧米巡遊が増加し始めるだけではなく、社会的下層による出稼ぎ・就労目的の「洋行」も同時に存在した。然し本論の対象はエリート層に限定している為、社会的下層の洋行経験は除くことにする。

9　出稼ぎ労働者向けの渡米案内にも勿論のことながら服装注意の詳細が記されているが、本論では取り扱わない。

10　巌谷小波『新洋行土産』博文館出版、一九一〇年、下・一八九―一九一頁。

11　巌谷小波、同書、同頁。

12　巌谷小波、同書、同頁。

13　野村みち『世界一周日記』一九〇八年、二頁。

14　滝本二郎『米国旅行案内』欧米旅行案内社、一九三〇年、四七―四八頁。

15　林富平『欧米視察案内』米国事業視察団、大正九年四月、七一九頁、『近代』、七巻。

16　秋廣秋郊（日本在住）、藤本西洲（在米）共著『海外苦学案内』博報堂、一九〇四年、九頁。

17　秋廣秋郊&藤本西洲、同書、同頁。

18　洋行経験における「白色人種」観察については別途発表する。

19　森次太郎『欧米書生旅行』博文館、一九〇六年、二〇二頁。

20　山根吾一『最新渡米案内』欧米雑誌社、一九〇四年、七八―七九頁。

21　朝日新聞記者会編『欧米遊覧記』朝日新聞合資会社、一九一〇年、七四―七五頁。

22　戸川秋骨『欧米記遊二萬三千哩』服部書店、一九〇八年、四一〇頁。

23　荻野萬之助『外遊三年』小林書店、一九〇七年、二四頁。

24　荻野萬之助、同書、一八頁。

25　河上肇『祖国を顧みて』一九一六年、実業之日本社、二四六―二四七頁。

26　荻野萬之助、同書、一五一―一五二頁。

27　巌谷小波、同書・上・二二五頁。

28　巌谷小波、同書・下・一五〇頁。

29　野村みち、同書、一九〇八年、一〇三―一〇四頁。

30　末広鉄腸『唖之旅行　前、後、続編』高山堂出版、一八九一年、二六頁。

31　以上、末広鉄腸、同書、一一六―一一七頁。

32　中村吉蔵『欧米印象記』春秋社書店、一九一〇年、一一六頁。

33　滝本二郎『米国旅行案内』欧米旅行案内社、一九三〇年、三八〇～三八五頁。

セッション2――清水 諭

マスキュリン／フェミニン

「タイフーン」二日目の朝。参加者たちが和やかに会話する光景を見ながら、上野俊哉氏らがミキシングしたミュージックを聞き、さまざまなブースを漂って遊ぶ。「タイフーン」は、こののんびりとリラックスした空間を屋外と発表会場との境界に備えていたことで、さまざまな人々と思考が出会うことを容易にした。学部生など若い人々がこの体験をすることで、今後こうしたムーブメントがどのように広がっていくのか想像していた。セッション「マスキュリン／フェミニン」は、当初四〇名ほどのオーディエンスだったが、発表中も一人また一人と押し寄せ、満席で立ち見も出る盛況となった。まず、岡田桂氏（バーミンガム大学大学院CS・社会学修士課程、筑波大学大学院博士課程体育科学研究科）が「スポーツにおける男らしさとホモソーシャリティ――サッカーのキス・パフォーマンスを手がかりに」というテーマで発表した。彼は、サッカーが「男らしさの価値観を強化・再生産する異性愛男性同士によるホモソーシャルな制度」であり、それ故に女性嫌悪（misogyny）と同性愛嫌悪（homophobia）が強く作動している。したがって、同性愛をカムアウトすることは困難を極め、ピッチ上の男同士によるキスも強固なホモフォビアによって道化的な振る舞いとして解釈されてしまうと述べた。そして、近代スポーツが「男らしさ」規範に縛られた男性たちにとってゲットーとして機能する可能性を内包している点をふまえ、ジェンダーやセクシュアリティに対して中立的な視点から捉え直す必要があると主張した。

Jean-Jacques Chalifoux氏(Université Laval, Quebec, Canada)は、"Opposed bodily resistances: Exposing and Hiding women's body in two cultures (Carib Indians and Moroccan Muslims)"というテーマで、映像を見せながら発表した。彼は歴史的にコスモポリタンな地理的状況にあるタンジエール（Tangier, モロッコ）のフィールドワークから、女性たちが「イスラム教徒のモロッコ人であること」の記号的表出として自らの身体をベールで隠蔽する行為をとっているとする。このことを彼は、ポストコロニアルなコンテクストにおける西欧文化に対する抵抗の象徴的営為として捉える。一方、フランス領ギニアは、未だフランスの影響下にあり、永続的なアイデンティティの危機にあると言う。そこでアメリンディアン（Amerindian）たちは、コウロウ（Kourou）にあるカルチュラル・センターのオープニングで、自分たちのアイデンティティを表出するために美人コンテストを開催した。身体の表出は民族的アイデンティティの主張ではあるが、伝統的な衣装とアクセサリーを身につけ、胸を露出させた一〇代の女の子たちによる美人コンテスト（オーディエンスとしてローカルな政治家たち、本国フランスから来た人々、そして内外のメディア）は、容易に人種、セクシュアリティ、そして文化／自然の図式に結びついたコロニアルな政治的ヘゲモニーと結びつけて解釈できる。しかし、Chalifoux氏は、身体を隠蔽する／露出するといった相反する事例によって、ジェンダーやセクシュアリティ、人種を結びつけた西洋／東洋の図式、さらに西洋に起源をおくインターカルチュラルなまなざしが、かえってローカルなアイデンティティを具現化する営為の解釈を困難に陥れていることを述べたのだった。

最後に、小宮明彦（早稲田大学大学院教育学研究科）が「性器の政治学／ペニスのポリティクス――露茎主義粉砕序説」を発表した。冒頭「私は不思議でたまらない、……」と金子みすゞの詩を読み上げるや一気に会場は引き込まれていった。彼は、男性誌における包茎撲滅キャンペーン、泌尿器科の広告（包茎手術など）の言説が、「包茎」＝病理、劣位、恥辱化として構築されてきたとし、それがマスキュリニティ、ヘテロセクシズム、さらにナショナリズムに結びつけられてきたとする。そこで彼は、包茎で大きな困難はないことを示しながら、これまでのペニスのポリティクスを批判し、性教育への提言をする。それは、「露茎、包茎、半露茎、みんな違って、みんないい！」という主張をどのような言説とその実践から試みることができるのかの問いであった。会場は、彼が発するフレーズ（例えば「黒い皮膚・白いカス」）を初めとした発表に引き寄せられた。質疑応答になるや女子の学生が「包茎が男性にとって恥辱的なものであるとは知らなかった」と述べ、男性からは「男子の露茎主義が父親のペニスの形状やその言説の影響を大きく受けている」と発言があった。その一方で、母親にとって性教育するにも確実な情報がないことが問題であるとの主張があった。しかし、議論を重ねるにつれて、ペニスの有無に拘わらず、「ファロセントリズム」とマスキュリニティとをどのように考えていくべきかに焦点化されていった。

このセッションでは、私たちの日常に見られる「男らしさ」がいかに「男らしくない」とされる行為と言説によって担保され、自らの身体経験と記憶に関わって構築されてきているのかをさまざまな視点から見ることができた。それは、Chalifoux氏が示したように、人種、文化／自然、西洋／東洋の図式に結びつけられもする。フーコーが述べたような微細な権力性と「まなざし」の存在に対して、個々人の身体経験と記憶からどのようなアプローチが可能なのか、熱い議論の続編がさまざまな場所で展開されることを期待したい。改めて、三人の発表者と通訳の小笠原博毅氏、そしてフロアの皆さまに感謝します。

8

着衣によるエスニック・アイデンティティ表現とジェンダー

――チマ・チョゴリ制服誕生をめぐるエイジェンシーとコロニアリズム

韓 東賢（ハン・トンヒョン）

はじめに

朝鮮学校では、朝鮮半島の伝統的な民族衣装とされるチマ・チョゴリをそのルーツとするデザインの衣装を中・高級部女子の学校制服として採用している。[1] 本稿は、一九六〇年代初頭におけるチマ・チョゴリ制服の誕生を促したのは当時の女子生徒らの自発的着用であったという「通説」を検証することで、在日朝鮮人のエスニック・アイデンティティ、ナショナリズムの表現およびそのプロセスにおけるジェンダーを、当時の女性たちのエイジェンシーを重視しつつ考察するものである。[3]

近代社会における衣服とは「着る人のアイデンティティを伝えるコミュニケーションの方法である」（Finkelstein 1996=1998:53）。さらに衣服は人間の日常生活に密着した肌触りのある物質的存在であり、それゆえ「服を着る」という行為はイデオロギーにすべて回収されてしまうような単純なものではない。アイデンティティを表現できるコミュニケーション・メディアであり、イデオロギーとは別次元の行為者のある種の能動性や具体的、現実的、日常的な諸条件を抜きにしては語れない「着衣」という行為に着目することで、これまで受動的な位置づけをされることが多かったエスニシティ、ナショナリズム表象における女性の役割をエイジェンシーという視点から見ることができると考えた。

さらに本稿では、チマ・チョゴリ制服の服飾史的・構造的な原型を一九二〇～三〇年代の朝鮮で生まれた「新女性」たちの改良チマ・チョゴリだとみなすことにより、一九五〇～六〇年代の在日朝鮮人女子生徒・学生によるチマ・チョゴリ着用という現象を「コロニアリズムの継続」という側面から論じてみたい。

朝鮮学校とチマ・チョゴリ制服

朝鮮学校は、在日朝鮮人が、在日朝鮮人の子どもたちに対する自主的な民族教育を行っている全日制の学校である。日本の学制に合わせて六・三・三・四制を取っており、二〇〇三年度現在、小学校にあたる初級部六四校、中学校にあたる中級部四二校、高等学校にあたる高級部一二校、大学にあたる大学校一校が、朝鮮民主主義人民共和国（以下、朝鮮）[4]を支持する在日朝鮮人の民族団体、在日本朝鮮人総聯合会（以下、総聯）の管轄のもと、日本各地で運営されている。

児童生徒の総数は公表されていないが、一万数千人ほどであると言われており[5]、外国人登録上の朝鮮・韓国籍はもちろん、日本その他の国籍を有する子どもたちが在籍している。日本の学校教育法制度上の地位は「各種学校」[6]であり、都道府県ごとに各種学校としての認可を受けている。

校内での朝鮮語使用を原則とし、カリキュラムも朝鮮語と朝鮮と在日朝鮮人の歴史、地理、社会などの民族教育に力を入れる一方で、他科目における教育水準においては、日本の学校、つまり学校教育法第一条で定める「一条校」[7]と同レベルを保てるよう努めている。しかし、各種学校は「一条校」に比べて格段に低い法的地位であり、助成や資格などの面で大きな格差が存在する。

現在、朝鮮学校中・高級部の女子生徒が着用しているチマ・チョゴリ制服はほぼ全国共通のデザインである。チョゴリ（上着）、チマ（スカート）のツーピースで、チマはプリーツの入ったジャンパースカート状になっており、その上にチョゴリを着て、胸の前でリボン状の帯（コルム）を結んで閉じる。冬服は上下ともに黒（一部の学校では紺も可）のウール素材、夏服は上が白の麻もしくは麻と化繊の混紡（こうした夏物の一枚仕立てのチョゴリはチョクサムと呼ばれる）、チマは紺か黒の化繊素材で仕立てる。学校制服であるにもかかわらず今でも既製服は存在しない。つまり工業製品化されておらず、民間の民族衣装店や仕立て業者に個別もしくは学校単位でオーダーする。

このように、基本的な構造、形態や製造工程などは伝統衣装としてのチマ・チョゴリを踏襲しているが、チマにプリーツ加工が施され、チマの止め具に金属製のホックを使用するなど、洋服の要素が取り入れられ改良されているのが特徴だ。チマの丈や色使い、素材も、現代の朝鮮半島もしくは日本を含む海外コリアン社会などでいわば晴れ着として着られる伝統的な民族衣装としてのチマ・チョゴリには見られないものである。

このようなチマ・チョゴリ制服が日本社会と在日朝鮮人社会でクローズアップされ、そのイメージにおけるある種のステレオタイプを決定づける契機となったのが、一九八〇年代後半から頻発した「チマ・チョゴリ事件」であると言えよう。八七年の「大韓航空機事件」、八九年の「パチンコ疑惑」、九四年の「核疑惑」、九八年の「ミサイル疑惑」など、日本社会とマスコミで「北朝鮮バッシング」が起こるたび、チマ・チョゴリ制服を着た女子生徒を中心に朝鮮学校の生徒が襲われる事件が起きた。数々の暴言、暴行事件のなかでも、女子生徒がチマ・チョゴリ制服を刃物で傷つけられるというケースが「チマ・チョゴリ切り裂き事件」としてセンセーショナルに報道され、注目された。[8]

こうした事件を機に、朝鮮学校を取り巻く在日朝鮮人社会ではチマ・チョゴリ制服の見直しを促す動きが起こったが、結局のところ保護者、学校関係者らによる議論は「民族文化、伝統文化の保護」と「安全確保と女性差別是正」という二項対立的なものとなって平行線をたどった。歴史に目を向けた本質的な意味の問い直し、着用当事者の女子生徒に寄り添った議論は少なく、建設的な話し合いがなされることはほとんどなかった感がある。[9]

そして、主に安全面への配慮からいわばなし崩し的に九九年四月からブレザー（冬季）・ブラウス・スカートの第二制服が導入されたが、現在も第一制服はチマ・チョゴリ制服であり、原則的に校内では第一制服の着用が義務づけられている。[10]

朝鮮学校でチマ・チョゴリ制服が生まれた一九六〇年代前半は、朝鮮戦争前後のGHQと日本当局による弾圧の時期と、朝鮮支持＝海外公民路線を打ち出した総聯の結成（一九五五年）を経て、朝鮮学校が自然発生的な寺子屋の延長としての学校から国民化の装置としての近代学校への変遷を完了させつつあった時期だと言える。当時、五〇年代後半から始まった朝鮮への帰国運動（一九五九年に第一次帰国船）によって「祖国熱」は最高潮に達していた。一九五七年四月には朝鮮政府から初の教育援助費と奨学金が送られている。

こうした背景のもとで着られるようになったとされるチマ・チョゴリ制服が、ある種のナショナリズムの産物だとみなされるのは自然なことだろう。チマ・チョゴリ制服はしばしば、朝鮮学校および在日朝鮮人の「民族性の象徴」、「民族の誇り」だと言われ、朝鮮学校および総聯コミュニティの「祖国志向」[11]的なナショナリズムの象徴だとされる。

しかしこのように簡単に言ってしまっていいのだろうか。なぜなら、チマ・チョゴリのルーツがある朝鮮半島――朝鮮と韓国[12]においても一九四五年八月の日本からの解放後、一九四八年の建国を経て再編成された近代学校制度のもとで、このような制服が取り入れられることはなかった。[13]現在、近代学校制度における学校制服で、伝統的な民族衣装のデザインが採用されているケースは世界的にまれだ。[14]

また前述したようにチマ・チョゴリ制服は伝統的な民族衣装だとされるチマ・チョゴリとは違って構造的にはもはや洋服と言っていいほどの改良が加えられた衣装である。そもそもこれが「伝統的な民族文化」なのかどうかという疑問すらわく。

他方で近年、日本におけるフェミニズム運動の浸透とジェンダー理論の一般化を背景に、とくに在日朝鮮人コミュニティの内部では、女子生徒だけが着ていることが女性差別だと批判されることも増えてきた。先ほど触れたように第二制服導入をめぐる議論では「民族の象徴」言説と「女性差別」言説が激しくぶつかり合い、このような二項対立的な議論は平行線をたどった。

実際、男子生徒に対しては、過去においてもこうした制服の導入が検討された形跡はない。中・高級部男子の制服は解放直後から詰襟の学生服であり、女子の制服がセーラー服やブレザーからチマ・チョゴリ制服に切りかわった六〇年代前半以降もそれは変わらなかった。さらに八〇年代に入り、男子の制服が見直されブレザーに変更された際も、女子のチマ・チョゴリ制服の変更は検討されなかった[15]。

このように、チマ・チョゴリ制服は同一エスニック・コミュニティ内におけるジェンダー格差の象徴ともなってきた。それは、「民族」であることの表象、日本社会と在日朝鮮人社会を隔てる「境界標識」（Kandiyoti ed. 1991）を女子が担っている、つまり「境界標識」がジェンダー化されているという問題でもある。しかし、それがすなわち女性差別だと言えるのだろうか。なぜなら、チマ・チョゴリ制服の制度化は女子生徒の自発的な着用が広がった結果として行われたというのが通説になっているためである。

このように、チマ・チョゴリ制服は祖国や民族、女性差別という言葉だけでくくれるほど単純なものではない。チマ・チョゴリ制服が「祖国志向」のナショナリズムの象徴であるのならば、制度化当時の朝鮮にそのような学校制服が存在しなかったという事実とのズレに対する分析が必要だろう。またそれが「伝統的な民族文化」の継承だとするならば、「伝統」とは何かを見きわめなくてはならない。さらに女性たちの自発的着用が制服化を促したという通説は、この行動にいかなるジェンダー変数が作用したのか（またはしなかったのか）について、当事者の視点にもとづいた考察を要請する。

チマ・チョゴリ制服の誕生

一九四五年八月一五日の朝鮮解放後、日本各地に設立された寺子屋式の国語教習所という形で在日朝鮮人の民族教育は始まった。同年十月に結成された在日本朝鮮人聯盟（以下、朝聯）は四六年四月から日本各地の国語講習所を初・中・上の三年制初等学院へと改編して初等教育を実施し、同年九月にはそれを再び統合整備して六年制の学校へと発展させた。同年十月からは中等教育も開始し、在日朝鮮人の民族教育は解放後三年の間に大きな発展を遂げた。

しかし一九四八年一月、ＧＨＱの指示により日本当局は、朝聯が主導する自主的な民族教育を否認し、朝鮮学校を閉鎖する旨の通告を全国の都道府県知事に下した。三月末～四月上旬には大阪、兵庫、岡山、山口、東京で学校閉鎖令が発令された。これに猛反発し、自主的な民族教育を死守しようと決起した在日朝鮮人に対してＧＨＱと日本当局は激しい弾圧を加えた。

結局、朝聯の強制解散直後の四九年十月に「朝鮮人学校閉鎖令」が下された。こうして一部地域で続けられた自主学校を除き、民族教育は日本の教育体制の中に位置づけられた公立学校分校として、また日本の公立学校の課外プログラムとして設けられた民族学級などの形で細々と続けられることになる。

朝鮮学校が自主化、体系化するのは朝鮮戦争を経て一九五五年五月、朝聯からの流れを汲んだ在日朝鮮人らが朝鮮を支持し、その海外公民としての権利獲得を目指す総聯を結成してからである。

総聯は綱領で民族教育の実施が総聯の基本課題のひとつであると明記し、民族教育の目的が「在日朝鮮人青少年たちを朝鮮民主主義人民共和国の忠実な息子・娘に育てる」ことであると明らかにした。このような方針のもとで総聯は、分散していた朝鮮学校を自主運営の学校として体系化しつつ、国語（朝鮮語）を中心とした基礎学力の向上をはじめとする教育内容の充実、学校の建設と認可、教育設備の拡充に全力で取り組んでいった。

つまり、チマ・チョゴリ制服が生まれた一九六〇年代前半は、朝鮮戦争前後のGHQと日本当局による弾圧の時期と総聯の結成を経て、朝鮮学校が自然発生的な寺子屋の延長としての学校から朝鮮の海外公民化、つまり「国民化」の装置としての近代学校への変遷を完了させつつあった時期だと言えよう。在日朝鮮人の「国民化」、それは植民地支配の結果、日本で暮らすようになったことで、自らのものとしての「国民化」を経験できなかった彼らが待ち焦がれ望んだものであった。

在日朝鮮人の目に映る当時の朝鮮は、その熱望に値する光を放っていた。一九五七年四月、朝鮮政府から初の教育援助費と奨学金（一億二一〇九万九〇六八円）が送られた。当時、日本社会の底辺で生活苦にあえぎながら必死の思いで学校を維持していた在日朝鮮人にとって、これがいかに大きな金額であったかは想像に難くない。送金はその後も年一～五回ペースでコンスタントに続き、同年十月に送られた二回目の教育援助費（一億五一万円）は、その全額が一九五九年六月に竣工した朝鮮大学校の移転・新校舎建設資金となった。[16]

一九五九年十二月一四日には、在日朝鮮人の朝鮮への「帰国」の途が開かれた。[17] ほとんどが朝鮮半島南部出身者であったにもかかわらず彼らにとっての「祖国」は朝鮮であり、米国の半植民地状態とみなされ当時は経済的にも立ち遅れていた韓国は帰るべきところではなかったのである。帰国実現にいたるまでの帰国運動はまさに「祖国」への熱い思いとともに繰り広げられ、広範な在日朝鮮人の間に「私たちには祖国がある」という思いを抱かせる契機となった。それは朝鮮学校の民族教育にも影響を及ぼした。

一九五八年四月の時点で二四、三七二人だった全国の朝鮮学校児童生徒の総数はその後二年間で倍増し、一九六〇年四月の時点で朝鮮学校史上最高の四六、〇〇〇人を超えた（金徳龍、2002:179）。生徒数の増加は、新たな開校計画や校舎の新築、改築にも拍車をかけた。

各地の朝鮮学校では、帰国船が出るたびに帰国者集団結成集会や歓送大会が行われた。またこの時期、ほとんどの朝鮮学校生徒たちは修学旅行で新潟港を訪れ帰国船の歓送迎事業に参加した。さらに帰国船の航路を通じて朝鮮の映画や音楽が徐々に入ってくるようになり、朝鮮学校の児童生徒らに民族楽器や動植物の標本、栗やリンゴ、お菓子などが贈られることもあった。そして学内でのスローガンは「祖国をよく知ろう!」、「祖国のために学ぼう!」となり、何よりも朝鮮語の学習に力が入れられた。

帰国運動の熱気は、総聯を取り巻く在日朝鮮人の間で朝鮮の「海外公民」としてのナショナリズムを高揚させた。それは、彼らの生活スタイルや文化の変革を招いた。そうした変化の一つが、女性たちのチマ・チョゴリ着用だった。

一九六四年六月に開かれた総聯第七回全体大会の大会報告は、次のように指摘している。

社会主義愛国的啓蒙を積極的に行った結果、こんにち、在日同胞の精神世界において多くの変化が起こっています。

……同胞たちの間でアメリカ式生活スタイルを排撃し、日常生活で民族的主体を打ち立てる気風が大きく確立されました。同胞たちは朝鮮の言葉と文字を日常的に使用するようになり、女性たちは美しい朝鮮服を着て堂々と生活するようになりました。

当時の映像や筆者の聞き取りによると、一九六〇年前後の当時、一世はともかく二世以降においては日常の普段着としてチマ・チョゴリを着ることはほとんどなくなっていた。つまりそれは、伝統が継承されてきたというよりは帰国運動などを媒介に朝鮮の「海外公民」というナショナリスティックな再解釈をともなったエスニック・リバイバルとでもいうべき現象であった。同じようなことが朝鮮学校内においても起き、それが女子生徒らの自発的着用、ひいては制服化につながっていったと考えることができよう。

制服化の時期については、資料によって一九六一年と六三年という見方に分かれるが、各地の朝鮮学校の卒業写真や沿革史などを見る限り、いずれにしても六〇年代初めに切り替わったのは間違いないようだ。それ以前は、セーラー服やブレザー、私服などまちまちであり、緩やかな形で移行していったように見受けられる。

総聯の機関紙、『朝鮮新報』(63.3.30)の家庭欄に掲載された「女学生たちの服装と髪型」と題したコラムには、「今年の新学期から学校制服が若干変わります。これまで中高級部の場合、第一制服として黒いチマ・チョゴリ、第二制服として洋服と指定されているのが一般的でした。各校によって少しずつ違いがありましたが、今後は全国的な範囲で制服を統一させたいと、総聯中央教育部では言っています」という記述がある。

筆者のインタビュー調査によって具体的な状況の一端を知りえたのは、在学時期を共有した複数の人の証言が得られた東京朝鮮中高級学校、東京朝鮮第一初中級学校、朝鮮大学校などである。話をまとめると、教員主導でクラスが集団的に着用したケースなども含め、一九五九年頃から自発的な着用者が出始め、ほぼ一九六三〜六四年までには全国の朝鮮中高級学校、大学校でチマ・チョゴリ制服が女子生徒・学生の唯一の制服となったようだ。

インタビューを分析したところによれば、制服制定前の時期、チマ・チョゴリを進んで着用した女性たちの行為は、自覚的なエスニック・アイデンティティの自発的な表現であった。それは、チマ・チョゴリ制服誕生をめぐる通説を一応は裏づけるものである。

彼女たちが自覚するようになったエスニック・アイデンティティは、前述したような社会的状況のなかで手触りのあるものとして具体化された祖国からの「呼びかけ」に応えるナショナリスティックなプロセスによって事後的に生成、構築されたものであった。彼女たちは日本で生まれ育った二世であり、周囲に着ていた大人がいた、自家裁縫できる一世の母親や仕立て業者が存在した、などのアクセシビリティはあったものの、当時の彼女たちにとってチマ・チョゴリは日常着ではなかった。

しかし本国との空間的、時間的距離を持つ（ポスト）コロニアルな移民・越境者であるというコンテクストのなかで行われた彼女たちのナショナリスティックなエスニック・アイデンティティ表現は、一種の「ズレ」をともなうものとなった。それは、いわば「伝統の創造」（Hobsbawm and Ranger eds. 1983=1996）とでも言うべきものであった。当時、彼女たちが祖国だとみなし憧れの対象であった朝鮮にそのような学校制服はなかったのである。彼女たちが身につけたのは、一九二〇～三〇年代に朝鮮半島で「新女性」と呼ばれた女性たちが生み出した「改良チマ・チョゴリ」とほぼ同じデザインのものであった。

帰国船などによって具体化されたとはいえ視覚的な情報は限られており、祖国は「想像」のなかにあった。祖国との空間的、時間的距離が「想像」を膨らませたとも言える。その「想像」の祖国が、彼女たちのエスニック・アイデンティティを「創造」したのであり、それを可能にしたのは帰国運動などがもたらした「輝ける祖国イメージ」であった。

インタビューからは、チマ・チョゴリの着用という視覚的表現に向かう彼女たちのモチベーションとなったのが、当時の日本という状況の中で少なからず内面化せざるを得なかったマイナスのセルフイメージからプラスのセルフイメージへの転換であったことも浮かび上がった。だからこそ当時、チマ・チョゴリは一種の「モード」になりえたのだろう。

新女性と「改良チマ・チョゴリ」

朝鮮の近代化は朝鮮王朝末期、一八六六年の米仏艦隊の侵入を経て、一八七六年に日本が強行した江華島条約による開国、一八九四年に日本の後押しで政権を握った開化派が行った甲午改革によって始まったと言える。その後も朝鮮への内政干渉を強め続けた日本は一九〇五年十一月に第二次日韓協約によって朝鮮を「保護国」とし、一九一〇年八月には日韓「併合」を断行して朝鮮を植民地にした。このように、朝鮮の近代化はその始まりから植民地化と不可分であり、複雑さと矛盾に満ちたものであった。コロニアリズム、モダニティ、ナショナリズム間の複雑な交錯が植民地時代の朝鮮を形作った。

その複雑さは女性たちの衣服の変遷にも影響を与えた。それは、洋装化に向かいながらもチマ・チョゴリの改良という過程をともなうものとなり、外交や政治、いわば公的領域を担っていた男性が日本や欧米列強と肩を並べるためにも急いで洋服を身につけざるをえなかったのに比べ、時間的にも内容的にもよりゆるやかな形で進んだ。

韓国の服飾史研究においてこの時代の服装の変遷が語られるとき、必ず言及されるのが「新女性」の存在である。

「新女性」という用語は一九二三年十月、開闢社が発刊した女性雑誌のタイトル「新女性」が世に出ることによって広く使われるようになった。新女性は、一九二〇〜三〇年代に新教育を受けた若い世代であり、新教育が一九一〇年から始まったからこの集団は一九二〇年代に入りながら拡大したと言える。

……新女性とは旧女性と対比される概念であるが、彼女たちは新教育を受けた知識女性であり、新教育を通じた自我覚醒を基盤に家父長制的道徳規範に挑戦し、家庭での解放を主張する女性たちであり、意識改革と服飾改革を先頭で主張した人々だった。(コ・ブジャ、2001:146)

新女性は、当時の朝鮮においてアンビバレントな形で受容されたモダニティを体現し、象徴する存在であった。「朝鮮女性の『近代』を考えるに当たって、服装の変革は大きな意味を持っている。服装の変化こそ『新女性』の自己表現・解放の象徴と考えられるからである」(井上、2003:103)というように、それは、服装の面で顕著に現れた。「新女性たちは男女平等を主張し衣服改良を先導した。新女性たちは伝統的価値観と葛藤を経験しながら社会と一般の女性たちに多くの影響を与え、ファッションの変遷にも大きな影響を及ぼした」(現代ファッション一〇〇年編纂委員会、2002:97)のである。

甲午改革後、女性の外出が可能になったことにともない、外出時に顔を隠すために被った長衣が徐々に廃止され、同時に下着の種類も簡素化された。また、一部の都市の女性やキリスト教系の女性たちが長い丈のチョゴリを着用し始めた。

一九一〇年の植民地化以降もこうした動きが続くが、この頃、チマの構造において大きな変化が起きる。それまで巻きスカート型で胸のラインでぐるぐる巻きつけて着用していたチマを筒型に変え、さらに肩からつるすためのチョッキ風の胸当てをつけ、胸を締めつけずに頭からかぶってジャンパースカートのように着用するスタイルが考案されて普及し始めたのだ。こうしたチマはトン(筒)チマと呼ばれる。

兪水敬(1990:150)、コ・ブジャ(2001:144)などによると、肩つり式の胸当てを考案したのは、朝鮮最古の女子教育機関である梨花学堂(現在の梨花女子大学校)に一九一一年から赴任していた外国人教師である。「体操の科目が学生たちに本格的に教授されるようになると、脇が見える短いチョゴリと胸を締めつけつま先までかかる長いチマの不便さが浮上した。そこで、宣教師の先生たちが慎重に考案して学生たちの間に普及させた」(梨花一〇〇年史編纂委員会、1994:323)のだ。それが全国に広がっていった。同時にチマの丈も少し短くなった。

さらに一九二〇年代に入って台頭した新女性は意識改革と生活改善の一環として活発な衣服改良論争を行ったが、その中心課題はストレートな洋装導入よりもチマ・チョゴリの改良となった。支配者日本が「文化」、「進歩」の名のもとに洋装を推進し、朝鮮人の民族性を抹殺しようとしたためである。それに反発した彼女たちはチマ・チョゴリを「進歩」させることで、ナショナリズムとモダニティを一致させようとしたのだ。

日帝の文化政治[18]は韓服[19]より洋装を後押ししたが、知識人の間ではむしろ韓服を着用しようという意志が強く、生活に便利なように改良してそれを身につけた。これによってチョゴリの丈は長くなり、チマは短くなった。

……改良韓服が生んだトンチマは、女子学生と新女性の間で流行した。短いトンチマの改良韓服は、多くの新教育を受けた女子学生や新女性の間で愛用された。トンチマには、チマの裾までプリーツを入れたが、プリーツの幅は徐々に太くなった。(現代ファッション一〇〇年編纂委員会、2000:100)

しかし、チマ・チョゴリの「進歩」はその構造や色彩の変化から見ればまぎれもない「洋服化」であった。一九二〇年代にいたって、もはや洋服と言っていいほどの構造的変化を遂げていた改良チマ・チョゴリの特徴を次のように整理することができる。

①チマの丈が短く、チョゴリの丈が長い
②チマは筒状で肩つり式の胸当てがついたジャンパースカート型
③チマにはプリーツが入りほっそりしたシルエット
④素材に制限がなく、黒などの比較的ダークな色合いで上下同色も可

シルエットと構造の変化は、彼女たちの行動スタイルの変化を反映したものでもある。彼女たちは、チマを短くして足を出すことで行動する身体を手に入れた。プリーツの入ったほっそりとしたシルエットは、足さばきがよく歩きやすいのはもちろん椅子に座る生活に適したもので、ゆったりした長い巻きスカートを立てひざにふんわりとかぶせて床に座っていた伝統的な生活からの転換を意味していた。

この時期から、ひざ丈の改良チマ・チョゴリに長いストールを巻き、ヒールの高い革のパンプスやブーツを履いて街を闊歩する姿は新女性の象徴となった。こうしたスタイルは、保守的な人々の批判を浴びながらも時代のモードとなっていった。このような改良チマ・チョゴリ、とくに留学生スタイルとして流

行した白いチョゴリと黒いチマの組み合わせは女学校で広く着用されていく。

> 大部分が特定の制服を持たなかった女学校生徒たちの服装は一九二〇年代には、その大部分が黒いトンチマと白いチョゴリに統一された。チマの長さが短くなり足首が露出されるようになると、学校ごとにチマの丈にとても神経を使った。チマの丈をひざから足首の間の三分の一と指定したにもかかわらず、女子生徒の制服は新女性のチマ丈にならって徐々に短くなった。チョゴリの丈が長くなりおへそあたりまで下がると、チマはこれと反比例してひざ丈まで短くなった。
> ……ヘアスタイルはお下げや編みこみにリボンを結ぶのが一般的で、靴を履いた。(現代ファッション一〇〇年編纂委員会、2000:101)

白いチョゴリとプリーツの入った黒いトンチマ、足元は革靴——。本稿において筆者は、これを朝鮮学校のチマ・チョゴリ制服の原型だとみなす。上下黒や紺で仕立てる現在の朝鮮学校女子制服の冬服についても、この時期、それまでの伝統チマ・チョゴリにはなかった上下同色の組み合わせが始まったこと、白や淡色に代わって黒が時代の色として登場し流行していたことから、この時期の改良チマ・チョゴリが原型であると考えていいだろう。

一方でこの当時、女子学生を含む新女性たちが改良チマ・チョゴリを身につけていたといってもそれはあくまでも少数派[20]で、それ以前の伝統的なチマ・チョゴリを着ていた人も多かった。しかし、そうしたチマ・チョゴリも新女性らによる衣服改良の影響によって徐々にチョゴリの丈は長く、チマの丈は短くなっていった。改良チマ・チョゴリの方はいっそうの洋服化が進み、合わせるヘアスタイルや靴、コート、ショール、日傘、靴はもちろん、下着も完全に洋風のものに変わっていった。

こうして新旧のチマ・チョゴリ、洋装がそれぞれ影響を及ぼしながら混在していたなか、一九三〇年代に入ると洋装の比率が増加していく。女学校の制服も三〇年代に入るとセーラー服やブラウス・スカートなどの洋服が数多く登場してくる。「これは、開化に対する意識が大きく作用したとも解釈できるが、もう一方で、日帝が制服を洋装に変えるよう強要したためでもある」(現代ファッション一〇〇年編纂委員会、2002:129)。

一九三八年、とうとう総督府は女子学生に洋服を着用するよう命令を下す(兪水敬、1990:229)。さらに一九四〇年代に入り第二次世界大戦が激しさを増すと、総督府は朝鮮の女性たちにももんぺの着用を強要する。それは女子学生たちにも及んだ。

近代化は、衣服によるアイデンティティの表現を可能にした。そのプロセスのなかで新女性が身につけた改良チマ・チョゴリは、植民地における近代化受容の複雑さの産物であったと言える。

近代化プロセスにおける「新しいよいもの(近代、西欧)」対「古い悪しきもの(封建、伝統)」という二項対立の構図は、植民地支配の正当化に利用された(キム・ジンソン、1999:13)。当時、「普遍的な進歩」であったはずの近代化に、被支配者朝鮮はつねに支配者日本を通した形でしか接近することができなかったのである。そのために、同化政策を取る支配者が抹殺しようとする「伝統」を、進歩に反する「古き悪しきもの」としてそのままとらえることはできなくなる。被支配者は、支配者に対抗するための戦略として、たとえ近代化に逆行するような形に見えるとしても、伝統を自らの手で「再解釈＝近代化」して身に着けるという表現を選択したのだ。

しかしそれを行ったのは女性だけであった。このときすでに洋装化が完了しつつあった男性が、こうした表現を選択することはなかった。近代は男女を振り分ける制度でもあったのである。時代の変わり目で、それも植民地状況下で近代を目指した新女性たちは伝統と近代の狭間でもがくことになった。こうして彼女たちが身につけた改良チマ・チョゴリは、「伝統」の表象でもあり「近代」の表象でもあるというアンビバレントな相反性、両義性をいわば宿命的に抱え込んでいた。その結果、それは、衣服の「記号としての機能」における伝統性と「モノとしての機能」における実用性を両立させた衣装となったのである。[21]

むすび

チマ・チョゴリ制服制定前の一九五〇年代末〜六〇年代はじめ、朝鮮学校に通っていた女性たちがエスニック・アイデンティティの表現として身につけたチマ・チョゴリは、一九二〇年代の植民地朝鮮で封建遺習とたたかった新女性たちの改良チマ・チョゴリとほぼ同じスタイルのものであった。[22]

前述したように、新女性たちが改良したチマ・チョゴリは当時のコロニアル・モダニティの複雑さの象徴であった。新女性の改良チマ・チョゴリは、「伝統」の表象でもあり「近代」の表象でもあるというアンビバレントな相反性、両義性を宿命的に抱え込んでいた。日本においても女子学生の洋装化は紆余曲折をたどったとされるが、それは当然のように植民地近代化を背景に朝鮮の新女性たちが抱えたアンビバレントさとは無縁であり、時間的にも早く進行した。

日本の植民地支配という状況によるモダニティ受容の複雑さ、また受容における男／女、支配者／被支配者のタイムラグが、新女性の改良チマ・チョゴリを生んだ。そう考えると、植民地支配の結果として日本に存在することになり、伝統と近代の狭間で同じようなタイムラグを持つジェンダーバイアスのなかで生きる在日朝鮮人女性がのちにそれを選択したのも単なる偶然ではなく、解放前と連続性を持つきわめてコロニアルな現象なのではないだろうか。つまり、本国は解放され独立して脱植民地化したが、日本における在日朝鮮人社会の植民地状況は続いていたのであり、それを象徴するのがチマ・チョゴリ制服の誕生だと見ることもできるだろう。

一九五〇〜六〇年代の朝鮮学校女子生徒・学生たちは新女性たちが改良したチマ・チョゴリから「伝統」という記号だけを読

み取り、それをエスニック・アイデンティティの表現として身につけた。しかし、新女性が「近代」を目指して改良したことによって生まれた機能性が備わっていたからこそ、朝鮮学校の女子生徒・学生たちはそれを身につけ生活することができたのだ。

そして、五〇～六〇年代の在日朝鮮人社会というコンテクストのなかでも着衣という表現方法を選択したのは女性だけであった。しかし筆者のインタビューによれば彼女たちは伝統にただ抑圧されているだけの受動的な存在ではなく、彼女たちにとって、コロニアル状況のなかで奪われた民族性の回復は人間性の回復、女性の自立を目指すためのものであったのであり、こうした志向性は二〇年代の新女性たちと共通するものだと言えるのではないだろうか。

彼女たちはその証しとして、自らの手でチマ・チョゴリを選択したのである。

注

1　朝鮮大学校（東京・小平市）でも女子学生は校内での講義および各種公式行事参加においてチマ・チョゴリ制服の着用が義務づけられている。ちなみに朝鮮学校の中・高級部における男子の制服はブレザー（一九八〇年代半ば頃に詰襟の学生服から変更）で、初級部は男女ともに襟なしブレザーである（下は男子が半ズボン、女子がスカート）。なお、女性教員も校内ではチマ・チョゴリを着用する。その色柄に指定はなく自由であるが、デザインは基本的には女子生徒・学生の制服と変わらないトンチマと言われるミディ丈のものである。一方、韓国政府および在日本大韓民国民団系の韓国学校も東京、大阪、京都に計四校存在するが、男女ともにブレザーなど日本の学校と変わらない一般的な制服を採用している。

2　本稿では、外国人登録上の国籍表記の如何を問わず植民地時代の朝鮮半島にそのエスニックなルーツを持つ人々（いわゆる「オールドカマー」）の総称として「在日朝鮮人」という用語を使う。

3　本稿は、筆者の修士論文執筆のための研究成果の一部である。修士論文（二〇〇三年度立教大学大学院文学研究科比較文明学専攻博士前期課程）は「着衣によるエスニック・アイデンティティの表現とジェンダー――『チマ・チョゴリ制服』誕生と女性たちのエイジェンシー」と題し、チマ・チョゴリ制服が朝鮮学校で制服として導入される直前の一九六〇年前後、自発的な着用によりその制服化を促したとされる女性たちへのインタビューを中心に、チマ・チョゴリ制服誕生をめぐるダイナミズムを①いかなる回路を通じて彼女たちのエスニック・アイデンティティが着衣による表現となったのか②その回路に表れたジェンダーとはどのようなものだったのか――を考察した。インタビューは、チマ・チョゴリ制服が導入されたという一九六一～六三年を前後する時期に朝鮮中高級学校、朝鮮大学校に在学していた女性と元教員を中心に二三人（うち男性六人、そのうち三人は電話インタビュー）に対して行った。

4　本稿では、朝鮮民主主義人民共和国という国家名の略称として「朝鮮」、同じく大韓民国の略称として「韓国」を使用する。しかし、朝鮮民主主義人民共和国および大韓民国が建国される一九四八年以前に関する記述においては朝鮮半島全域を表す用語として「朝鮮」を使用する。

5　『毎日新聞』（2003.3.18）は約一万二〇〇〇人、『東京新聞』（2003.6.24）は文部科学省によるとして約一万一〇〇〇人と報じていた。

6　学校教育法第八三条において「第一条に掲げるもの以外のもので、学校教育に類する教育を行うもの」で、さらにそこから専修学校を除いたものとされており、修業年限一年以上（簡易に習得できるものについては三カ月以上）、年間授業時間六八〇時間以上などの条件はあるが、設置基準は比較的ゆるやか。つまり、制度上積極的な意義づけがされていない。

7　学校教育法第一条の「学校とは小学校、中学校、高等学校、大学、高等専門学校、盲学校、養護学校および幼稚園とする」に該当する学校。公立・私立を問わず、いわゆる普通の「学校」のことだと思っていい。教育の目標、内容、方法、教員の資格・人数、施設・設備など、各級学校ごとに学校教育法や同施行規則、各設置基準で法的に細かく定められている。上記の基準を満たし、文部科学省の学習指導要領に従ったカリキュラムで検定教科書を使用して国の定めた教員資格を持つ者が教えるというのが条件。学校教育法制上もっとも高い地位にあり資格、助成面で優遇されている。日本の学校教育法制度は「一条校」を筆頭に専修学校、各種学校の三つのカテゴリーを設けている。近年の規制緩和により専修学校の地位向上が進んでいるが、専修学校は「わが国に居住する外国人をもっぱら対象とするものを除く」（学校教育法第八二条の二）とされており、インターナショナル・スクールや外国人学校の多くは各種学校の法的地位にある。また近年、新たに増えているブラジル人学校、ペルー人学校など中南米系の外国人学校は、各種学校の認可すら得るのが困難な状況にある。

8　例えば一九九四年の場合、「こうした事件は四月頃から目立ち始め、七月二一日現在までで一五四件。とくに六月に入って急増した。このうち、私の母校である東京朝鮮中高級学校だけを例にとると、六月末までに起こった二九件の暴行・暴言事件すべての被害者が女生徒である。またそのうち半分近い一二件がチマ・チョゴリを刃物で傷つけたものだ」（韓東賢 1994:16）

9　筆者は保護者、学校関係者らによる討論会に参加したことがある。

10　「……諸般の事情を考慮し、中高級学校の女生徒たちが今年の新学年度（四月一日）より当分の間、通学時には第二制服である洋服（冬服と夏服）を着用できる。校内においては従来どおり第一制服であるチマ・チョゴリで生活する。……通学時に引き続きチマ・チョゴリの着用を希望する生徒については、従来どおりチマ・チョゴリを着用できるようにする。……」（各地方本部委員長にあてた総聯中央常任委員会一九九九年二月二五日付通達）。衝撃的な日本人拉致の事実が明らかにされた九月一七日の日朝首脳会談後、全国の朝鮮学校では安全面の配慮からチマ・チョゴリ制服の着用を控える動きが広がった。その衝撃の影響が長引く中、第二制服の着用率が高まるとともにチマ・チョゴリ制服の廃止を求める声も上がっており、第二制服の校内着用を認める学校も出始めている。

11　福岡（1993）は、「一九八八年以降、若い世代の人たちを中心に、一五〇人を超える在日韓国・朝鮮人から『聞き取り』をしてきた」なかでイメージとして結晶化されたとして、在日の若者のエスニック・アイデンティティを「共生志向」「祖国志向」「個人志向」「帰化志向」「同胞志向」の五タイプに分類。「共和国の在外公民」として総聯コミュニティで生きる朝鮮学校の卒業生を「祖国志向」と分類し、「その生き方のモデルは『祖国の朝鮮人である』」と指摘している。

12　大韓民国という国家名の略称として使用する。詳しくは注4を参照。

13　南北朝鮮においては一九八〇年代以降、政府主導のエスニック・リバイバルの動きの中でこのような現象が見られるようになった。

14　その世界的に数少ない例としてベトナムでは、高校や大学の女子学生の制服として民族衣装であるアオザイが採用されている。また、『東京女子校制服図鑑』で知られるイラストレーター森伸之から筆者が聞いたところによると、香港にチャイナ風のデザインを取り入れた制服を採用している私立女子校があるという。また「現在」と限定したのは、「伝統の創造」論（Hobsbawm and Ranger eds. 1983=1992）などで指摘されているように、近代化のプロセスにおいてはむしろ民族的、伝統的とされるものがシンボリックに取り入れられることが往々にしてあるからだ。

15　筆者の通っていた東京朝鮮中高級学校高級部においては一九八六年四月から男子の制服がブレザーに変更された。理由はとくに明らかにされなかったが、詰襟の学生服による男子の服装違反を抑制するのが最大の理由だというのが大方の見方であった。そのため男子生徒の反発を予想してであろう、新入生からの段階的な変更ではなく全高級部男子の一斉変更という措置が強行されたが、そのような措置は結局とくに高三男子の反発を招いて大きな混乱が生じた。旧制服による集団的な登校の強行やそれに対する処分、抗議の不登校などが相次ぎ、夏休みまでに数人の生徒が自主・強制退学に追い込まれる事態にまで発展したが、二学期の開始時には収まりブレザーへの移行が完了した。当時の在校生らはこの混乱を「ブレザー暴動」と呼ぶが、女子の制服変更が遡上に乗らなかったこともあって筆者ら女子生徒にとっては他人事だった。他の朝鮮中高級学校でもこの時期を前後して男子制服がブレザーに変更されている。

16　最近では二〇〇三年四月一五日、通算一四九回目として二億三九六〇万円が送金されており、一回目からの送金の合計額は四五一億六一六万三〇〇〇円となる（『朝鮮新報』2003.4.17）。ちなみに朝鮮の国家予算には「在日同胞子弟のための教育援助費と奨学金」という独自の項目が設けられており、朝鮮の国会に当たる最高人民会議における国家予算の財政報告でも言及される。

17　帰国事業はこの第一次船を皮切りに最後となる一九八四年の第一八七次船まで二度の中断をはさみながら実施され、計九三、三四〇人が朝鮮に渡った。

18　三・一独立運動後の一九一九年八月、第三代朝鮮総督に就任した斉藤実が表明した植民地統治政策（日本では「文化政治」と言うが、朝鮮・韓国では「文化統治」と言う）。併合以来の「武断政治（統治）」が朝鮮民族の抵抗によって行き詰まったため、民族運動を弱体化させ植民地支配を維持するため「文化の発達、民力の充実」を掲げ、究極的目標を「同化」におき、そこに反しない限りの一定の「自由」を保障する懐柔路線で危機打開をはかった。通常三一年までを文化政治（統治）期とする（伊藤ほか監修、2000:380）。

19　チマ・チョゴリなどの民族衣装を現代の韓国では「韓服」と呼ぶ。ちなみに朝鮮では「朝鮮服」と呼ぶことが多い。

20　算出方法や出典は不明だが、キム・ギョンイル（1998:32）は、一九三〇年代の「新女性」は全女性の一〇～二〇%程度だったとしている。また井上（2003:84）は、「本稿で言う『新女性』とその予備軍」となる中等程度女子学生数の一九一二～三〇年における総計が三〇、四八一人で、それが女性人口の約三%であったと明らかにしている。

21　北山（1991、1996）は、衣服には①肉体を外部から保護するモノとしての機能（物質的機能）②着る人の存在を社会的に表象する記号としての機能（社会的記号的機能）――という二つの機能があると指摘しているが、「人間は、衣服という記号によって自分が他者とどのように異なり、またどのように同じであるかを絶えず確認し、自らを社会的コンテクストの中に位置づけずにはおれない存在なのである。いっぽうの社会の方でもまた、少なくとも近代社会は、社会の存続のために人々がそのように行動することを必要とし、要求してきた」ため、人間の衣生活を考察するうえでは後者の方がより重要だと述べている（北山 1991:280-281、1996:101-102）。

22　植民地時代、朝鮮においても日本においても朝鮮人が教育を受けるのは困難だったこと、たとえ教育を受けられたとしても女子の割合は男子に比べて九対一程度だったこと、さらに渡日した朝鮮人は農村部出身の貧困層が比較的多かったことなどを考え合わせると、新女性と在日朝鮮人女性の直接的な連続性はきわめて低いと推測される。学校に行ったことがなく、文字を知らない一世の女性は筆者の周囲にも多い。しかし、例外がないわけではない。例えば在日本朝鮮民主女性同盟の元委員長であった朴静賢氏は、聞くところによると解放前の朝鮮で女学校を卒業し、渡日後はお茶の水女子大学の前身にも通ったという。また『季刊三千里』九号（1977）の座談会で趙才龍氏は、「私は一九〇九年に済州島で生まれました。……日本に来たのは一九二三年でした。その年の春にソウルの淑明女子高等普通学校（女学校）へ入学しましたが、私といっしょにソウルで暮らすはずだった母が大阪にいた姉に引き取られたので、私もやむなく母を追って大阪へ来ました」と語っている。ただし男性の場合は一世でも教育を受けた人が比較的多く、彼らが民族教育の草創期を担った。そこで、朴裕河（2003:125）が「もっとも、チマ・チョゴリの制服は、在日一世代が覚えているはずの、近代朝鮮初期の『女学生』の姿であったし、それを踏襲したものであろう」と推測するように、彼らの記憶のなかに改良チマ・チョゴリを着た新女性の姿があり、またそれが朝鮮学校のチマ・チョゴリ制服誕生のプロセスに影響を与えたのではないかと筆者も考えたが、今回の調査によっては確認できなかった。

引用文献

趙才龍ほか、1977「座談会　われらの青春時代」『季刊三千里』9:150-161

梨花一〇〇年史編纂委員会、1994『梨花一〇〇年史資料集』梨花女子大学校出版部

Finkelstein, Joanne, 1996, *After a Fashion*, Victoria : Melbourne University Press.（= 1998 成実弘至訳『ファッションの文化社会学』せりか書房）

福岡安則、1993『在日韓国・朝鮮人——若い世代のアイデンティティ』中公新書

韓東賢、1994「見て見ぬふりは、無知より恥ずべきこと。」『月刊子ども論』クレヨンハウス、1994.8:16-18

Hobsbawm, Eric and Ranger, Terence eds., 1983, *The Invention of Tradition*, England : the Press of University of Cambridge.（= 1992前川啓治・梶原景昭他訳『創られた伝統』紀伊國屋書店）

現代ファッション一〇〇年編纂委員会、2002『現代ファッション一〇〇年 1900-2000』教文社（朝鮮語）

井上和枝、2003「朝鮮新女性の『近代』受容と『近代』体験——恋愛からファッションまで」『韓国朝鮮の文化と社会』韓国・朝鮮文化研究会、2:81-112

伊藤亜人・大村益夫・梶村秀樹・武田幸男・高崎宗司監修、2000『新訂増補　朝鮮を知る事典』平凡社

金徳龍、2002『朝鮮学校の戦後史1945-1972』社会評論社

キム・ギョンイル、1998「韓国近代社会の形成における伝統と近代——家族と女性観点を中心に」『社会と歴史』韓国社会史学会54:11-42（朝鮮語）

キム・ジンソン、1999『ソウルにダンスホールを許せ——現代性の形成』現実文化研究（朝鮮語）

北山晴一、1991『おしゃれの社会史』朝日新聞社

——、1996「モードの権力」『岩波講座　現代社会学21　デザイン・モード・ファッション』岩波書店、101-122

コ・ブジャ、2001『われわれの生活一〇〇年・服』ヒョナム社（朝鮮語）

朴裕河、2003「一九六〇年代における文学の再編——『国民文学』と在日文学の誕生」『思想』岩波書店、955:104-125

兪水敬、1990『韓国女性洋装変遷史』一志社（朝鮮語）

セッション3――小笠原博毅

知識の貧困、感傷の過剰、忘却の増殖

――韓日W杯を検討しなおす

あのW杯はなんだったのか?

この問いに答えを出すのではなく、答えへと向かう過程を検証する場を作りだせないか。こうしたコーディネーターの呼びかけに快く賛同してくれた六人のパネリストたちは、パネリスト=壇上の人、聴衆=匿名の個人の集合という図式を嫌い、参加者すべてができるだけ同じ標高で語り合う空間のためにどこからともなく集められた、白いプラスティックのいすに腰掛けた。パネリストの前には丸い、安物の白いテーブルが置かれていた。本来会場となった教室に備わっていた退屈極まりない長い机は両端に無造作に積み上げられ、醜悪な長いすはパネリストを囲むように置かれた。このいすに座りきれない参加者の中には、床に座るもの、積み上げられた机によじ登るもの、そのまま立っているもの、それぞれが思い思いの参加形態をとった。まず、このような会場設定を即興で決定し、プロデュースしてくれた即席「会場係」の連中に感謝しなければならない。彼/彼女らは、セッションが始まる直前の休憩時間に狙い済ましたかのようにそれまでの「学会」的空間配置に介入したのである。

「学会」的とは? これは「カルチュラル・タイフーン」である。それは、始めから「学会」ではないものとして、様々な表現文化の形態が集い自由な対話空間を創出しようという試みではなかったのか? 参加形態の空間的柔軟性はしかし、常に揺り返しに直面する。多様な文化的実践はそもそもサークルの溜まり場であるラウンジを改造したコモン・スペースをあてがわれ、扉の向こうにある教室群への移動を許されはしない。その後に別の会場で試みられた机といすのゲリラ的な撤去は、あっさりと「元」に戻された。それも、報告者とセッション・コーディネーターの合意によって。「こうでなければいけない」、「この方が報告者にもオーディエンスにもやりやすいだろう」。「こう」と「この方」を変えられないアカデミックな集いのプラクシス。無批判に受け継がれた知識に満たされているが故の開放性の欠如―知識の貧困。

パネリストたちは映像、音響、焼酎の回し飲み(!?)を駆使して、コモン・スペースで繰り広げられている「祭典」との共鳴を試みた。ヴィデオ・トークからビニール・プールを使った参加型オブジェ、DJブースからアート作品の販売まで、カラフルな空間の彩と表現形態の豊かさは参加者たちの中から「革命的だ」、「68年の再現だ」といった感慨を導き出した。なるほど、アカデミックなカンファレンスやシンポジウムを基準にすればこれは際立って「革命的」であっただろう。しかし、この特別に見える状況そのものはあくまでも「日常」であるはずだ。これが「あたりまえ」だという認識がここまで抑圧されているのはなぜなのだろう。

危機状況は例外ではなく常態である。

誰かがかつてこう言ってはいなかったか。危機を例外視することで状況の「盛り上がり」を一時的に昇華し消化してしまう感傷の過剰。

それぞれのセッションがそれぞれにネットワークを作り上げ、これからの対話を導き出せればいい。だから総括などいらない。「カルチュラル・タイフーン」には統一テーマはあってもそこに至る道のりは多種多様であり、時には反発しあう力がさらに次のモーメントを生み出すだろう。W杯をネタにすることでパネリストたちが試みたのは、「カルチュラル・タイフーン」のプラネタリーな視野だったはずだ。自らを特定のアイデンティティに進んで縛り付けることの快楽と危うさを自覚しながら、このセッションは外へ、外部へとヴェクトルを張ろうと試みた。この異種混交的なカーニヴァレスクはしかし、文化、運動、沖縄、日本、アジアなどのアイデンティティの求心的なレパートリーとは対立するものだということが忘れられてしまうと、「タイフーン」そのものの倫理的、政治的企図も忘れ去られるかもしれない。「タイフーン」はただ消え去るのではない。版図を広げる別の「何か」によって侵食され、取って食われるのである。忘却の増殖はこうして、大きなエネルギーのうねりを飼いならし、飼育可能なアイデンティティを「立ち上げる」ことを目指すのだろう。そのときまだ「タイフーン」などという名が残っているならば、そんなものダイナマイトでクラッシュさせたほうがいい。

すべてのセッションが終わったあと残ったもの、それは新たな「危機」がすぐそこに「立ち上がって」いるということの再確認であった。W杯から始まったセッションは、「カルチュラル・タイフーン」全体の倫理的、政治的「覚悟」を見定める格好の機会となったのである。個別のセッションはこうして全体へと連動した。ここに二〇〇三年「カルチュラル・タイフーン」の最大の意義が認められるのではないだろうか。

9

身体を獲得する芸能、芸能に幻／現出する自画像

長尾洋子

本稿は過去のものとみなされがちながらも、実際には観光現象やマスメディアにおける表象など現代文化の一部をなし、地域振興、社会教育など広義の文化政策の対象となっているだけでなく、それを継承・実践している人々にとっては日常世界や身体技法を構成している、いわゆる民俗文化・芸能の領域において主体やエイジェンシーの生じ方を考察しようとするものである。
具体的には、富山県八尾《やつお》町で江戸時代から続くとされ、現在では二五万人規模の観光客をひきよせる行事「おわら風の盆」をとりあげる。特にそこで演じられる「女踊」の系譜を中心にすえることによって、民俗の現代的状況におけるジェンダーをめぐる秩序化と主体化、アイデンティティ形成のプロセスを明らかにしてみたい。それは、民俗文化・ローカル文化の形成過程のみならず、民俗なるもの、ローカルなるものを求め、消費することによってその輪郭を画定していく勢力を相対的に浮かび上がらせることにもなろう。

序

下位文化や大衆文化、マイノリティ文化とならんで、民俗文化、ローカル文化を対象とした研究は、カルチュラル・スタディーズの文脈において、現代に生きる人々の日常世界を記号と意味をめぐる複雑な権力関係の動態として示しただけでなく、民族誌的近代に対する批判、すなわち近代的な知の権威化作用や透明化への批判として展開されている（太田 1998, 2001など）。これは、学問的知として制度化された言説による人間生活の秩序化のみならず、統治をつかさどる国民国家を擁護する言説、あるいは自治体行政や社会活動など日常生活により密接な次元での社会運営に関する言説や機構を相対化する作業を伴ってきた。

こういったいわば構造化を促す力を解明・批判をする一方で、カルチュラル・スタディーズは主体やエイジェンシーの生じ方にも目をむけてきた。

民俗芸能とカルチュラル・スタディーズの接点

さて、今日的状況の中で民俗事象、とくに民俗芸能をとらえる必要性を明示し、研究成果を挙げてきた一人として、橋本裕之の存在に触れぬわけにはいかない。

橋本は論文「民俗芸能研究における『現在』」(1990)において、「現在」を「あたかも自明である事柄のようにして、われわれを規定する実践の日常的な様式」、「われわれのありようを等しく根底から規定していながら、われわれの身体のスケールをはるかに超えているために、もはや手の届かない領域に属しつつある何物か」(p.364)を仮に言い表す用語として定義している。そしてそのような「現在」の中にある「身体を媒介として編み上げられるコミュニケーション」(p.364)を民俗芸能として定位しようとする。これは、電子メディアがあらゆる感覚の再編成を促し、極めて多様な身体イメージが氾濫している現状では、いささか素朴に過ぎる身体観に依拠しているといえなくもない。しかし芸能という形を得た身体技法、また知を媒介するものとしての身体の構想や洞察は、「現在」のありようを読み解いていくひとつの重要な鍵となってくるだろう。また、常に身体の揺らぎ(これは電子メディアによって促される感覚の再編成や多様な身体イメージの氾濫から再帰的に想像され内面化される身体観も含む)にさらされている身体技法や知を通じて、先にのべた「現在」を省察するための方法論的意義も持っていよう。これは、カルチュラル・スタディーズにおける民族誌的アプローチの重要性の根拠を補強し、また身体を通じて文化がいかに構成されるかという問題にも少なからず示唆を与えてくれるだろう。

橋本はまた、民俗芸能を対象化し記述してきた営み、すなわち民俗芸能研究のあり方や思想的基盤、イデオロギーなどに照準をあわせ、批判的な研究も行っている。代表的な論考は「文化としての民俗芸能研究」(1989)であるが、一読して気づくのはレイモンド・ウィリアムズのいう「創発的なもの(emergent)」(Williams 1977)への敏感さである。民俗芸能というカテゴリーの浮上は、明治から大正にかけて、農村から都市への人々の移動に伴う農村—都市間関係の変容や文字の論理が全域化した近代という時代の始動のなかで、各地域の儀礼や慣習に埋め込まれていた実践ないし行為が研究や鑑賞の対象として急速に輪郭をあらわにしたという経緯がある。この経緯を橋本(1989)は民俗芸能研究の成立・展開を社会史(自立した学問としての歴史=学説史でなく)の色彩もたたえた文化史として描いている。郵便・鉄道網や雑誌を、経験と経験を共有するための媒介として用いてこそ成立しえた民俗学および民俗芸能が、文字の論理に支配される近代、そしてそれをひとつの機構として内包している「近代国家に規定されてある大衆を、その場所にいながらにしてまったく別の……異なったコミュニケーションのうちに組織しようとした」(p.42)ある民俗学者の夢を文化運動の構想と読みかえ、その構想の可能性と限界を論じた。身体的実践とそれを対象化し記述する学との往復にその構想をよみとった橋本の洞察およびそれを支える視座に、カルチュラル・スタディーズに共通する問題意識を見ることができる。

本稿は、こういった橋本の方法論に共鳴しつつ、民俗の現代的状況におけるジェンダーをめぐる秩序化と主体化、アイデンティティ形成のプロセスを明らかにするにあたって、身体技法に焦点をすえた民族誌的アプローチを用いることとする。また橋本は民俗芸能研究という学問領域の文化史を描いたわけだが、アカデミックな知見が人々の日常的実践や意識の中に根をおろし、ローカルな文脈のなかで展開していく水準にも目をむける必要があろう。本稿は後者における知識の展開のありようをひもといていく。

「おわら風の盆」の表象

九月一日午後三時。JR高山線越中八尾駅を下車すると、中高年層が大半をしめる観光客のざわめきと、特製の雪洞や幔幕で華やぎを増した町並みに圧倒される。雀や稲穂を配した色鮮やかな浴衣を低めの帯できめた男たちや、粋な黒地の法被に身を包んだ若者たち、縦折にしたまま深めにかぶる編み笠の後ろからのぞく髪に精一杯のおしゃれ心をたくした娘たちの姿も見える。これから三日間にわたって行なわれる富山県民謡おわら節の祭典「風の盆」で自慢の喉をふるい、練習を重ねてきた三味線や胡弓を奏で、踊りを披露する町の人々だ。

風の盆を伝承してきた十一の町内は富山県民謡おわら保存会支部を兼ねている。それぞれの町内にある公民館を出発して、辻々に設けられた踊り場や花（祝儀）を出した家の前で演奏と踊りを披露する。夕刻からは小学校や川原に設けられた会場で、大勢の観客を前に町内単位の競演が繰り広げられる。

「八尾四季」はいくつかある演目のなかでもひときわ喝采をあびるものの一つである。

ゆらぐ釣橋手に手を取りて　渡る井田川　オワラ　春の風
富山あたりかあの燈火は　飛んでゆきたや　オワラ　灯とり虫[1]
八尾坂道わかれて来れば　露か時雨か　オワラ　はらはらと
若しや来るかと窓押しあけて　見れば立山　オワラ　雪ばかり

基本的には「女踊」と呼ばれる型の繰り返しであるが、間投句「オワラ」に続く五文字が唄われるときには春夏秋冬を表す所作が挿入される。最後の「雪ばかり」の部分では、五名ほどの娘が横に並び、一番右の、横すわりになって窓の外をながめる様子を模した踊り手を起点として、ほとんどつま先立ちで山頂を望む格好の左端の踊り手に向かってゆるやかな流線型が構成される。この優雅な傾斜——歌詞に漂う恋心の高まりに見えなくもない——は、この演目のクライマックスともいえよう。[2]

「おわら風の盆」の表象、とくに上記にのべた芸能面に関して特筆すべきは、八尾町の風土と一体化した女性イメージであろう。「おわら風の盆」はマスメディアや宣伝、観光などを通じて、さまざまに表象されている。たとえば、新聞報道、インターネット、土産物、大衆小説、歌謡曲、テレビドラマ、映画などがその代表的な表象媒体である。これらにひと通り触れて気づくのは、「おわら風の盆」というのは、男女のコントラストと女性的な魅力がアピール・ポイントらしい、ということだ。

たとえば、朝日新聞（全国版・地方版）では、一九八五年から二〇〇〇年に「おわら風の盆」に言及した記事・投稿など七五点のうち、一六点（二一・三％）には男女の対照に関する記述が見られる。典型的なのは、「編み笠をかぶった浴衣姿の女性や法被姿の男性」[3]「切れのいい男踊としなやかな女踊」[4]といった記述だが、ときには次のようなものもある。「多くの盆踊りは、男性的で発散的だが、風の盆はあくまで女性的で、幻想的な深みと、他を寄せ付けないかたくなさと、洗練された優雅さを漂わせている。……男の踊り手は黒ずくめの衣装に鳥追い笠。振りも直線的できりりとしている。女性の踊り手は赤っぽい染めの浴衣に赤い緒の草履。うつむき加減の鳥追い笠が実に色っぽく、踊りは優美で繊細だ」[5]。

男女を衣装や演技の観点から対照的に記述することは、この場合、その融合が全体の美をもたらす、対としての男女の関係を暗示させるかのように響く。

また、ポスターやみやげ物のデザインなどに用いられる写真やイラストなどの視覚表現に目を転じると、女性の表象が多いのに加えて、いくつかの特徴が見出される。すなわち、薄闇ないし暗闇の中で撮影されている場合が多いこと、顔が編み笠で隠されているために秘密性、匿名性といった表象効果がもたらされていること、着物からわずかに露出した顎、首筋、手といった部分は、まさしくわずかな身体露出であるがゆえに接写され、体の線を強調した視覚効果を発揮していることなどである。これらは、豊穣や母性というよりもむしろ、性愛の対象としての理想化された女性性に収斂されよう。

以上のような表象の傾向は、「おわら風の盆」が全国的に知られるようになったきっかけとなった小説『風の盆恋歌』[6]が恋愛を描いたものであったからといえなくもないが、その文学的想像力が反復的な記述パターンとして継承され、効果の高い視覚表象として再構成されている背景には、かつて八尾町に存在した遊郭の記憶の身体化・現前化が重要な役割を果たしているのではないかと考えられる。

遊郭と芸者の記憶

日本では遊郭を公的に指定する制度は一六世紀後半以来断続的にみられたが（中村 1954: 449）、八尾町において「遊郭」としての明確な区画ができたのは、いまでは八尾町の中のひとつの町内としておわらを継承してきた鏡町が「芸妓並びに娼妓貸座敷免許地」に指定された明治三一年である（続八尾町史 1973: 1106）。

これは、明治三三年に制定された娼妓取締規則、各府県貸座敷取締規則、娼妓健康診断施行規則の発効に先駆けてとられた措置とみられる（中村 1954、太田 1995）。これらの法律の施行によって、八尾町の芸妓、娼妓はすべて鏡町に集められることになった。明治初期には著しく衰退していたこの地域の民謡であるおわら節が昭和初期に復興されるにあたっては、遊芸を中心とする場、町人文化特有の社会関係が生起する場として、遊郭の存在は大きな意味を持っていたと考えられる。

三種類ある踊りのうち、「女踊」は、昭和四年に日本舞踊の若柳流家元初代若柳吉三郎が振り付け（北日本新聞社 1988: 48-49、富山県民謡おわら保存会 1993: 5）、町の芸者衆に仕込まれて以来、第二次大戦前までは主に芸者を通じて伝承されていたが、[7] これは「おわら」と遊郭のもっとも直接的な結びつきを示唆するといえよう。

しかし遊郭の記憶といっても、町からはすでに姿を消したため、当時の芸者たちの消息ははっきりしていない。そこで、遊郭や芸妓たちと何らかのかかわりを持つ人々の言葉から遊郭をめぐる記憶をたどり、女踊に携わった人々のアイデンティティ形成の一端をみる手がかりとしたい。[8]

昭和三年生で子供時代を鏡町で過ごした女性は、積雪に備えて雁木が長く張り出していた軒下で、芸妓たちに踊りをならったという。これは「おわら風の盆」にむけての場合もあったし、当時岐阜や長野に出稼ぎに行っていた女工たちの帰省に合わせて開催されていた冬の「おわら大会」のためにも行われた。鏡町は料亭、置屋、劇場のほかはめだって大きな商店もなく、この女性の経験は盛り場／遊郭を抱える鏡町の庶民の日常生活の一コマであったといえよう。

それとは対照的に、老舗旅館という、当地では社会的地位も確立され、経済力もある家に生まれたAさん（大正一三年生）は、こう語る。「当時は芸者と糸ひきだけが踊っとった。わたしは小学一年生のとき初めて踊ったけど、一緒に踊った子の親が言うには、（おわらを）文化的に広めようとするから医学博士の娘から踊らせる、と」。この「親」とは川崎順二医師のことである。[9] 彼は、「越中民謡おわら保存会」（以下、保存会）の設立者であり、民謡の推進と地元の文化振興の中心的人物であった。川崎は、日本舞踊の大家が案舞した振り付けを自身の娘のほか、大店が軒を連ねる自らの町内の繭問屋や高級料亭、老舗旅館といったいわば良家の子女たちに教え、中央の文化人や皇族の前で披露させた。

それではもう少しこの女性の語りに耳を傾けてみよう。

（そろいの振袖で身を包みポーズをとる四人の少女たちの写真[10]を見せ解説をもとめると）「この写真は小学校一年生の秋に映画にとったうちの場面やね。自分の踊りを映画で見た覚えがある。その撮影のとき、小杉放庵とか、いろいろ有名人が来ておられた。子供が踊った最初。三味線、唄、踊りは四人とも自然に身につけてた。昭和九年には、早乙女が花かごをかついだ姿で、富山の新富座で公演したが。[11]写真の後〔の行事として は〕、宇奈月[12]で梨本の宮の前で踊ってお菓子を手渡していただいた。七～八人の青年の踊〔手〕もおって、女児は四人。本職の着付屋が同行した。女児たちは東西本町[13]の良家の子女。」「〔保存会〕本部には、いいとこの子しか入らんが。おわらで授業を抜けてもよかった。迎えに来たタクシーに乗って〔公演〕会場に行き、着付けてもらい、踊って家に帰ってきた。報酬はなけれども、忘れたころに鉛筆一ダースなんかがあたった。」「町では芸者や工場の女の人は風の盆でおどっとったれど、女子青年団に入った二十歳ごろ、〔私が〕町で踊ったら、母にいましめられた。両家の子女は外へ出て踊るものではない、と。」「戦後は家中出て、三味線弾いたり、歌ったりして楽しかった。昭和二三、四年ごろから青年団や婦人会、町内会が力を入れ始めたんじゃなかろうか。」

Aさんと同様、小学校低学年から保存会本部の一員として指導を受け、演技をしていたBさんはこう振り返る。「保存会には青年の部とか女児の部があったけれど、青年団や若い人の踊りは戦前はありませんでした。戦前は若い女性は外で踊らなかった。芸者さんの町流しはあり、手ぬぐいをかぶっていたように記憶しています。」「八尾劇場のおわら大会では、各町〔内〕の発表会、保存会本部の発表会が行われました。本部は各町内に踊を指導して、本部の衣装を各町〔内〕が〔デザインに〕手を入れて広まったように思います」。

Bさんの実家は着物が主流であった当時では珍しい洋品店であった。そのころ彼女の生まれ育った町内は軒並み商店であり、料理屋、反物屋が並んでいたという。「蔵は一軒で三つくらい持っていた」と、生糸関連産業などで潤っていた往時の豊かさを偲ぶ。

一見、芸者と裕福な家柄の女児たちに二極化していたかにみえる女踊は、数年を経て踊り好き、おわら好きの娘たちにも波及していったと思われる。昭和一七年小学校卒業の年に女踊を習ったというCさんは、第二次世界大戦の直前直後の数年が娘時代にあたるが、当時、女踊は「芸者踊」ともよばれ、自らも仲間とともに芸者に扮装して踊り歩いたこともあると当時を回想する。先述の、手ぬぐいをかぶった芸者の町流しの様子というのは町娘らの扮装だった可能性もある。踊りは、親が置屋関係の仕事をしていたため芸者に習う機会のあった近所の女性から手ほどきをうけたという。

このように、芸者は客である男性のみでなく少女、娘にとっても比較的容易に交流が可能な存在であったことがわかる。また、交流といっても、保存会本部の女児たちが経験したような特定の意図のもとでの稽古と、それほど社会的規制をうけることのない庶民の娘たちが経験した、より自由な日常的な芸者との交流が生んだ踊りの練習の、二つの回路があることがわかる。

芸者に対する見方は、娯楽と遊芸になくてはならない存在である反面、明治期以来、前近代的なものととらえられてきた上に、娼妓と同様視され蔑みの対象ともなっていた。庶民と芸者たちの間で日常的な交流があったローカルな文脈でも、芸妓も娼妓の区別は「結局ごちゃまぜみたいなもんだったねえ。……ほんとの芸ばっかりでちゃねえ（ばかりではねえ）。」という微妙な言い回しながら、一段下に見るむきがあったことがうかがえる。また特別待遇をうけていた本部の女児が一方の極をなしていたとすると、もう一方の極には、風の盆で踊るために学校を休むたびに「なんか遠慮してねえ。で、ほかの町なんか、何をいう人ある、そんなもんは芸者の子の踊るもんだってね、言われたくらい」というような層もいた。おわらは芸者がするもの、女踊が芸者踊とよばれていた事実は、おわら、とくに女踊はこういった芸者をめぐる見方と密接にかかわっていた。したがって、当時、医学博士である自らが、娘にも演じさせることで、おわらの振興をはかるという川崎の試みは、周囲の人々に受け入れられない危険も潜在的に十分はらんでいたのである。

さて、今日、遊郭と芸者の記憶はどのように生き続けているだろうか。

ひとつには、粋や艶といった遊郭があってこその美意識がおわら演奏・演技の価値体系の中に深く根をおろしていることである。たとえば、三味線の名手といわれる人物の演奏を褒めて「今じゃなかなかああいう粋な演奏ちゃあ、聞けんよ」、「何とも言えん艶っぽさがあるちゃねえ」といった具合である。十一の町内はどれも演技に特徴があるとされながらも、以前遊郭であった鏡町の踊りに対しては、「あの町ちゃ、しながあるというか、色っぽいというか」（評価を逡巡する立場）、「上手に踊られる。さすが芸者さんのおられた町だ」（好意的に評価する立場）というふうに、遊郭と芸者の記憶がひとつの基準を形作っている。そのほかにも、芸者をモデルとした女性像を多く描いた地元の絵師林秋路[14]の作品に見られる身体の線を意識的に演技に反映させようと努力している踊り手、遊芸を介してはぐくまれる情愛の綾を自覚的に演奏や歌に込めていこうとする地方など、遊郭の記憶にまつわる美意識が、各演者の技芸洗練の努力に大きく影響を与えている。

集団的な現象としては、男女混合踊の考案があげられよう。女踊をアレンジした男女混合踊は昭和四二年ごろ鏡町の青年たちによって考案された。これは、かつて座敷で酌をする所作を二人組の芸者がしていたのを、舞台ないし野外でも演技可能なように中腰・立ち姿で、しかも男女が組となって踊るよう改変したものである。当時、「おわら風の盆」をはじめ地域活動全般の中心にあった壮年団からは、男女間の愛情表現があからさま過ぎるという理由で強い反対があったが、青年団の熱心な練習と強い説得によって実現した[15]。この男女混合踊は、他の町内にも伝播し、人気演目の一つとなっている。

このように、遊郭・芸妓の記憶はいまだに鮮明であり、なによりも振り付けの習得、芸の追求、衣装の着こなし、踊りの物腰などにおいて重要視される粋や艶という美的基準の源泉となっている。そしてこの記憶が、前段でのべた表象レベルの「おわら風の盆」イメージと強い親和性を持つことは明らかであろう。

古代から現代までの伝説、説話、文学などに描かれた遊女像を分析した佐伯（1987）は、遊女は「性」を「聖なるもの（sacred）」として生き、その舞や、歌う姿のなかに文化の営みが原初的な形で体現されていたと論じ、不特定多数の男たちに性を分け与える役割を担い、社会的に貶められても芸に興じ聖なる力を発揮した「遊女的なるもの」の存在を文化史的アプローチから明らかにしている。地域および各演者に内在する芸者のイメージと一般的な遊女のイメージとの共通する本質をこの「遊女的なるもの」とすれば、現在の「おわら風の盆」の文化商品としての卓越性は、この「遊女的なるもの」が芸能という形で高度に様式化され、現前する点に求められよう。

アマチュアリズム、女児／少女、一般女性

おわら風の盆に内在する「遊女なるもの」は、戦前までは職業的目的以外に女性が人前で演技することについての規範を構成していた。ところが川崎のように、文化資本が豊かな人物が、階層の高さを逆手にとり、自らの娘をも巻き込んで素人の女性による人前での演技を奨励したのはなぜか。また、そこにどのような可能性を見ていたのか。

当時のジェンダー規範をすりぬけることは容易ではない。川崎は保存会の設立や歌詞の改良などを通じて、精力的におわら節の振興にあたった。[16] 歌詞ついては、野卑で卑猥なものは極力除く方針で、すでに活躍していた文人墨客のつくったおわら歌詞の紹介や積極的な新作歌詞を一般から公募した。そういった活動の一環として、小学生だった自分の娘と近所に住む同年代の「良家の娘」たちに踊りを習わせたわけである。この女児たちは、芸者とほぼ同時期に女踊りを習得・演技したグループで、前述のように揃いの着物をあつらえるほどの熱の入れようであった。

川崎は自覚的に、社会通念や階層意識を十分に内面化する以前の女児たちを演技者として起用し、「自分たちは特別なのだ」という自負と、交流のあった文化人、すなわち優れた鑑賞眼をもつ人々[17]をも楽しませる技量を身につけさせたと考えられる。鑑賞者とっても良家の子女とは進歩的で社会的地位のある親や家の庇護のもとにある存在であり、芸を仲立ちに戯れる対象としての芸妓と同一視できる存在ではなかったと推測される。かつての本部の女児のひとりは、先輩にあたる女児らが纏った衣装の説明をする際に、いみじくも一回生、二回生という言葉を使っていた。本部の女児が演技を習い覚え、方々で披露する活動のシステムを学校制度に、また自身を生徒と見立てているのであり、前近代の残滓である芸者のたどる道筋とははっきりと区別されている。

このような保存会本部の女児部のプロトタイプと考えられるのが、少女歌劇である。大正二年に発足した宝塚少女歌劇団は

近代的な生活様式における健全な娯楽を提供する芸能集団として発足し、ヨーロッパで言えば国民文化を象徴するような歌劇にあたるものに発展していくことが期待された進歩的な試みだった（津金澤1991、渡辺裕2002）。設立者小林一三の庇護のもとに学校制度を模した養成システムは、人前で演ずる少女たちを社会に受け入れ可能な存在として定着させることができた一因とも考えられている（ロバートソン2000）。

大正一四年にはまた、童謡作者として名をはせた本居長世が学齢期の自分の娘を連れて富山市のみならず八尾町も訪れ、いわば自作曲のプロモーション活動をしていた[18]。本居の娘たちは「令嬢みどり、きみこ両嬢」と報じられ、芸を売る存在ではなくむしろ少女の新しいロールモデルとして位置づけられている[19]。

八尾町のそれまでの階層意識からすれば反発や嘲笑の的ともなりかねなかった女児による演技の導入は、より広い文脈での芸能と女児／少女をめぐる価値観の転換期にあたっていると考えられる。本部の女児たちはまた、皇族を前にした御前演奏で踊りを披露したが、こういった一連の活動を通じて、川崎はおわら節が権威ある後ろ盾をもつ民衆の芸術として認知される動きに弾みをつけたといえよう。

この「遊女的なるもの」とは異なった女踊の担い手の系譜に見出されるのは、アマチュアリズム、素人による芸域の開拓である。女児／少女に架橋されたおわらの担い手の転換は、戦後から今日にかけて女踊を演じてきた未婚の十代、二十代の女性たちを位置づける規範の重要な一部分を構成しているのではないだろうか。彼女たちは「遊女的なるもの」を演じてきたが、戦前までのように芸者に扮することはなく、徐々に町内で整備されていった素朴な木綿の浴衣をまとっている。そしてこうした遊女でない未婚の若い女性の姿を求めるのは、ノスタルジックな欲望を携えて全国からやってくる観光客である。

素朴さ、ノスタルジア、それは常に都市住民や文明化・近代化を目指す人々の目に捉えられてきたおわらの重要な側面である。大正二年九月に富山市内で開催された一都八県連合共進会の報道においても、演芸館での芸者衆によるおわらに触れるだけでなく、場内練り廻りの八尾衆による野趣に富んだおわらを紹介している[20]。川崎を中心とした「改良」を経て、「野趣」の一側面であったに違いない野卑、卑猥がそぎ落とされていったのだとすると、田園的価値のどのような側面がその後焦点化され、表象され、芸能として実践されたのだろうか。

考察の主な対象となるのは昭和三〇年代以降である。第二次世界大戦後、昭和二八年と三二年の二回にわたる町村合併、昭和三三年の売春禁止法施行（鏡町はもはや遊郭ではなくなる）を経て高度経済成長期を迎えた八尾町の地域社会の変容を踏まえながら、女踊の系譜とその周辺を追ってみたい。

芸能集団の再編成・固定化

現在の町内単位の芸能集団における演技の種類と性別・年齢

層は原則として次の表のように対応している。

踊り　旧踊（のみ）　小学生、中学生（男女の別なし）
　新踊　女踊　高校生以上の未婚の女性
　　男踊　高校生以上で青年団の上限の年齢（町内によって多少ばらつくが二十台半ばから後半）までの男性
地方《じかた》　壮年団の加減の年齢から上限なし
　女性については柔軟に対応する

昭和三〇年代ごろまでは、演奏技術さえあれば十代、二十代の若者も地方として迎えられていたが、昭和四〇年代以降ではそのような事例は少なくなっていったという。新踊は原則的には十代後半から二十代の男女が受け持つが、人数が足りなければ中学生から指導し、他の部門でも人数が足りなければ親戚や以前その町内に住んでいた人に協力を願うなどして臨機応変に対処している。旧踊は「おわら風の盆」を中心となって行なう十一町内で生まれ育った者ならば必ず身に付ける仕組みになっている。

昭和四〇年代以降は、同時に年齢・性別・芸能種別編成の固定化が同時に進行したのだが、これは著しい人口減少への危機感から、共同体としての活力の停滞を防ぐために町内に残った住民がとった戦術のひとつと考えられないだろうか。つまり、高度経済成長の影響が生活の局面でその影響が顕在化していったこの時期、著しい人口減少に見舞われた各町内は、芸能集団を再編成および固定することによって、それぞれの年齢層の役割分担を明確にし、どの部門でどれだけの人材が確保されているかを即座に判断できる仕組みを整備することで、「おわら」を伝承しようとしたのではないだろうか。この仮説は、より周到な検証を要するが、女踊の担い手の交替が重要な論拠を与えてくれるだろう。

戦前までの新踊の担い手であった芸者の数は、戦後急激に減少し、昭和三三年には売春禁止法が発効されたため、遊郭における芸者の存在を法律的に支えていた「芸妓並びに娼妓貸座敷免許地」が廃止された。この時期と並行して、「おわら風の盆」における町内の若い女性の演技の場が確保され、芸能集団のなかにしっかりと組み込まれていったので、本来の伝承者がいなくなっても、女踊自体は円滑に伝承される結果となった。年齢階梯制の確立によって明確な位置を得た青年男女は、踊部門に新しい工夫を施していった。たとえば、前述した男女混合踊の考案はよい例である。

そのほか、女踊ではないが、人口減少のため一時中学生の踊ができなくなってしまった町内では、児童と婦人会員による「親子踊」が考案された。婦人会会員は既婚女性であることからそれまでおわらに参加することはなかったが、芸能伝承の危機に晒され、おわらにあまりなじみのない地域から嫁いできた女性たちも一緒になって練習にはげんだという。

このように、人口減少にみまわれた八尾町は、芸能集団の再編成においては細分化・固定化をすすめ、芸能そのものについては町内単位での精緻化を推し進めた。これは、個人を単位とする身体技法とは別の次元で育まれ実践される、集団的身体技法と呼ぶことができよう。芸能形態の変化がどのようなものだったのか現地での聞き取りを行なった際に浮き彫りになってきたのは、町内のリーダー格の人物が当時の状況を必ずしも客観的・統計的に把握しているわけではないという経緯だ。集団的身体技法とは、それにも拘わらず、こういった創造的柔軟性に富んだ芸能伝承機構を整備していったその身振りを指している。

それでは、芸能集団の階層性のなかに「未婚の若い女性」という場所が確保されたこと、また集団的身体技法の獲得と実践がおこなわれていることは、どのように主体形成、アイデンティティ形成、ジェンダーをめぐる秩序化を促しているのだろうか。

女踊は踊る意思のある若年者が年長者から身ぶり手ぶりで伝えられる。それまで誰もが習得した旧踊に比べて格段に複雑で技巧に富む新踊の習得は、芸能を通じた共同体活動への積極的な参加の意思表示を行動で示す通過儀礼の第一段階と位置付けることができる。第二段階は技能を次の世代に伝授することである。これは多くの女性の踊り手にとっては、自分の生まれ育った町内で共同体成員としての役割・責任を十全にはたし、同性・同世代の仲間たちと青春を分かち合う意味をもっている。他方、結婚という社会的期待／圧力を周囲の人々から一身にうける面も併せ持っており、両義的なライフ・ステージをなしている。

細分化された年齢階梯によって同年齢の踊り手が同時に芸の習得・伝授を行なうパターンが確立されてくると、結婚と同時に踊り手の資格を失うという仕組みは、二十代半ば以降も踊っている女性が徐々に社会的懸念材料としてまなざされる仕組みとしても機能するようになるようだ。五年前、二五歳で「踊り子卒業」[21]した女性は、卒業とはどのようにきまってくるのかたずねる私に、苦笑しつつ「年頃になったら」と答える。続けて「その年頃っていうのも、セクハラみたいなもんですけどね。……何か肩たたきみたいな感じで、ほんと。肩たたきじゃないけど……」と冗談めかしながら言葉を濁した。「なんか、この年までに結婚しなきゃ、ていう、何か感覚が〔ある〕。おわら卒業って、え、まだ結婚してないの、そんな感じが（で）言う人もいたりしたし、早くその頃までにやめてもらわないと、下の子がその、日の目を見ないというか、そういう踊り子期間がすごく短い、若い人に限ったもんだから――その、揃いの浴衣着た踊り子の期間が短いもんだから、何か、そういう……」二重のプレッシャーがあるらしい。そのため近年では町内で女性の踊り手が結婚して引退するのにあわせてその同級生が未婚のまま踊り手をやめる（あるいはやめたい）というケースがでてきており、人員確保の責務を負う立場にある壮年男性を悩ます一因ともなっている。

女性に対する加齢や結婚をめぐるプレッシャーは、それを内面化した女性自身の感じ方や言葉の中に見出される。

三十代にさしかかろうとしているある女性は、数年前に町内の踊り子として踊っていたときのスナップ写真を見て、「あー、もう町の浴衣着て踊れんわ（踊れない）。年いってる感じがするもん」。そのスナップ写真を私も見せてもらったが、彼女は皺ができたとか、体型が変化したと嘆いているわけではなかった（そもそもそのような変化はなかった）。もともと背が高く、切れ長の目をした彼女は和装にあうよう髪を結い、化粧をするとぐっと女らしく大人びて見えた。撮影されたときの光の加減で眉や口紅がくっきりと強調された自分の踊り姿を見て、彼女は自分が初々しさ、素朴さを期待される踊り子としてはふさわしくないとみてとったのである。

その頃、参与観察と称して彼女の住む町内に踊りの練習に通っていた私は彼女よりも実年齢ではひとつ年上であった。ところが、小柄で童顔の私に向かって彼女が言うには「もう何年かは大丈夫やねえ」。演技の熟達が重視される一方、容姿や印象においては理想として、瑞々しい田園的な要素が強く求められるようだ。

共同体成員として芸能の伝承や共同体の円滑な運営に携わることは、芸能という特化した象徴回路を通じて同世代の若者たちと青春を分かち合い、（ある時期が来れば加齢や結婚をめぐるプレッシャーと裏腹になるわけだが）演者として、伝承者として社会的期待を受けつつ結婚前の人生の華やぎを謳歌することでもある。

その様子を鮮明にとらえた場面がドキュメンタリー番組「幻に酔いしれる人々——越中おわら風の盆」（ＮＨＫ一九九九年十月一日放映）に登場する。

この番組は八尾町に住む三人の物語を軸に構成されているが、そのうちの一人の女性は結婚を間近に控え、町内の踊り手として風の盆を迎えた。朝から近所の美容院で髪を結い、揃いの浴衣に着替え、何となしに祭りの浮き足立った雰囲気がただよう我が家の居間で、彼女はこれまで何年も一緒に踊ってきた同級生たちと語らう。そこでは主人公の女性が最高だったと記憶している瞬間が、同級生たちにとってもやはり最高と感じられていたことが明らかになり、その瞬間の再現を願いつつ踊りに出ることになる。

進学先や就職先も「おわらから離れないように」と心がけてきた彼女にとって、町の踊り手としての資格の消滅を意味する結婚は、ライフ・ステージの大きな区切りであり、これまでの彼女をはぐくみ位置づけてきた共同体原理から抜け出したところに自分の場所を獲得してゆく契機といえるだろう。おわらに真摯に携わる者の間では、最高の瞬間を求めて演技・演奏に駆り立てられるのだということがしばしば聞かれる。それが実現されうる時間的制約がもたらす事情や感情が、この女性はじめ、年齢階梯制に特徴づけられた芸能集団編成が確立して以後の女性の踊り手たちの自己認識や行動、判断に少なからず影響をあたえていると考えられる。もちろん、こういった芸能と不可分の共同体原理やその機能の仕方に反発や窮屈さを感じる事例も存在するが、その場合にしても町内からの心理的・社会的・文化的距離は、その人の芸能実践に対する評価や取り組みの程度によってきまってくるのであり、行動様式や判断の仕方、自己認識など主体形成にかかわる部分を成しているのである。

このドキュメンタリーで象徴的に示されるような、年齢と性別の交差によって秩序づけられた共同体像、未婚の若い女性に課されたプレッシャー、同じ性別・年齢階梯に属する仲間との絆は、一方で多くの視聴者、潜在的な観光客にとって懐郷の念をかきたてる「素朴」であり、他方、当人たちにとっては昭和三〇年以降、高度経済成長やそれにともなう全国的な生活様式の都市化、観光の大衆化などによってもたらされた新しい現実としての「素朴」といえるのである。

身体を獲得する芸能、芸能に幻／現出する自画像

本稿は、現代文化の一部をなし、広義の文化政策の対象となっていると同時に日常世界や身体技法を構成している民俗文化・芸能の領域において主体やエイジェンシーの生じ方を、身体技法に焦点をすえた民族誌的アプローチによって考察しようとするものであった。

演技による表象やマスメディアによって広く流通している表象の分析においては、遊郭の記憶がポイントとなった。ここで記憶というのは、意識における過去の堆積物を指すのではない。むしろ「現在との関連で過去を秩序づけていくことに関係して」おり、「能動的な社会過程」である（ギデンズ 1997: 119, 120）。遊郭とそこで生起していた遊芸文化、人間関係、女性間の芸能の伝承は、振り付けの習得や衣装の着こなし、芸を追及していく姿勢といった形で状況依存的かつ反復的に身体化され、再現されてきた。とくに芸妓にまつわる記憶は、身体を通じたジェンダー秩序化に資していると同時に、それが反復的に実践・確認されることで主体化されるアイデンティフィケーションの過程（ホール 2001: 10-11）と重なっている。また、地域および各演者に内在する芸妓のイメージと一般的な遊女のイメージとの共通する「遊女的なるもの」の象徴は、現在の「おわら風の盆」文化商品としての卓越性を構成している。しかも現在では主に記憶によってされている「遊女的なるもの」と、担い手の実態や観光客との関係から生じる「素朴な地方の娘」という田園的要素の両立は、両義性を備えた一つの理想の女性イメージに収斂している。ここにもやはり特定の状況における女性性とローカル性の連関が創出されていることが看取されよう。

昭和三〇年代から四〇年代におきた日本の経済構造の変化とそれに伴う人口動態の変化を契機とした「おわら風の盆」の変

化に注目すると、芸能集団編成の細分化・固定化、芸能の精緻化といった動きがみられた。

このような現実への対処の仕方は、未婚の女性に共同体儀礼における確固とした位置を提供したばかりでなく、芸能と密接に結びついたライフ・ステージ形成、アイデンティティ形成も促した。この過程を経て引き直された「女性なるもの」の境界線やそれと連動した自己認識は、先に検討した遊女的かつ田園的な女性の両義的理想像と重ねられ、観光やマスメディアといったイメージ産業においても女踊および「おわら風の盆」の卓越性を発揮していると考えられる。

本稿で展開した、文化の構造化の力とエイジェンシーの相互作用は、パフォーマティヴィティの概念によって最も的確に捉えられよう。

バトラーはフェミニズムの一つの隘路は、政治的・法的な希求をなす主体を標榜する「女」は言説によって規定されたカテゴリーにすぎず、「フェミニズムの主体の前提をなす普遍性や統一性は、主体が言説をつうじて機能するときの表象上の言説の制約によって、結果的には空洞化されてしまう」(1999: 26) ことだと述べる。したがって、フェミニズムの闘いを有効なものとするためには、その主体を物象化することなしに同定する必要にせまられるのだが、ここでパフォーマティヴィティという概念を導入する。これはある言説の語法で定義されたものが反復・引用されることによって効果を発揮していくような実践である (Butler 1993: 2)。パフォーマティヴィティという用語はアイデンティティの社会的構築性を強調する比喩ともうけとれるが、反復・引用するのが言説だけではなく主体でもあるため、パフォーマンス (上演/演技) を成り立たせている構造的側面とエイジェンシーの側面との連続的な相互作用を含みこんでいる有効な概念である。

パフォーマティヴという現出の仕方にこだわるバトラーは、演技の物質性すなわち身体の重要性を見逃さない。「体現する (embody)」という語を意識的に回避することによって、身体は言説の強制力が書き込まれたり体現されたりする媒体であるという見方を排し、むしろ身体は分節化や秩序化といった言説効果の実現であり、権力の作動そのものだと定義した (Butler 1993: 2,9)。

「おわら風の盆」、とくに昭和初期に日本舞踊家若柳吉三郎が振り付けた芸妓たちが習い覚えて後、第二次世界大戦を経て、昭和三三年の売春禁止法の発効とともに芸妓の存在そのものが消滅してからも異なった担い手によって受け継がれている女踊の系譜に焦点をあてることによって見えてきたのは、芸能・儀礼として幻/現出する——つまり高度な様式化をもって想像力が現実のものとして組織される——文化の姿、そしてその姿が演じる主体の自己認識をも形成している重層的かつパフォーマティヴなプロセスであった。

注

1　蛍の意

2　「男踊」も存在するが、原則として、特定の歌詞に合わせた所作はない。

3　朝日新聞一九九七年九月一日地方版富山「急ぐとも車通さぬ風の盆」

4　朝日新聞一九九八年九月二六日夕刊「新内とおわら節みごとに融合」

5　朝日新聞一九九七年九月六日夕刊「風の盆考　優雅で幻想的」

6　高橋治著。一九八四年に『小説新潮』に「崖の家の二人」として発表された翌年、単行本『風の盆恋歌』として刊行（新潮社）。これを原作とした同名の映画、テレビドラマ、歌謡曲などがこれまでに作られている。

7　おもに一九九三年、二〇〇〇年、二〇〇一年におこなった現地調査での聞き取りによる。

8　本稿でとりあげている人々の発言は、筆者が一九九三年より二〇〇四年にわたり断続的に行ってきた、聞き取り調査を含む現地調査で得られたものである。聞き取り調査は必ずしも本稿の目的にそくして行われたとは限らず、おわら風の盆の変容過程とそれに関わる人々の意識、地域社会の変貌を辿る基礎的な情報の収集の過程で、またいくつかの異なる問題設定や研究方法の模索のなかで得られたものである。

9　昭和四年設立。前身はやはり川崎が設立した「民謡おわら研究会」（大正一三年設立）。昭和二六年には「富山県民謡おわら保存会」に改称。

10　北日本新聞社編集局（1988 p.48）に掲載。

11　この地方で用いられる方言では語尾の「が」は逆接ではなく、強調や確認など肯定的なニュアンスを加える接尾語である。

12　富山県内の温泉保養地。

13　厳密には東町（ひがしまち）、西町（にしまち）両町内を指し、このような呼称は現在ではほとんど耳にすることはないが、歴史的、政治的、経済的に大きな存在を示し続けた町内の一員として誇りをこめた言い回しと考えられる。

14　代表的なものは現在でもポスターやみやげ物のパッケージなどに好んで用いられている地元の絵師林秋路（1903 - 1974）のもの。林はおわらに興じる女性の絵をたくさん残しているが、そのモデルは芸者であったという（北日本新聞社編集局（1988, p.85-87）

15　一九九三年八月現地調査に基づく。町内によっては、当時の青年団世代の感覚や価値観にとっても違和感があったらしく、現在でも、ちょうど還暦を迎える頃になったこの世代の人々の間で、男女混合踊の評価をめぐる疑問が聞かれる。

16　民謡を意識的に「改良」して文化を振興するという動きはこの地域に限られたものではなく、新民謡運動として全国的に展開していた動きやその影響の一部と捉えるべきである。山田耕筰や西条八十、中央の文化人が精力的に全国各地を訪ね、取材をし、土地の風物を織り交ぜた歌をつくっていた（酒井（1991）、竹内（1981）、細川（1990a）（1990b）参照）。

17　川崎は、小杉放庵をはじめ前田普羅、横江嘉純、小川千甕らと交流を持っており、彼らが八尾を訪問する際には川崎宅でもてなしをうけた。（おわら資料館資料）

18　富山日報 大正一四年九月三日「童謡と舞踊の会に本居長世氏一行来富」、同九月九日「童謡踊の権威本居氏を迎えて」「本居長世氏作品発表　音楽と舞踊の会」、同九月一〇日「九日八尾小学校にて音楽と舞踊の開催する為来富した本居令嬢みどり、貴美子両令嬢」

19　本居長世は大正九年「新日本音楽大演奏会」において、長女みどりが披露した自作品「十五夜お月さん」で童謡作曲家としての地位を確立し、翌年より娘を伴っての国内外の巡回公演を行った。（金田一1983: 512-519）

20　北日本新聞社編集局（1988: p.56-58）。

21　すでに地方として芸に秀でた者、踊手を「卒業」後、地方として唄や三味線、胡弓などを演奏することによっておわらに携わる者は、青年期の終わりないし結婚が次の段階への移行の契機となる。また、既婚女性は状況が許せば町内単位の活動が終わる夜十一時以降、自前の衣装を着て好きな者どうし集って踊ってもよいという不文律がある。

引用・参考文献

江原由美子（2000）『フェミニズムのパラドックス』勁草書房

太田茂徳（1995）「近代期の遊郭と都市」『富山大学人文学部紀要』第23巻

太田好信（1998）『トランスポジションの思想』世界思想社

太田好信（2001）『民族誌的近代への介入』人文書院

おわら資料館（n.d.）「壷中庵への主な来庵者」

北日本新聞社編集局（1988）『越中おわら社会学』北日本新聞社

ギデンズ（1997）「ポスト伝統社会に生きること」ベック、ギデンズ、ラッシュ（編）『再帰的近代化――近現代における政治、伝統、美的原理』

金田一春彦（1983）『十五夜お月さん――本居長世　人と作品』三省堂

倉田喜弘（1999）『芸能の文明開化――明治国家と芸能近代化』

佐伯順子（1987）『遊女の文化史』中央公論社

酒井博（1991）「江尻豊治のこと」成瀬昌示（編）『風の盆案内記』

続八尾町史編纂委員会（1973）『続八尾町史』文生書院

竹内勉（1981）『民謡その発生と変遷』角川書店

津金澤聰廣（1991）『宝塚戦略――小林一三の生活文化論』講談社

ミシェル・ド・セルトー（1987）『日常的実践のポイエティーク』国文社

富山県民謡おわら保存会（1993）『越中おわら』

中村三郎（1954）『日本賣春取締考』日本風俗研究会

橋本裕之（1989）「文化としての民俗芸能研究」『民俗芸能研究』第10号

橋本裕之（1990）「民俗芸能研究における『現在』」『国立歴史民俗博物館研究報告』第27号

橋本裕之（2003）『演技の精神史：中世芸能の言説と身体』岩波書店

バトラー、J（1999）『ジェンダー・トラブル――フェミニズムとアイデンティティの攪乱』竹村和子訳、青土社

ベック、ギデンズ、ラッシュ（1997）『再帰的近代化――近現代における政治、伝統、美的原理』松尾精文ほか訳　而立書房

細川周平（1990a）「西洋音楽の日本化・大衆化 19民謡」『ミュージックマガジン』一九九〇年一〇月号

細川周平（1990b）「西洋音楽の日本化・大衆化 20新民謡」『ミュージックマガジン』一九九〇年一一月号

ホール（2001）「誰がアイデンティティを必要とするのか？」宇波彰訳、ホール&ドゥ・ゲイ（編）『カルチュラル・アイデンティティの諸問題』大村書店

ロバートソン、ジェニファー（2000）『踊る帝国主義』

渡辺裕（2002）『日本文化モダンラプソディ』春秋社

Butler, Judith（1993）"Bodies that Matter", Routledge.

Williams, Raymond（1977）*Marxism and Literature*, Oxford University Press.

＊本研究の一部は文部科学省の研究費（15720212）の助成を得て行った。

セッション4──渋谷 望

オルタナティヴ公共圏

近年、文化研究に対する風当たりが強くなっているように思える。直前に参加したある社会学の学界のシンポジウムでもこの点が話題になっていた。理由の一つはそれが優等生的な政治的正しさ（Political Correctness）に基づく批判的なスタンスをもっているとみなされているからではないだろうか。たとえば文化研究において「階級、ジェンダー、エスニシティ」は、文化的な差異を構成する原理の多様性を承認するための合い言葉となっている。だがこの見かけの多様性は、個別主義的な問題設定につながりかねない。つまり、これらの個々の領域における「正しさ」は追求されうるが、他の領域とのかかわりは依然として不問にされる。問題のこのような個別主義的な概念化に基づく「文化の政治」を称揚するとき、その手軽さが批判されているのだと思う。

ではこのような陥穽を避けるためには、どのようなかたちで「文化の政治」を構想すべきであろうか。この課題をこう換言してもいいかもしれない──文化の領域とそれ以外の領域をどのようなかたちでかかわらせるべきであろうか。たとえば「政治的正しさ」と「文化的快楽」。この二つの回路は相対的には自律しているが、両者が出会うとき、どのようなショートが生じるのか。

多様なテーマによって構成される本セッションで何らかの議論の糸口を掴むため、司会を務めた際、文化と政治の役割分業のラインを問い直そうという、以上のような問いを報告者に投げかけてみた。

井上弘貴の報告「日本におけるドメスティック・パートナー制度の必要と市民権のセクシャルな変容可能性」は、個別主義の陥穽にきわめて自覚的であった。彼の主張は、同性間のドメスティック・パートナーの制度に肯定的であるが、セクシュアリティの領域に閉じた「正しさ」の主張──それだけであれば「二級市民として国家に統合」される危険がある──ではなく、重層決定的なモメントの考察に開かれていた。すなわち、制度化の条件として、一方における市民権（シティズンシップ）概念と、他方における肉親（キンシップ）概念を開いていく必要性が論じられた。

Chiristine R. Yanoの報告は「Kicking Kitty—Global controversies surrounding Japanese cute」、日本のサンリオのキャラクター、ハロー・キティを「キュート」とみなす感性が、グローバルに広がっていく現象を紹介した。われわれにとって重要なのは、そのグローバルな受容とともに、それがある種のPC的な批判にさらされている点である。たとえばキティには「口がない」。このことは「声を封じられるマイノリティ」や「受動的なアジア女性」像に重ね合わせられ、批判される。だが、興味深いのは、このPC的な批判が、常識的な「政治的正しさ」の主張を超えて、猥雑な方向へ踏み込む過剰なベクトルを有している点である。口をもったハロー・キティは、セクシュアルな行為が可能になる。彼女が紹介した、これを戯画化する作品群は、PC的な批判の実践からはじつに遠く離れていた。

高原基彰の報告「東アジアのパンクロック──グローバリゼーションの中のサブカルチャー」は東アジアにおけるパンク・ロックの普及が、一方で商品化され、音楽産業に取り込まれる側面を持つとともに、他方で、必ずしもそこに回収されないようなローカルな状況に由来する差異を生産する側面を持つことを示した。このような二重性がパンク固有の美学の有するメンタリティと、ある種の緊張関係を孕んでいることもまた示された。この視角から日本のサブカルチャーを、東アジアのサブカルチャーの様式から逆照射する可能性に開かれていたように思える。

いずれの報告もひとつの領域を他の領域に開いていく契機に満ちているようにみえ、魅力的であった。文化研究の実践が既存の研究領域において自明視された思考回路をショートさせることであれば、それを肯定したい。

Ⅲ　ハイブリッド・カルチャー

▲カルチュラル・タイフーン、セッション風景
（2003年6月29日）

10

wo-manの出現に向けて――ポストコロニアル美術の現場から

ガーデナ香子

(Is it possible) to think the otherness of the other without assuming the other is merely a version of the same? [1]

And, like the marks on this paper now fixed and tied to this space, would I too be identified by my outline, or my character, or your reading? [2]

はじめに

　フランツ・ファノンが『知に呪われたる者』の結部でヨーロッパとの決別を呼びかけたとき、それはヨーロッパという支配階級への否《ノン》を意味しただけでなく、それよりも決定的に、ヨーロッパを標準に据える言説を可能にしてきた一連の前提を捨てることを唱えたのであった。[3] 実際、こうした前提はわたしたちがそれに気づくことすら困難であるくらいに強固にあって、それはたとえばファノンの決別宣言から四〇年以上の歳月を経た今日においてなお、「民族（race）」、「文化（culture）」、「歴史（History）」などヨーロッパの近代がその時代性において作りだした用語や概念が、十分に再検討されることなく蔓延していることからもあきらかである。[4] ガヤトリ・チャクラヴォルティ・スピヴァクは一九八八年のエッセイを、サバルタンは語ることができないとしめくくっているが、これはサバルタンの語りがヨーロッパの前提を経ずに出現するための手段や道具がないことに因っていた。[5] ポストコロニアル批評が流行語のようになって久しいが、周辺が中心に向かって中心の前提を繰りかえすかたちで抵抗していたのでは、コロニアリズムを乗りこえたことにはならない。わたしたちはポストコロニアルに生きる個人が、コロニアルの言説を繰りかえすことなく語りだすことができる手段や道具をつくりだす必要がある。

　コロニアルの言説において前提になっていたのが、啓蒙思想が想定する、啓蒙された、あるいは啓蒙されることができる主体である。この主体はまた、対象からは完全に切りはなされたものとして、あるいはそれと相対するものとして想起され、対象に関する科学的知識を獲得する能力をもつものであった。この想定が、主体がみずからの価値あるいは知識によって対象としての植民地を理解し、またそれを教育することによって啓蒙された主体へ組みいれることをよしとする楽観的普遍主義を理論的に裏づけ、経済的理由とは別の次元でコロニアリズムを正当化していたのである。ポストコロニアルの言説をコロニアルのそれを乗りこえたものとして可能にするためには、まずこのコロニアル的主体を乗りこえて、ポストコロニアル的主体を、あるいはそれは後述するように主体という概念では定義できない個人のかたちであるかもしれないが、模索しなければならない。

　フランツ・ファノンはヘーゲルを読みながら、個人が個人として生存するために最低限必要であるものとして、承認／認知への要求を挙げているが、そこには対象から完全に切りはなされて存在する主体よりも、他者からのまなざしをも内包しそれによってみずからが位置づけられるような、他者との関係性においてはじめて確立しうる個人をみることができる。[6]このように、主体の独立性よりも他者との関係性に注目することは、ファノンと同時代に啓蒙主義とその影響への反省を記述していたジョン・マクマリイらを経て、さまざまな分野において表現活動をする思想家、作家、美術家らに受け継がれている。[7]

　この小論は、この、他者との関係性そのものをコロニアル的主体にかわるものとして記述することへの試みである。また同時に、この記述の例を美術作品に求め論じるという手法をとることで、美術批評のポストコロニアル的方法論を模索するものでもある。その手順において、まずコロニアル的主体を、大文字の、絶対的な、男性的な歴史における能動態を象徴するManの語との関わりにおいて捉え、Manがいかに中心的地位を獲得し、またManとなりえないものすなわち非-Manを対象として囲いこんできたかを確認する。つぎに、近年のポストコロニアル批評の試みにおいて、非-Manが非という否定の場から脱し、肯定的にまた自発的に存在をしめそうとしている態度を検討する。また、その過程において、Manに替わるものとしてwo-manの概念を提案する。そのうえで、この態度の具体的なあらわれの場としてイギリスの現代美術に例をとり、ソニア・ボイスという美術作家のみぶりを観察する。これらの作業をとおして、コロニアルの言説を乗りこえ、ヨーロッパに決別するべく闘争するポストコロニアル的存在を論じる手がかりを提示するのがこの小論の目指すところである。

1　Manの確立、支配と限界

It's queer how out of touch with truth women are.[8]

　まず検討したいのは、Manにまつわることである。ここで、Manを人間と読んで、人間とは何かと問うこともできるし、あるいはこれを男性と読んで、性差についての問いを設定することもできる。こうした問いはそれぞれ重要なものであり、それぞれに十分な場所を割いて議論する必要があるものだが、ここではあえてそうした重要性を乗りこえて、あるいは総括して、Manとは何かを考えてみたい。

Manとはそれが確立されるにしたがってみずからを標準に据える政治力をもった範疇だということができる。とくにヨーロッパがヨーロッパとして、あるいはそのなかで各国家が国家として理想的成立を果たす背景においては、Manはそうした理想的成立を可能にする存在として重要な範疇であった。つまりそれは、進化論的発達の最終到達点であり、強い性であり、知識を獲得して理想を達成するための思考や行為をすることができる主体だったのである。このような近代的Man、つまりEuropean Manの確立をたしかなものとしたできごととしては、たとえばイギリスの産業革命やフランスの政治革命、さらにはドイツでおこった理想主義哲学を挙げることができるが、いずれもManをそれまでの認識においてそれぞれその本性のよりどころとしてきた理性と感性の両方を支配し、対象とすることによってみずからとは切りはなされた別個体であると捉える世界を再編成し、よりよいものにすることができる工作的人間として定義づけたものである。すると、とくにコロニアリズムへとつながるヨーロッパ近代の文脈において、Manは対象に積極的に干渉し、またそれをみずからの理想にむけて改造する権利や能力をもつこと前提としたものであったといえる。

こうしたManがその工作的能力を義務と捉えて行動したひとつの例が、アメリカ合衆国の建国である。ヨーロッパ諸国がそれぞれの、あるいは全体としての歴史を経たうえで近代国家として成立をとげるなかで、合衆国の出発点はネイションとしての歴史ではなくManとしての理想であった。実際、独立宣言の草案はヨーロッパの啓蒙思想家の文言をしたじきにしたもので、それはすでにEuropean Manがあるべき姿や到達すべき理想を掲げたうえで、それにふさわしい国家を建設することへの前未来的な宣言であった。[9]建国したのちすぐに、ヨーロッパでの政治的混乱に人間正義の番人の立場として介入し、またその自己認識を今日の世界政治の体系においても維持しつづけ、正義と悪とを定義し、悪に制裁を加える権利をみずからに与えるその態度も、すでに定義されていた人類の理想を根底に建国され、すでに達するべき終着点を与えられた状態において成立したという国家の状態を考えると、その一方的ともいえる倫理的な裏付けが理解されるであろう。[10]

アフリカ大陸やアジアにおいて展開された植民地政策も、近代的経済システムの完成という理念と同時に、ヨーロッパ的Manがその理想を達成し、対象世界である植民地およびそこに原住するひとびとに文明を与えるという大義において正当化されるものであった。当時のヨーロッパ知識人層のあいだでは、Manと非-Manとは種の異なる生物であり、双方が共存することとは異種混合が不毛につながるという理由からも非合理的であり不道徳であるという通念が優勢であったが、ロバート・ヤングは一九九五年の著書のなかで、この通念を人権保護的懸念から批判した親植民地原住民派とされていた層において、Manが植民地で遭遇した非-Manであるところの原住民を飼育し文明化することによって、Manに近い存在にすることができるという思想、またそうすることが非-Manを尊重できる存在へ高めることができる点で望ましいとする主張が唱えられていたことを記述している。[11] つまり、どちらにせよ非-Manが正当な存在として認識されうるのはManとなることを通してのみであり、植民地主義の暴力的支配も非-ManをManとするための教育として捉えるならば愛の鞭だとされたのである。

　愛の鞭は愛をあらわす手段である以上、欲望を運ぶ道具でもある。植民地の非支配層を欲望の対象とし、そのことによって彼らを彼らとして認識することを永遠に不可能にし、また対象物としての彼らを所有しみずからのなかに取りこむ制度を完成させる方法が達成できたのも、植民地主義においてManの完成が政治的な道具としても重要視され、また非-Manをそのプロセスにおいてのみ位置づける視線が前提となっていたことに因るものである。この視線が非-Manにとっては、たとえそれが、やがて理想的なManへと進歩させるというような良心的なダーウィニズムの解釈に基づいていたとしても、決して迎え入れることのできない暴力であることは広く記されている。たとえばこの暴力の体系をもっとも端的にまとめたのが、ファノンの「見て、ニグロだよ」の一節であろう。[12] この節において黒人の男が苦悩する原因になるのは、肌の黒さそのものではなく、すべてのことがすでに決められているという状況である。男が恐怖に襲われたのは、「見て、ニグロだよ」と指さされたことによってではなく、「ぼくこわい！」という宣言を聞いたことによってであった。つまり、男は自分から積極的に怖がらせることすらできないまま、ただ怖がられるという結論を招くことが、男の存在や動作に先立って決定しているのである。[13]

　良心的なダーウィニズムをもってすれば、非-Manがそれぞれに理想的なManとして啓蒙され確立されることができれば、今度はみずからが視線を対象に対して投げかけることができるようになり、非-Manの段階で経験していた閉じこめの状態から脱することができるということになるだろう。実際ファノンにおいても黒人の男は少しでも自分の肌のなかに白さを見つけようとするのであり、またアールの発音を強調するのである。[14] しかしそれは結局のところ、自己分裂のかたちでみずからの精神状態の危機を招くのみであった。[15] ここで非-Manはみずからは、みずからとしてはManとして確立することはできないことを知る。Manがあるいは知らなかったかもしれない、Manの限界がここで示されていたのである。

　実際、コロニアルの場においてManの限界は顕著であった。そのために、その限界を超えたものは存在しないものとして排除することによって、Manの世界観をより完全なものへと高めるのも、コロニアルという、いわば切りはなされた対象においてより的確にできることであった。この仕組みはたとえば文学作品に明確に示されているが、そのなかでもコンラッドのマーロウが「女は真実から切りはなされているのだ、めいめい勝手な世界に住んでいて、その世界までもが存在しないのだ」と宣言する場面は象徴的である。[16]『闇の奥』には女性はいっさい登場せず、あるいはするとしたら男を歴史へと送りだす一方でみずからはまったくその作用に興味を示さない年配の女性、欲望とエキゾティシズムの対象としての植民地の女、あるいはいかに歴史と切りはなされた存在であるかを強調するように登場するクルツの許嫁であるが、いずれも女性が啓蒙されたManの地平つまり物語あるいは歴史には属さないものだということにおいてのみその存在あるいは存在の不可能性が重要となる。この状況において、女性とManとの差は単に生物学的な性差ではなく、それがヨーロッパ的個人の理想として確立しうるものかどうかの、いわば目的主義的な差である。このように、Manは非‐Manを存在の可能性の外側におしやることでその絶対性を示してきたが、そのことがそのままこの絶対性の不可能を証言するものでもあった。コロニアルの言説に抵抗するみぶりはまず、この絶対性の理不尽さ、また非合理性による綻びからあらわれたのであった。

　Manの限界はこのように、非‐Manにとってはあきらかであったが、この限界をさらに危機的なものとしてManに認識させるためには、非‐Manが効果的な語り口を得ることが必要であった。フランツ・ファノンが一九八〇年代に大々的に再読解され、またその際に主流となったのがマルクス主義的な革命論として読まれた『地に呪われたる者たち』よりもむしろ、精神分析科医ファノンがフロイト、サルトル、ラカンといったヨーロッパの思想をふまえて個人の危機を訴えた『黒い皮膚、白い仮面』であったことも、Manの限界を記述することへの試みに関連した現象であったといえる。またこのころ同時に、フェミニスト理論やブラック・アイデンティティ理論が活発になるのも、さまざまな地平でManの限界が露呈し、Manとしてではなくて別の方法で個人が確立される可能性を求めることが、緊迫した必要性として認識されたからであろう。これらの動きは、非‐ManがManとしての存在ではなく、そうではないかたちで、その「非」たる性質を取りのぞくような動き、あるいはwo-manとしての存在の可能性を模索した動きとして考えることができる。生物学的特徴によってManと線対称のものとして定義されるWomanではなく、Manとして存在することに違和感を覚えつつも肯定的かつ創造的な個人として、女性というモチーフを借りながら、生物学的差異、つまり性差、人種の差、そのほかManと非‐Manとを隔てることができるとされた特徴の差を超越したものとして定義されるwo-manこそ、Manという主体の危機に際してそれにかわる何かを提示する可能性をもつものではないだろうか。[17]

2　非‐Manからwo-manへ

I am the escaped one,
After I was born
They locked me up inside me
But I left.
My soul seeks me,
Through hills and valley,
I hope my soul
Never finds me. [18]

wo-manがManと決定的に異なるのは、それが各個人の独立した主体性につながるのではなく、個人間の関係のもたらす領域を示唆するという点においてである。wo-manとは各個人を独立した個体として捉えるものではなく、したがってこのwo-manが出現するとしたらそれは個人が個人としてということよりも、wo-manという関係にあるものとして関係が出現するということになるだろう。

こうした性質の個人あるいはそのあいだの関係を捉えようとする動きはポスト啓蒙主義の思想においてさまざまに観察できるが、ここではまずジョン・マクマリイの「個人的（personal）な関係」を考察したのち、wo-manの語が根底にもつ女性性とも結びつきがあるマトリクス（matrix）およびメトラモフォーシス（metramorphosis）という用語を用いてこうした個人あるいはそのあいだの関係のありかたを定義するブラカ・リキテンベルク・エッティンゲーの議論をまとめたい。このことはwo-man的な個人あるいはそのあいだの関係を完全に定義することにはならないが、そもそもwo-manという範疇の性質からして、境界線を固定する役割をもつ定義からはつねに逸脱し続けるものであり、そのなかでManとは異なる語り口を提示するひとつの試みとしては有意義だと考える。

マクマリイは同時代のファノンと同様に、ヘーゲルを出発点に近代以降の思想の可能性を探っている。ファノンはヘーゲルを読んで、人間関係における倫理の最低限の条件として相互的な承認／認知を求めたが、マクマリイはこの相互性をさらにつきつめて、それは人間関係における最低限の条件というよりも、人間存在そのものの最低限の条件だとしている。マクマリイはまたマルティン・ブーバーにヒントを得て、こうした相互的な承認／認知によって成りたつ主体のありかたを、「あなたと私（You and I）」という単位として定義するが、ここにおける「あなた（You）」と「私（I）」はそれぞれ単一に独立させることのできない、全体における部分であるのみである。[19] マクマリイによれば、「あなた」と「私」がそれぞれ独立した瞬間に、そこにある個人的な関係は非‐個人的な関係になってしまう。非‐個人的な関係においては、「私」は「あなた」に対して、介入をしえない孤独なものとして消えさるか、あるいは抵抗し戦うことができるのみである。どちらもが他者との関係において恐怖を引きおこすものであり、「否定的で、したがって非現実を引きおこすものである」[20]。したがって、「もしも、「あなた（You）」に対しての恐怖において「私（I）」が（個人的な）人間関係を放棄するとしたら、そのことは「私」自身を恐れさせることとなる」[21]のである。こうしたマクマリイの議論は、コロニアル的状況を記述する言語ときれいに重なる。このように暴力的な非-個人的な関係に対して、個人的な関係は「あなたと私」が解剖学的な方法以外によっては切りはなすことのできない単位として認識される関係である。マクマリイは個人的な関係を個人の誕生の瞬間に関して論じている。つまり、すべての個人は自分のみ切りはなされたものとしては誕生できず、母-他者の合理的機能に頼ることによってはじめてその存在が可能となるのである。このことは、個人が誕生の瞬間からすでに、「あなたと私」という単位において存在していることを意味している。

誕生の瞬間、またそこにおける母-他者の作用にコロニアル的ではない個人あるいは個人と個人のあいだの関係を論じる手がかりを見つける手法はマクマリイの後の世代にも引きつがれているが、とくにブラカ・リキテンベルク・エッティンゲーのフェミニスト理論は、European Manの限界を乗りこえる言語の可能性を探求するにおいて興味深い。精神分析医であり美術作家であるリキテンベルク・エッティンゲーは、理論構築においてマトリクスとメトラモフォーシスの語を定義し、それを美術表現において達成することを目指している。[22]彼女が支持するこのふたつの概念は、Manに対しての欠如あるいは不在を肯定的な存在として捉える姿勢において、非-Manをwo-manとして理解することの積極的な試みである。

リキテンベルク・エッティンゲーによれば、マトリクスとは「私（the I）」と「非-私（the non-I）」の同時性をもった相互-出現（co-emergence）のおこる無意識の土壌であり、そこでは「私」と「非-私」は互いと同化することもなければ、互いを否定することもない。[23]こうした土壌を想定するとき、「私」は「非-私」との差異を確認しながらでなければ出現できず、またその確認の作業は相互的なものでなければならない。こうした作業をとおして、「私」と「非-私」はリキテンベルク・エッティンゲーが「関連なき関係（relations-without-relating）」と呼ぶ、相対的でありながら絶対的な状況に落ちつくのであるが、この相互-出現へむけて「私」と「非-私」のあいだで創造的な作用として繰りかえされる確認およびその交換が、メトラモフォーシスとして理解される。[24]こうした土壌に出現する「私」として考えることのできるwo-manは、非-ManとしてManの対岸に位置するものではなく、Manと非-Manの関係性とは異なったかたちの個人の（個人的な）関係にもとづいた自己のありかたである。これはリキテンベルク・エッティンゲーがラカンやレヴィナスが記述する、大文字の他者としての女性（Woman as Other）つまり男性と線対称の立場にあらわれる女性を切りすて、ほかのかたちの関係性としての女性（woman as other kinds of relations）を主張する姿勢にも読みとれる概念である。

リキテンベルク・エッティンゲーはさらに、視覚芸術、とくに絵画をメトラモフォーシスの実践として捉え、美術家としての活動においてこれを試みている。リキテンベルク・エッティンゲーが描こうとするのは、相互-出現をまだなしとげていない、メトラモフォーシスの渦中にあって今まさに「私」を確立しようとしている女-性的個人であり、また同時に、彼女がトラウマという語を用いて論じようとするメトラモフォーシスの記憶を視覚化したものである。これはつまり、マトリクスの語が本来意味する母胎での、胎児の形成を視覚化したものと同義であるといえるが、このようなきわめて個人的な記憶を美術というManの形成してきた枠組みの中に提示することによって、ここにその歴史に個人的な関係をもちこみ抵抗するみぶりをみることができる。

wo-manの出現は、したがって、Manのように主体的なものとして対象から独立したかたちで起こるのではなく、個人的なものとして、「私」と「非-私」の境界線を取りかこむかたちで起こる。完成された作品を、マクマリイがすべての感覚のなかでもっとも非-個人的で暴力的だとする視覚を通じて対象として捉えてきた、いわばコロニアル的価値観がつねに正当化されてきた視覚美術の制度のなかで、リキテンベルク・エッティンゲーのみぶりはポストコロニアル美術の可能性を示すものとして大きな意義がある。通常、ポストコロニアル美術という言葉では、とくにイギリスやフランスの旧植民地に出自をもつ美術家の創作活動が理解されるが、単に抑圧の歴史を中心に向けて投げかえすばかりでは、コロニアリズムの暴力から脱する手段にはならない。ここで重要なのはファノンが示す承認／認知であり、マクマリイが唱える個人的な関係であり、またリキテンベルク・エッティンゲーが求めるメトラモフォーシスである。これらの抵抗のみぶりをイギリスの美術作家ソニア・ボイスの活動に例を求めながら、もう少し掘りさげてみたい。

3 wo-manの出現の可能性——ソニア・ボイスの実践を例に

What they really want
at times
is a specimen
whose heart is in the dust
Still, there ain't no easy-belly category [25]

イギリスの現代美術家ソニア・ボイスが一九八〇年代のはじめに美術学校へ進学した際、まわりにはブラックの美術家は存在せず、またみずからも白人的な美術の制度のなかで技術的な勉強を進めることに違和感をもたなかったという[26]。さらにあるとき、みずからの出自に関心をもちアフリカの美術史について調べようと思っても、いわゆるプリミティヴ美術に関する書物以外は見つけることができなかったのだという。そのなかでみずからのみずからとしての問題意識や表現の必要性について、個人的に模索するほかに方法がなかったのである[27]。こうした背景が、彼女に単に「ブラック・ブリティッシュ・アーティスト」として、ラシード・アラエーンらがするように白人的美術制度に「ブラックとして」抵抗するのではなく、自分の歴史、自分

『コンバセーショナル・ピース』

の文化、自分の家族といった個人的な領域を鑑賞可能な土壌にさらけだすという方法で、あらゆる制度化に抗しようとする姿勢をとらせたのだともいえる。

『コンバセーショナル・ピース（Conversational Piece）』と題された一九八六年の作品群は、ボイスの生いたちのさまざまな場面でなされてきた会話の記憶を再現したイメージを集めたものである。たとえばこの作品群のなかの、『キッチン・テーブル・トーク（Kitchen Table Talk, Strange Dreams）』は、テーブルクロスの上の手を描いたものであるが、テーブルクロスという素材、またそこに描かれる模様はボイスにとって、みずからの幼少時代の記憶を想起させるモチーフであり、かずかずの作品に登場する象徴的な小物である。ここにあらわれるテーブルクロスは、ボイスの母親の食卓の上にかかっていたクロスという固有のものを鮮明に描いたもので、彼女の記憶を正確に視覚化したものである。こうした記憶の再現を、彼女は写真のうえに素材を刻みつけるという手法をとることによって、再現された記憶が過去という時間枠のなかに閉じこめられることなく、同時代性をもって出現する場を作りあげている。写真はその手法のなかに、ある対象をそれが属す時間枠から視覚的手段において切りとり、またその切りとられたものを鑑賞者の属する時間枠にも進入させずに孤立させるという前提をもっているが、そこに、触覚的手段である刻みこみの手法を導入することで、どの時間軸にも属さない記憶を現在の自分に、また現在の自分をとおして鑑賞者に、繋ぎとめることができるのである。また刻みこまれているのは手であるが、手こそ触覚の出所であり、主体と対象とを断絶する啓蒙主義的な世界観を脱出する手段としての意味をもっている。さらに描かれたような角度で食卓の上の手を見ることは、誰もが日常的にしていることであり、この構図は限りなく個人的であると同時に、その個人にとっては限りなく絶対的な光景でもある。こうした個人的な空間を写真という歴史の記録のうえに展開することによって、それをみるものが歴史という大きな枠組みから、自分の時間という枠組みを出現させるような、ひとつのメトラモフォーシスを展開できる仕組みを提供しているのである。

テーブルクロスのうえに広がる個人的な時間は、一九九二年のインスタレーション、『四枚のテーブルクロス（4 Tablecloths）』にもみることができる。これはロンドンのセント・パンクラス駅構内のコーヒーショップを舞台に、パブリックアートとして作られたインスタレーションで、四つのテーブルに、ビニールシートにテーブルクロスの柄とテクストが印刷されたものが敷かれている。四つのテクストを読みつなげると、そこに三人の女性が一人の男性を媒体に交わっていることがわかる。男性は一九四五年の映画『逢い引き』の主人公アレックであり、また女性のなかにはアレックの相手役ローラがいる。ふたりの出会いと別れの時間軸のなかに、ノッティンガムに仕事の面接にでかけるアジア系女性と、ブラインドデートとの待ちあわせにやってきたカリブ系の女性が関わってくるのである。それぞれの人物は、この駅のコーヒーショップで出会いをまち、また出会い、さらには別れるのであるが、こうした個人的な出会いや別れがテーブルクロスという歴史の記憶を象徴する背景のうえに配置されている。さらに観客は同じコーヒーショップでこうした出会いや別れの記録に出会う仕掛けになっている。こうすることで、作品を鑑賞するひとりひとりが作品との関係において個人的な時間軸を確立することができる。

　ボイスにとって、駅のコーヒーショップは越境を象徴する場であり、また公でありながら個人的な空間として、他人同士が出会う場としての可能性を発展させることのできる場である。[28]アレックとローラの出会いの場面はそうした、公的な歴史と個人的な歴史とのあいだを越境する男女を象徴するが、この一九四〇年代の映画の時間軸に、戦後のイギリスの時間軸をもったアジア系女性であるロクサーナを交わらせることで、ボイスは映画のあらすじにあったコロニアル的な関係に抵抗している。『逢い引き』の結末でアレックは、ヨハネスブルクという「ずっと遠く」に赴任するが、大英帝国における不在の領域として対

『4枚のテーブルクロス』のあるコーヒーショップ

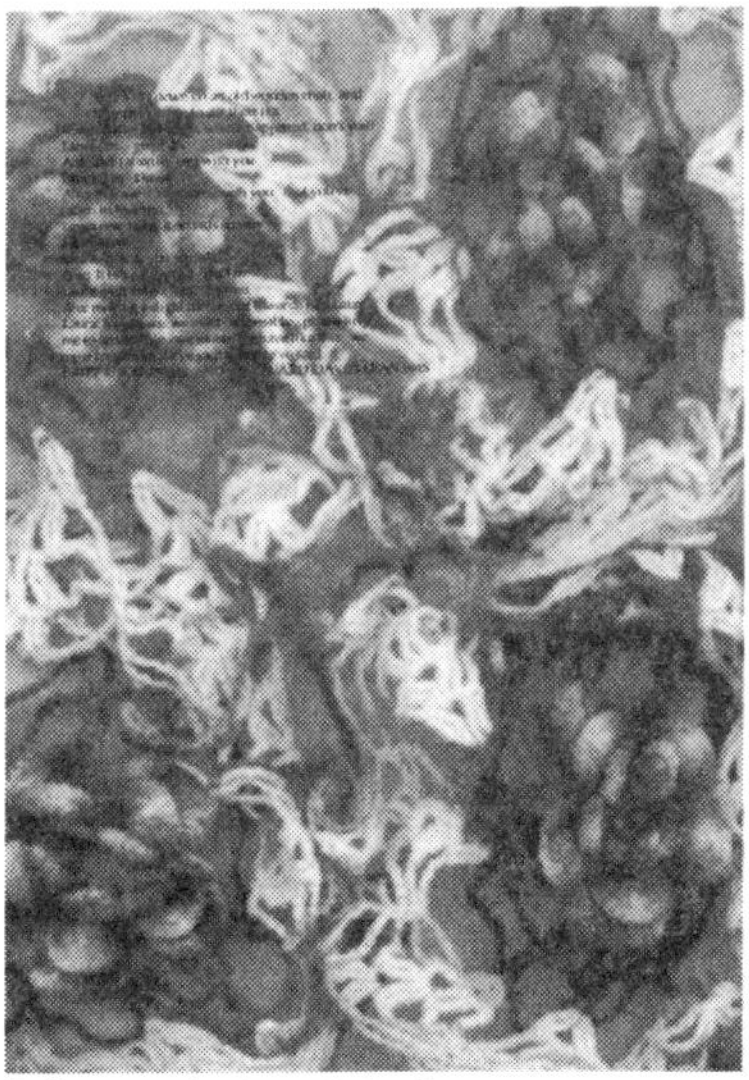

『4枚のテーブルクロス』の1枚

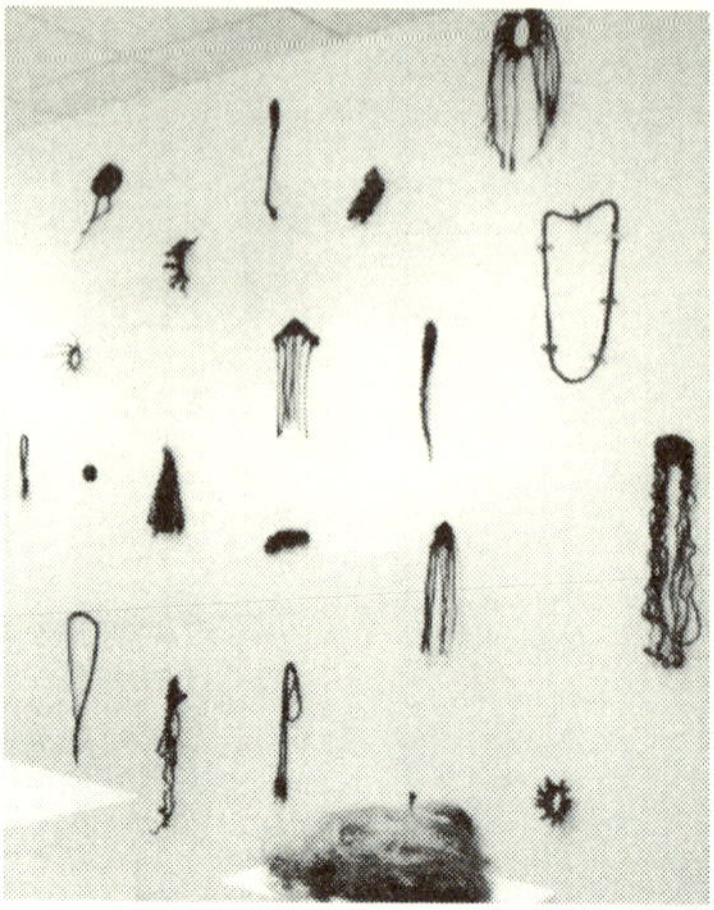
『触りたい？』

象化されていた植民地の歴史を、ロクサーナのロンドンの駅への登場、またそこでアレックの目のなかにはいっていたゴミを取り除くというエピソードをして、切りはなされた対象から、個人的な関係を築きうる個人の出現を描いているのだといえる。[29]

　一九九三年のインスタレーション『触りたい？（Do you want to touch?）』も、この個人的な関係の出現という点において非常に興味深い作品である。展示されたのは、人間の髪の毛で造形したオブジェで、奇妙なかたちをした、なんだかわからないものである。髪という身体の一部でつくられた、普遍的な解釈を拒絶する形態をした非常に個人的な物体を、博物館で資料展示に用いるような什器におさめ並べてある光景は、啓蒙期の知識の体系として民俗学博物館や人類学博物館が、コロニアル的他者を展示したようすを皮肉りまた徹底的に拒絶しているようにみえる。つまりそれは、個人的な範疇がMan的な歴史の普遍性に組み入れられることに対する問いかけである。さらに、「触りたい？」と問われた際に、観客のそれぞれがどのような反応をするのかが興味深い。すでに見たように、ポストコロニアル的個人の出現にはその個人間に相互的な承認／認識が交わされなければならず、そこには一方的に対象化されるものから共通のマトリクスに存在するものへとのシフトが必要となるが、それは「触る」という触覚の運動によって達成される。しかしその一方で、美術作品に対しては、それを触ってはいけないもの、そのままのかたちでとどめておかなければいけないものという知識が、作品との実際の遭遇にさきだって存在するために、「触りたい？」と問われてもすぐさまそこに触覚の関係が成立しないという状況もある。[30] この状況は非常にコロニアル的であり、するとボイスのインスタレーションは、個人がみずからの個人的な時間軸を作品とのあいだに確立させていかなければこの状況を脱することはできないという警告を発する作品だと理解できる。

　以上、ボイスの作品をはやあしで検討したが、これらに共通してみられたのはMan的な主体とそれがみずからと切りはなし観察する対象との分裂を、あるいはこの主体と対象との別離を当然のものとする視覚的な世界観を乗りこえていこうとする試みである。ボイスが指摘し、またそこからの脱出を示唆する伝統はしばしば、歴史と視覚というふたつの概念にまつわるものであったが、それぞれを個人的な時間軸、あるいは経験と触覚という概念に塗り替えようとすることで、そこにwo-man的な出現のみぶりを露呈しようとしたのだといえる。[31]

4　まとめ

Our history is each other. That is our only guide. One thing is absolutely certain: once can repudiate, or despise, no one's history without repudiating or despising one's own.[32]

なされなければならないのは、すると、個人的な時間の奪回である。コロニアル的世界観により、主体は対象とのあいだにバーバが「コロニアル的時間差」と呼ぶ、乗りこえの不可能な差異を設置し、それによってさまざまな「普遍的な」主体が、互いとの個人的な関係を保つことができないままManの歴史に巻きこまれるという状況が生じていた。しかしマクマリイやエッティンゲーが指摘するように、個人はそれぞれまったくの個人として生まれるのではなく、つねに自分ではない個人との関係においてその存在を可能にされているのであり、「非-私」との関係を絶つことはそのまま「私」を破滅させることにつながるのである。

　この個人的な時間の取り戻しは、いわば歴史（History）から特定の物語（this story）への移行として語ることができるが、この特定の物語はそれぞれの「私」がそれぞれの「非-私」とのあいだに相互的な承認／認知をもちえてこそはじめて出現するものであり、したがってそこには「私」と「非-私」との直接的な関係つまり個人的な関係が必要となる。[33]こうした関係の担い手としてのwo-manは、みずからの範疇を固定することを拒むため、啓蒙的Manのように確固とした定義をもった主体と比べて理解されにくいという困難があるかもしれない。しかしその一方で、ある範疇に対してそれをある特定の性質をもったものとして理解できるとする考え方そのものがコロニアリズムの暴力のさいたるものだったのであり、これに抵抗する手段としては範疇の流動性は不可欠なものだといえる。

　視覚芸術の分野においては、この流動性はそれが前提とする視覚という媒体にたいして抵抗することになる。ボイスのみぶりは視覚がもつ主体と対象とを分断させる作用に介入し、そこに観客と作品が主体と対象としてではなく、個人的な物語の担い手として、あらたな時間軸をうみだすことを促すみぶりである。こうしたみぶりを前に、ポストコロニアルを生きようとするわたしたちは、またわたしたちのなかのそれぞれの「私」たちは、「非-私」とのあいだに存在するさまざまな時間軸を肯定的に認識し、それぞれを「私」と「非-私」との関係において位置づけていく責任をもっているのである。「私」はつねに、主体としての自己のみで完成するManではなく、「非-私」との関係において存在が可能になるwo-manなのである。

注

1 Elisabeth Grosz, 'Judaism and Exile: The Ethics of Otherness', *New Foundations*, 12 (1990), 77-88, 80.

2 Lily Markiewicz, *The Price of Words*, (London:Book Works, 1992), unpagianated.

3 Frantz Fanon, 'Conclusion', *Les damnes de la terre* (1961), (Paris: Éditions Gallimard, 1991), 369-376.

4 わたしがこれらの語、あるいはこれらの語が意味する対象がヨーロッパ近代の創造物であるというとき、これはかならずしもそれぞれの語の日本語における訳にあてはまることではない。しかしここに、透明な翻訳（trans-parent translation）があたかも可能であるような態度がみられることは別の次元で検討する必要がある問題であろう。

5 Gayatri Chakravorty Spivak, 'Can the Subaltern Speak?', in Carry Nelson and Larence Grossberg (eds.), *Marxism and the Interpretation of Culture*, (Urbana:University of Illinois Press, 1988).なお、このエッセイは一九八五年に'Can the Subaltern Speak?Speculations on Widow Sacrifice'の題で発表された後、さまざまな加筆や書きなおしを経ているが、一九八八年の版がもっとも影響力があるとされている。

6 See Fanon, 'Le Negre et la reconnaissance', *Peau noire, masques blancs*（1952）, (Paris: Éditions du seuil, 1971), 170-180.

7 ジョン・マクマリイのかずかずの著作のなかでポスト啓蒙主義の個人を考えるうえでもっとも重要である二冊の講義録と、フランツ・ファノンの著書のうち抵抗する個人の闘争に関連してもっとも読まれている二編が、一九五二年から一九六一年という短い時間のなかでまさに同時代の書物として書かれていたことは興味深い。John Macmurray, *The Self as Agent* (1953), (London:Farber and Farber, 1995), Macmurray, *Persons in Relation* (1954), (London:Farber and Farber, 1995), Fanon, *Peau noire, masques blancs*, Fanon, *Les damnés de la Terre*.

8 Joseph Conrad, *Heart of Darkness* (1902), (London:Penguin Books, 2000), 28.

9 アメリカ合衆国建国、またとくにアメリカ独立宣言の前未来（futur anterieur）性については、Jacques Derrida, 'Declaration d'Independance', *Otobiographies: L'enseignement de Nietzche et la politique du nom propre*, (Paris:Galilee, 1984)参照。またデリダの独立宣言の読解に関する注釈としてはRichard Beardsworth, 'Aporia of Time, Aporia of Law: Heidegger, Levinas, Derrida', *Derrida & the political*, (London and New York:Routledge, 1998)が優れている。

10 ヨーロッパ的啓蒙主義が経済的側面において資本主義を完成させたことを考えると、二〇世紀はじめのソヴィエトがアメリカの啓蒙主義的理想主義を批判した姿勢は、ポスト啓蒙主義のひとつの可能性を示していたともいえる。たとえばトロツキーが協調主義と呼んで警戒を促した、アメリカが「全人類の理想」を掲げてヨーロッパの自治に介入し、みずからの経済的利益へと発展させるさまは、二一世紀初頭の世界状況と重ねても考察に値する。つまり、アメリカは建国当初に啓蒙的国家としてのみずからの終着点を定めていたために、それを脱することができないのであるが、これまで培ってきた経済力や軍事力がその啓蒙主義を正当化し続けているのだといえる。トロツキーのアメリカ批判については、たとえばトロツキー『ヨーロッパとアメリカ』（大屋史郎・西島栄ほか訳）、柘植書房、一九九二年を参照のこと。

11 See Robert J.C. Young, *Colonial Desire: Hybridity in Theory, Culture and Race*, (London and New York;Routledge, 1995).

12 この有名な一節を、コロニアル状態におけるManと非-Manの関係を象徴的に示したものだとすることについては、この遭遇の場や時代を指摘して、それがかならずしも植民地主義の中心的場所・時間ではないので適切ではないという批評もある。しかし、これからManとして成長していくであろう、またそのことについて何の疑問ももちえない、Manとしての白人の子供と、Manとして教育されていくのが好ましいとされつつも、その教育がみずからの存在を否定するものであるゆえに、自己疑問やがては自己疑問におちいる非-Manとしての黒人の男性のあいだの、関係性の不可能さを詳細に記述している例としては、ファノンのこの一節は抜きんでて正確であり、それゆえ象徴的であるといえる。Fanon, Peau noire, masques blancs, 90.

13　コロニアリズムにおいて、対象とされる非-Manに関するあらゆることが前未来的に決められている状況については、ガーデナ香子「フランツ・ファノン論のためのメモランダム——ファノン的時間、視覚の暴力、続く闘争」を参照。非-Manにはしたがって時間の概念が成立せず、時間の規則の対象となるManとのあいだに、ホミ・バーバがいうところの「コロニアル的時間差」が生じるのである。

14　See Fanon, 'Le Noir et le langue', *Peau noire, masques blancs*, 15-34.

15　ブルジョア啓蒙主義は失敗したと宣言するハンス・マイヤーの記述する女性、同性愛者、ユダヤ人などのアウトサイダーの多くも、みずからに精神分裂をきたすかたちで破滅を強いられる。ここにも支配的啓蒙主義の暴力性をみることができる。ハンス・マイヤー『アウトサイダー——近代ヨーロッパの光と影』(宇京早苗訳)、講談社、一九九七年参照。

16　Joseph Conrad, *Heart of Darkness*.

17　人種の差と書いたが、人種という概念そのものが啓蒙主義的ヨーロッパ理想主義の創造物であることは比較的よく論じられている。raceの語は長い間、おもに文学作品の記述の種類という意味で用いられていた。これが、ある特定の人類に生物学的特徴による確立された差異があるという前提のもと、その特徴によって分類される人類の種類という意味ではじめて用いられたのは一八世紀に入ってからのことであった。

18　Fernando Pessoa, 'I am the escaped one', *Poemas Ingleses* (1921), (Lisbon:Imprensa Nacional - Casa da Moeda, 1993).

19　ブーバーであれば、「あなた（You）」あっての「私（I）」という意味において、また「あなた」を認める「私」という意味において、汝と我のあいだには相互的依存の関係があったというかもしれないが、マクマリイの場合はこの依存の関係においてのみ個人が、その関係においてのみ定義される範疇として認識可能となるという意味において、その依存の関係が成立する以前の状態、つまり、「あなた」が「あなた」として「私」に依存し、また「私」が私」として「あなた」に依存する状態は想定されえない。この意味においてマクマリイはブーバーを引き受けることを拒むのである。

20　Macmurray, *Persons in Ralation*, 105.

21　ibid., 74-75.

22　ブラカ・リキテンベルク・エッティンゲーの理論については、Bracha Lichtenberg Ettinger, 'Metramorphic Borderlinks and Matrixial Borderspace', in John C. Welchman (ed.), *Rethinking Borders*, (London:Macmillan, 1998), 125-159, *The Matrixial Gaze*, (Leeds:Feminist Arts and Histories Network, 1995) ほか参照。また、ここで非-私というものは、自己に対する他者とは別の概念として捉えられるべきであるが、これについてはガーデナ香子「wo-manについて——ブラカ・リキテンベルク・エッティンゲーを入り口に」『Résonances』2号、二〇〇四年も参照されたい。

23 Lichtenberg Ettinger, 'Metramorphic Borderlinks and Matrixial Borderspace', 125.

24 ibid.

25 Grace Nichols, 'Of Course When They Ask for Poems About the 'Realities' of Black Women', on-line text, http://www.englishresources.co.uk/workunits/ alevel/poetry/contblkwomen/grace.html.

26 とくにイギリスでBlackというとき、それはアジア系住民を含む、白人でない人という意味であり、日本語でいう黒人とはかならずしも同義ではない。たとえば後述のパキスタン系美術家ラシード・アラエーンはブラックであるが黒人としては捉えられないだろう。

27 筆者とソニア・ボイスとのあいだで二〇〇二年六月に交わされた会話より。

28 Sonia Boyce, 'Proposal for 4 Tablecloths', unpublished report, 1991.

29 ロクサーナは、目にゴミが入っていたがために彼女を見ることができなかったアレックに対し、ゴミを取りのぞくということによってその視覚を調整し、みずからをアレックの視覚する世界に登場させた。ここにおいて、コロニアル的Manが対象を一方的に視覚していたのを、ポストコロニアル的wo-manがその対象化の道具である視覚に介入して、個人的な関係を引きだしたのだといえる。

30 とくに美術館という場において、たとえ作品を制作した作家が作品をとおして観客とのあいだに直接的で個人的な関係を生みだしたいと希望した場合でも、美術館あるいは展覧会という制度において（作品の所蔵家と美術館とのあいだの賃貸契約や美術品保険の条件、また美術品に関して「ひとつしかないオリジナル作品」が不変であるべきものとして扱われる伝統がいまだ存在することなどの理由により）それが不可能である場合が多くある。これはポストコロニアル美術が抱える大きな課題である。関連して、Kyoko Gardiner, "Doing 'contemporary' art", conference Crossroads in Cultural Studies, 2004など参照されたい。

31 視覚という感覚のもつ啓蒙主義的、またコロニアル的暴力性については Michael Gardiner, 'Endless Enlightenment: Eye-Operated Technology and the Political Economy of Vision', *Reconstruction*, 4-1(2004)が詳しい。また、視覚を介した時間軸の暴力性については Paul Virillio, *The Vision Machine*, (Bloomington, IN.:Indiana University Press, 1994)の論考が興味深い。

32 James Baldwin, *Just Above My Head* (1979), (London:Penguin, 1994), 512.

33 歴史すなわちHistoryをHis storyと読んで、そこにHer storyを介在させるというフェミニズムの読解が多くなされてきたが、私は男性と線対称的に存在する女性についての物語ではなく、非-個人的な歴史に対する個人的な関係にまつわる個人的な物語を意図して、Historyからthis storyへの脱出を訴えたい。

セッション5——小笠原博毅

日本的なものの表象

「日本」という記号が作り出すものはなにか。オリエンタリズムの使い古されたレパートリーを数え上げれば、それは力なき他者、エキゾティックなフェティッシュ、飼いならされかつ保護されなければいけない対象であろう。それに対して、これらは作り上げられたイメージであるにすぎないという反論がある。ひとつに、これらは日本の「現実」ではなくあくまでも都合よく作られた想像の虚構であるという反論。これをさらにラディカルに推し進め、どちらにしてもこうした「日本」は西欧と日本との関係や日本自体から発信された情報・イメージによって「社会的に構築」されたものだという批判もなりたつだろう。歴史と文化の領域で語られるいろいろなカテゴリーは「構築物」である、と。国民、人種、アイデンティティしかり。伝統にいたっては構築どころか「捏造」だ。こうした視点はおそらく、圧倒的に正しい。すべてがはじめから決まっているならば、文化の動態（ダイナミズム）を研究する意味などなくなってしまうからだ。

　しかし、である。「構築」の後に／跡に／痕に何が来るのか、今のところあまりよくわかっていないのではないだろうか。「構築」されたらそれはどうなるのだろう。「構築」したのだから「解体」もできるのだという主張がある。なるほど。でも「構築」というのはそんなに簡単にできたり壊されたりするものなのだろうか。もう少し「構築」に敬意を払いつつ、その複雑さを検証してみることはできないだろうか。

　ヨシダアヤコはオリエンタリズムが想起させるエキゾティック・ジャパンはすでに許容性を失っているという。そうではなくジャパン、もしくはメイド・イン・ジャパンは現代のロンドンのポップ・カルチャー・シーンにおいて「クール」なもの、一歩先を行くファッション・アイコンと化している。回転寿司レストランやビールの広告やCM、Tシャツなどの若者ストリート・ファッションには「日本」を想起させる視覚装置が溢れているが、それらは単に伝統的日本イメージをずらしているだけでなく、そのイメージを受信して消費する都市高所得層（ヤッピー）の生活スタイルに日常的に物質化されている。彼ら・彼女らはそのとおりに生活しているのだ。いってみれば、「それは本当の日本かどうか」は関係なく生活文化の一部になっているということだ。権力関係の両端に置かれる自己と他者の単純な二項対立では捉えきれない表象のメカニズムの一端が読み取れるだろう。

　エズレマリカの報告は、一九二〇年代に神経症に関する日本の伝統的な民間療法を体系化して出発した森田療法が中国、韓国、アメリカ、オーストラリア、ヨーロッパの一部にまで広まった理由は、森田療法が日本の社会関係の特色を重視した対人療法を取り入れていたにもかかわらず、日本に限定されず受容されるような療法自体の柔軟性にあるということの論証である。現代の神経症へのセラピーは多種多様であるが、森田療法は時代と地域的な特徴に順応しながら患者の信頼を獲得し、それぞれの国や地域の中で個別の文脈で展開されてきた。神経症治療の実践的な有効性と「日本発」という表象のレヴェルでの折衝との緊張関係が実証的に描き出されている。

　ともに映像資料などを駆使したカラフルなプレゼンテーションであり、報告者の興味関心と論点がはっきり打ち出されていた。ディスカッションでは新しいイメージ・ポリティクスが近代的なオリエンタリズムへと退行的に回収される危険性、エスノグラフィーの記述対象との批判的距離の問題、「日本」商標とでも呼べるものの台頭等、現代文化版ジャポニズムとかジャパノロジーの領域では捉えきれないほどの方法論的、理論的論点が提出された。ポスト「構築」に向けて強力な答えを出せなかったけれども、これは社会学なのか人類学なのかといった意味のないディシプリン談義が一切出なかったことは、オーディエンスが「カルチュラル・タイフーン」の目的を理解して参加していたことの証だろう。会場に共有されていたポスト人類学的文化理解に向けての意欲は、両報告者にとってもそれぞれのテーマをさらに展開していく刺激になったはずである。なお本セッションの報告とディスカッションは英語で行われた。

11

レッド・アイ・ラプソディー――ミッシェル・ド・セルトーのヘテロロジー論によせて

田中東子

異質なものへの転形――少女・祈り・亜種

地球人にその姿を偽装しながらその少女は、火星――赤い砂の星に恋焦がれ夜空を見上げる。その赤い星こそが彼女の故郷であり、「帰るべき彼岸」であるからだ。しかし、もの心ついたときから住んでいる「存在せざるを得ない此岸」の規則と慣習によっても、彼女の身体は形作られている。つまり、境界線のあちらとこちらの入り混じった状態、ハイブリッドな状態として彼女は登場する。

わたしの目は赤い　わたしの髪は白い　わたしはこれをかくし続ける
でもいつか…！　いつか！　わたしは
わたしがわたしでいられる国へ行ってやる　かならず！
そこではわたしは　黒いコンタクトをもうはめない

まゆも髪もまつげも黒く染めない
（萩尾望都『スター・レッド(1)』[1980] 小学館、29.）

地球が火星を植民地にしている二四世紀の未来を舞台にしたこの少女マンガの物語は、被植民惑星である火星で生まれたにもかかわらず、こっそりと地球に連れてこられ地球人として偽りながら育てられた火星人の少女〈レッド・星《セイ》〉を主人公に据えている。彼女は毛髪や瞳の色を人工的に変えながら、火星人らしさをすっかり隠して生活している。

しかし、火星人とは誰のことなのか。

物語の中では次のように説明されている。地球による火星植民の初期、火星では生殖活動＝再生産が首尾よく行われないという事実が明らかにされる（「生殖活動の困難さ」は、萩尾望都によって描かれる主要なテーマの一つである）。そこで地球側は流刑の地として火星を活用し、脳波を受けてパルスを送るプレートを脳に埋め込まれた政治犯や終身刑者たちを送り込む。数十年のうちに罪人たちは死に絶え、プレートの反応も消え、地球側はそのまま火星という星を忘れ去ってしまう。

百年余りが経って、火星を思い出した地球側が数百名の科学者たちをその星に送り込んでみると、完全に火星という地に適応したかつての地球人の子孫たちが、密やかにその地で生命を繫いでいた。地球人たちが知らなかった、唯一受胎が可能となる〈クリュセ〉という場所が火星にはあり、彼／彼女たちはその場所を中心に何世代にも渡って生存し続けていたのだ。けれどもその姿や生命体としての能力は、少しずつ地球人とは異質なものに変わってしまっていた。地球側の科学者たちは火星人の子供を捉えて生体実験を行い、それに対して火星側は報復攻撃を仕掛け、両者の間に戦争が始まる。その戦争のさなか、小さな〈レッド・星〉は地球人に救われて、こっそりと地球で育てられる。

わたしたちは、物語から引き出してきたエピソードを、分析されるべき対象としてのみ扱うべきではない。カルチュラル・スタディーズが文化や文化空間での諸実践に言及するとき、むしろ分析のためのツールとしてそれを認識してきたのではなかったか。文化や文化空間での諸実践は、停滞しがちなわたしたちの思考を活性化し、認識の幅を広げ、思いもよらない着眼点を与えてくれる。何か大文字の理論を持ってきて現象を分析する、もしくは「現場」と称される場所を科学的に区切って——さらには区切るという科学的な手続きを忘却した上で——そこで可視化されているとされる現象を記述する。そのどちらでもない方法への突破口を、文化空間のガジェットたちが比喩的に示してくれているようだ。

抑圧されたものの一時的な回帰の場としての文化空間。抑圧されたものの物質的な残滓が一時的に書き込まれる場としての物語。そうした空間での実践には、確かに実証可能な部分もあるのかもしれないが、それを表現するのに適った文体をわたしたちはまだ獲得できてはいないように思う。果たしてアカデミックなスタイルとしての論文のような形式で、文化空間に充満する愛と憎しみのスペクトルを描ききることができるのだろうか。「描ききれる」と断言するだけの自信が、わたしにはない。

文化について真面目に考えてみること。理論でそれを読むのではなく、むしろそこでの営みを通じて理論を解読するということ。文化的実践と理論をつき合わせながらパフォーマティヴに思考すること。こうしたことを、愛するガジェットたちを胸に抱きしめながら真剣に行うための方法を、わたしたちはどこに見つけることができるのだろうか。

流通している空間的な規模でいえば、わたしがここで取り上げている物語は恐らく「ポピュラーな」カルチャーですらない。まさに、「下位＝サブ」カルチャーとしてしか表現できないような小さな文化空間の中に位置づけられるようなものである。長い間、私的な場で少女たちに読み継がれてきた物語。その想像的実践の円環はしかし、口承を通じた彼女たちのやり取りと追憶の中に、見え隠れしている。そうしたサブカルチャーを構成する物語、概念、ことば、イメージ、形象といったものは、当然その外部の文化や実践と入り混じりながら生成しているので、時にはそうした外部との共通点を持っている。男性中心的視点や社会通念やヘテロセクシュアリズムなどにそれらが貫かれていないなどとは決して言えない。そうしたことを指摘することは必要だし、別の論稿ですでに何度か試みてもいる。だからといって、サブカルチャーを論じるときに、「政治的なもの」を無理やり読む込む必要もないだろう。それについて語るだけで、すでに心理的圧迫が発生せざるを得ないような、そうした秘密の文化的営みこそがサブカルチャーに浸るということであるならば、それを行い、表現し、語るということ自体が、すでに支配的な文化空間との折衝であるからだ。つまり、サブカルチャーには、種別的な煌めきのようなものがあり、今回わたしはその個別のものにだけ触れながら、何を考えてみることができるのかを試してみたい。

　一九七〇年代末に萩尾望都が生み出したキャラクターたちは、凡庸な政治学や社会学より遥かに早く、そして精確に、同時代的・世界的な社会現象をすくいだしている。『スター・レッド』という作品に登場する形象は、難民、故郷喪失者、移住者、テロリスト、次世代移民といった姿を模っている。この作品は、数多ある他の火星奇譚のように、自分たちとは完全に切断された絶対的な「無限の他者」たちが侵略してくるという設定を取っていない点にその特徴がある。主人公の少女は、異形のエーリアンではなく、わたしたちの社会の内部にも潜んでいる、ひとつのヴァリアントとして描かれる。起源は地球に地球にあっ**たのかもしれない**が、にもかかわらず「火星人」という異なる名称で呼ばれる対象として。そして、「男」ではなく「少女」として。定住者ではなく移民の第五世代目として。

　『スター・レッド』は、「地球人」が**いつの間にか**「火星人」になってしまう過程、すなわち、あるものが時間と空間の変容のさなか、**知らず知らずのうちに**別の何かに転形してしまう過程を表現しようとした物語だといえる。「表現しようとした」と書くのは、この転形が、まさに「いつの間にか」、「知らず知らずのうちに」、こっそりと行われてしまうため、その後ろ髪を捉まえるのがやっとだからである。

　物語の時間軸の中では、報復攻撃を仕掛けてきた火星人たちをほぼ殲滅した後に、再び〈クリュセ〉を占拠した地球人たちが火星への植民を再開する。しかし、〈クリュセ〉の病院で生まれる地球人の子供たちは、地球人には分からないが、明らかに火星人への変質を示していることに星は気づく。地球人になり損ねた者たちの転形の瞬間について、彼女は火星人の長老〈百黒老〉と言い争う。

星「クリュセでは…一世代目が…火星人となるものが生まれ

ているわ。地球時六年まえに二期移民が始まってもう十万人の子どもが火星で生まれたわ」
百黒老「もちろん　それは知っている…だが彼らは　いいか　われわれではない。彼らは火星で生まれたろうが火星人ではない。彼らは追放された者ではない。かれらは故郷　帰るべき星を持っている。彼らはちがう」（萩尾 1980:175.）

この知らぬ間に行われてしまう転形の物語は、アイデンティティの政治や、ハイブリッドといった言葉について考えてみるための重要なヒントになるのではないか。ミッシェル・ド・セルトーは、『日常的実践のポイエティーク』（[1987]国文社、山田登世子訳）の中で、何かがそこに在るということは、「なにか別**のものに移行するありかた**を通してしか実現されえない」（231）と述べている。このことは、実践の、そしてその結果生じる信仰のよりどころとされるものが、時間の経過の中でしだいしだいに風化／異質化していくのだということを示しているのではなかったか。だが、風化／異質化するということはどういうことなのか。それを理解するために、簡単な補助線を引いてみる必要があるだろう。

インディオたちは、押し付けられた儀礼行為や法や表象に従い、時にはすすんでそれをうけいれながら、征服者がねらっていたものとは別のものをつくりだしていた。（セルトー 1987:14.）

カクレキリシタンとは、キリシタン時代にキリスト教に改宗した者の子孫である。一八七三年禁教令が解かれ、信仰の自由が認められた後もカトリックとは一線を画し、潜伏時代より伝承されてきた信仰形態を組織下にあって維持し続けている人々を指す。オラショや儀礼などに多分にキリシタン的要素を留めているが、長年月にわたる指導者不在のもと、日本の民俗信仰と深く結びつき……（宮崎賢太郎[2001]『カクレキリシタン』長崎新聞新書、21.）

これらの補助線はともに信仰の変容に関するものである。だが、信仰の変容を引き起こすのは実践の変質であると、そして、実践の反復の結果のように見えるものとしてしか信仰が現れることはないのだと、七〇年代に活躍した実践の理論家、そして唯物論者たちは述べてはいなかったか。確かに、萩尾作品の中で表現されているのは、身体の変容であるかもしれない。しかし、難民、故郷喪失者、次世代移民……といった移動しながら変質し続ける社会集団を、本質主義的にではない地点から考察するには、むしろ、キリスト教の受容と変質のような、慣習的実践と文化に関わる事例によって補助線を引いてみるほうが、効果的なのではないだろうか。

慣習的実践の反復のプロセスの渦中において、目的の消失点ともいえるような瞬間が必ず訪れている。目的の逸失点、もしくは意味づけの変形点とも言いうるような瞬間である。身体的なパフォーマンスによる伝承、そして書記的な手段による伝達であったとしても、それらは継承されるべきだとされている「何か」を常に逸失している。押し付けられた文化や慣習であろうとも、自発的に再生産している文化や慣習であろうとも、そうした逸失や変形の地点は必ず到来する。それは、抑圧や迫害を逃れるといった目的や、何か大文字の権威の命令に応ずるためでもなく、むしろエージェントとエージェンシーの諸効果――その場その場での、小さなエージェントとの折衝の過程で生じる結果によって起こる地点である。

こうしたことを、前述したカクレキリシタンの信徒たちの姿を記述している宮崎は、このように描いている。

> 何を隠しているのか、何のために隠しているのか。それは彼らもよくはわからない。（中略）何を隠しているのかということは問題ではない。何かを隠しているという**秘密性そのこと自体**に意味があるのだ。（宮崎 2001:26.〔強調筆者〕）

物語――萩尾の物語、そして物語一般を通じて、ハイブリッドなものが生成される変質のプロセスそれ自体がこと細かに語られることは滅多にない。変質過程は隠蔽されている。そして、その隠蔽の痕跡を、わたしたちは別の作品の中にも見つけることができる。たとえば、「花の娘／チェザ」と名づけられた赤い瞳の少女が登場する、『ウルフズレイン』という作品がある。またしても、赤い瞳の少女である。この作品における「〈楽園〉を目指す狼（男）たち」という中心的なあらすじは、『旧約聖書』の中の「出エジプト」のエピソードを想起させ考察の対象として面白いが、論点がずれるのでここでは指摘するに留めておく。

「花の娘」は、狼たちの道標、〈楽園〉への手がかりとして植物から人造的に創り出された亜人間であることが、物語の中で説明される。「花の娘」は、サブカルチャー空間の中でこの二〇年余りの間、少女たちに宛てて描かれた数々の作品に出てきた異形のものの形象を、「引用」しながら紡ぎだされてもいる。赤い瞳、光合成する身体、細い手足、風と戯れるその身のこなし。これらのコードは、わたしたちの中に潜むさまざまな追憶を蘇らせ、かつての読み手が作り手に変わるときに、こっそりと秘密の「引用」が行われていることを暗示している。

さらに重要な点は、「花の娘／チェザ」が、同種の生命体の失敗作として設定されている「花の娘／ゴースト」と邂逅した、物語途中のエピソードに隠されている。そこで鑑賞者は、人間でもなく植物でもなく、しかし人間的であり植物的でもある「花の娘」の生成過程において、多くの失敗作の屍が積み上げられていたことを知らされる。完成品だと思われていたハイブリッドな「花の娘／チェザ」は、かくして無数の失敗作の影につきまとわれることになる。

秘密の製造過程——時間と空間の入れ替え

ハイブリッドなものや異形のもの——「ハーフ」、「混血」、「亜人間」、「怪物」などとカテゴライズされるもの——は、サブカルチャー空間の中で紡がれる物語に数多く登場する。しかも、それらの形象は、物語の中で常に失敗作であるとみなされる。〈レッド・星〉も、火星人を排斥しようとする人々によって、「人間の退化」、「モンスター」だと言われている。「花の娘」にも、その生成過程において沢山の失敗作——なり損ない——が生産されていたことが、暗示されている。それにしても、ハイブリッドなものはなぜ「失敗した生産物」として表象されるのだろうか。そして、このような失敗作という表象が意味しているものは何であるのか。

アイデンティティの政治が語られるとき、頻繁に持ち出されるロジックがある。それは、成功したもの、同一的なるもの、といった生産物が創り出されれば出されるだけ、その外部、周縁、混淆物、異質なものが増産されるという説明だ。成功したものが存在するためには、失敗したものも同時に存在しなければならない。ヴァリアント＝異本の存在の向こう側にようやく、原本の存在を透かし見することが可能になる。あたかもそれは、パロディ化がなされればなされるだけ、そのオリジナルとされる物語に権威が付与されていくかのように。

つまり、成功したもの、同一的なるものが自己存在を証明するためには、失敗したもの、混淆物などが引き合いに出されなければならない。だから、ハイブリッドなものはすべて、まるで失敗作であるかのように表象されることによって、社会空間はいかにも同質的であるかのように構成されていく。そのような構成がなされていくときに、実はあるトリックが行われていることを、上で見たような物語に登場するハイブリッドな形象は示している。それは、「秘密の製造過程」としか言いようのないトリックである。

「秘密の製造過程」は、時間的変形過程（差異の反復的プロセスの中で異質性を生成する時間）を空間的距離（アイデンティティや表象の区別・種別性）に変換するブラックボックスのようなものとして考えることができる。冒頭の引用の中で、〈レッド・星〉の身体は地球と火星との空間的距離に引き裂かれていたが、彼女の生の軌跡＝移動こそが、異質性を生成する時間とハイブリッドなアイデンティティとの関係を暗示していたのではないだろうか。軌跡というカテゴリーは、「空間のなかでの時間的な動きを、すなわち移動してゆく点の通時的継起のまとまりを示せる」（1987:99）概念なのだと言うときに、セルトーはまさに生の軌跡としての実践と、時間・空間という構造との関係を考えようとしていたのかもしれない。

「秘密の製造過程」においては、時間的変形過程のある地点で異質性が偶発的に派生し、その地点を仮の出発点として、差異の社会的要素が構築されていく時間軸が出現している。このような派生の地点は、決して「起源」と呼ばれるようなものではなく、あくまでも偶発的な派生ポイントでしかない。だが、こうした時間軸の出現とその結果形成される空間的配置――すべてがすべてに対して異質性を示すハイブリッドな空間――は通常、隠蔽され、その因果関係は転倒される。つまり、「所与の」、「既にある（とされている）」、「相同者（sameness）からのみ成り立っている」空間的距離を出発点にし、そこから遡ることで成立するような時間的変形過程を直線的・因果律的に知覚することによって、人種差別や性差別の言説が有効性を持つようになる。

このように、わたしたちが歴史について語るときに、所与のものとされているような空間的距離から出発して、時間的変形過程を遡及的に再構成することで、様々な差異の本質性・生来性が正当化されてしまう。そこでは相同者という均質的な主体を中心に、他者の存在を虚構として排除しながら歴史が再構成されている。他者は、相同者を保証するための外部としてしか、意味づけられないことになる。要するに、布置関係の中にある様々な社会的差異を、「古風なもの」、「失敗したもの」、「異質なもの」として意味づけながら、時間的な尺度（進化論的な配置）の中に定位するような身振りを、こうした時間概念は示してしまっている。このとき、時間と空間の関係は、「時間を制御可能な空間に変える」（1987:193）とセルトーが述べているような、秘密の入れ替えのもとで、不気味なもの・異形のものを排除した制御可能なものとして編制されている。

ここでわたしが考えようとしていることは、歴史／物語が紙一重で逸れていく時の、時間感覚の変質と、その結果生成する相同者と他者の区分についてである。けれども、いま述べていることは、一九八〇年代初頭にいち早くセルトーを紹介していた山口昌男のテクスト（『知の遠近法』［1978］、『文化の詩学Ⅰ』［1983］ともに岩波書店）の中で、すでに書かれていたのかもしれない。たとえば、次のようなフレーズに出会うようなときに。

一つの文化の歴史のなかに他者の出現の瞬間を捉えるのは容易な業ではない。他者は因果律の網の目にはなかなかかからないからである。こと他者の問題に関する限り、現在と過去の対応を、直線的時間と因果律によって結びつけようとする怠惰な思考は殆ど無力に等しい。過去を、その埋もれた相において、他者という匿れた現在と架橋できるのは、アナロジーという技術を駆使する歴史的想像力である。（山口 1983:57.）

このように、ハイブリッドなものの製造過程と、その製造過程が示す変質の時間を隠蔽しながら、それらを「失敗」、「なり損ない」、「異質なもの」として意味づけ、同質的なものから排除しようとする身振りは、他者の問題へとわたしたちを導く。逆説的には、他者こそが、「過去を現在に結びつける（蘇らせる）数少ない手がかりのひとつ」（山口 1983:57）であると言えるかもしれないのだ。

ここにおいて、「なぜわたしたちは歴史を必要とするのか」というセルトーの提起した問いへの解答にもっとも近づく瞬間がわたしたちのもとに到来する。セルトーのこの問いは、ハイブリッドなものの製造過程が秘密にされていることと無関係ではないだろう。

セルトーにとって、歴史は常に物語と背中合わせのものとして想定されている。したがって、自身の本のタイトルを『歴史のエクリチュール（L'Ecriture de L'Histoire）』（[1996] 法政大学出版局、佐藤和生訳）と名づけたとき、そこでは、歴史を記述するスタイルと、物語を記述するスタイルの問題が二重に語られている。

それゆえ、歴史家は社会における他者の形象を、記述することによって歴史的時間軸の中に閉じ込め位置づけてしまう「悪魔祓い師」であり、歴史の中の他者は死者として弔われているのだとセルトーが書くとき、彼が同時に問題にしているのは、次のようなことである。それは、その記述の方法とスタイルを問い直すことによって、histoire（歴史／物語）の「記述家」こそが、歴史的時間軸から排除されるかその中に従属的で制御可能なものとして封じ込められた他者と、その失われた物語的時間軸を呼び覚ます「悪魔の召喚者」になる可能性を潜在的に秘めていたのではないかということである。

つまり、「秘密の製造過程」にはもうひとつ別の側面があることを、セルトーは示しているのだ。書き込みを通じて明るみに出されるべき「アプリケーション」、生産の側面。それは、セルトー的な意味での消費でもあり、ポイエティーク（poietic）な実践としての製造過程の**奪取である**。それは、秘密にされていることを逆手に取るという方法だ。プロセスが隠蔽されているからこそ、そこには空想を書き込むための余地が開かれている。

こうした文脈の中でようやく、わたしたちは彼が提起している固有の場所を持たない弱者のための「戦略」が、なぜその力を発揮することができるのかを理解するだろう。相同者へと至る歴史的な時間という直線的で因果律と結び付けられた時間の流れ――そしてそれは、異質なものを隠蔽することによって同質化された空間の連続へと変換されているのだが――の中に、異質なもの、異形の他者、ハイブリッドな契機を一瞬回帰させるからこそ、弱者の「戦略」は固有の場所を持たないにもかかわらずその力をふるいながら、固有の場所を占めていてヘゲモニーを行使できる強者に、「ぎゃふん」と言わせることができるのだ。

このようなポイエティークな振る舞いによって、先ほどとは異なる時間感覚が出現する。それは、「よそからやってきて、ある空間状態から次の空間状態への移行を生じさせる異者」(1987:186)、つまり侵入者としての時間である。それこそが、社会空間の中で他者として、ハイブリッドなものとして、失敗作として定位されてしまったものたちの歴史／製造過程の痕跡を想像的に回復するために必要な、物語の時間として考えられるようなものである。

物語の可能性はそのような想像的な時間の回復にある。サブカルチャーのスタイルの強度も、異質な時間の回復という潜在的可能性にこそ賭けられている。そして物語の輻湊的な筋には、「召喚者」の身振りが編み込まれている。物語る人々は、あたかもセルトーが語る「悪魔憑き女」や「悪魔の召喚者」たちのように、隠蔽された他者を揺り起こし、呼び覚ます可能性を秘めている。山口が早い時期に、歴史／物語に携わる人々は、「邪霊を鎮めるばかりでなく」、「邪魔を喚起する、降霊術の役割を果たさなくてはならなくなる」（1978:262）と予見していたように。

ヘテロロジーの方へ

イアン・ブキャナンによるセルトー論（"Michel de Certeau: Cultural Theorist" [2000]Sage）のある章は、「ヘテロロジー、もしくは我々が決して読むことのない本」と題されている。その章でブキャナンが扱おうとしているのは、「ヘテロロジー（heterology）」という概念である。「もしくは（or）」の後ろに「我々が決して読むことのない本」と補足されていることについて、セルトーはヘテロロジーについて論じる計画を立て、生前残した文章の端々にその断片を書き記していたものの、体系的に書くことなく死んでしまったからだとブキャナンは説明する（2000:69）。

リチャード・タルディマンもまた、果たされなかったセルトーの計画を次のようにまとめている。

> ヘテロロジーは、他性の他者性（otherness）に——断じて観察者自身のシステムと言説の神秘化された効果ではないようなその能力に、十分な評価を与えることを探求する。われわれの理論と実践の両方にとって問題は、どのようにして真に異なる存在同士の間のコミュニケーションの循環、つまり真に相互的な循環を想像できるのかを理解することにある。
> （Terdiman, R.[1992] 'The Response of the Other',7.）

ブキャナンはタルディマンのこの説明に、「まさにその問題の諸条件は、ドゥルーズ的な超越論的経験主義の解決を除いては、前もってどのような解決をも無力にしてしまっている」（2000:76）ということを付け加えている。

「ヘテロロジー」、それは字義的には、非相同性、異種性、異種構造などの意味を与えられている。セルトー自身はこの言葉を、「他者の科学」（1987:316）、他者に関する言説、他者として語る他者を許容するためのエスノグラフィックな方法論のようなものとして説明している。「都市を歩く」と題された章の中で、超越論的俯瞰主義でも、経験的沿道主義でもない第三項としてセルトーが持ち出そうとするのがまさに、「ヘテロロジー」の問題なのである。そしてこの「ヘテロロジー」という言葉は、実際、ハイブリッドなものと他者、歴史の時間と物語の時間、といったここまで見てきた概念やタームについて相関的に考えてみるためのヒントを、わたしたちに与えてくれているようである。

先に述べた萩尾の作品とよくある異星人侵入の物語が違うのは、それが二つの完全に違うもの同士の接触によって第三項が生じる過程を描いているのではなく、時間的生成過程が空間的距離に変換された後の厳然たる他者としてのハイブリディティの存在が、わたしたちの眼前に差し出されていたという点である。しかし、それは、完全なる神秘化された「無限の他者」ではない（このような他者を想定してしまうと、わたしたちは、そのような他者を代理表象可能かどうかという論点に拘泥してしまう傾向にある）。なぜなら、彼／彼女たちは、なにか「**別のもの**」に移行しながら、存在しているからだ。そしてわたしたちもまた、なにか別のものに「**移行しながら**」しか、存在しえないのではなかっただろうか。

そう。そこに現れているのは、もっと境界線的な他者である。隔絶点であると同時に混交点でもあるような、橋のようなイメージとしての他者。「境界線のパラドクス」（1987:258）とセルトーが呼んだように、差異化の点は共通化の点でもあり、節合と分離は結び付けられている。それゆえ境界線は媒介者となる。境界線は第三項、中間者、つまり、第三の空間であり、相互作用と混淆、差異化と相互排除が同時に起こるような場所なのだ。

> ハイブリディティの重要性は、第三のものが発生するために必要な二つのオリジナルな瞬間を追跡できるという点にあるのではない。むしろハイブリディティとは「第三の空間」であり、それは別のポジションが出現することを可能にしている。この第三の空間はそれを構築している歴史を転移し、そして新しい権威の諸構造、新しい政治的イニシアティヴを立ち上げる（'The Third Space : interview with Homi Bhabha', 211.)

またしても「歴史の転移」、つまり時間の変質が問題になっている。歴史が物語の時間軸から分岐して相同者の時間軸を進もうとするその一瞬、静止したコマの上に落書きをするかのごとく、物語は異質なものをさしはさむ。そうした落書きのような営みこそが、サブカルチャーの効能なのであり、書かれるべきであったにもかかわらず消されてしまっていたために、わたしたちが決して読むことのなかった物語を回復していくのである。つまりそれは「虚構的」であるがゆえに、直線的で因果律的な歴史の時間によって他者が排斥される寸前の、互いが互いにとって異質な存在、「なにか別のものに移行するありかたを通してしか」存在できないような何者かの痕跡を、その場所に召喚することができるのだ。

もはや問題は、「相同性」とそれを跡付けるための歴史的な時間に基づいた、「同一性」／「差異性」という完全に切り分けられた二項によって記述されることはできない。むしろ、「相同性」を無効にするよう働きかける「異質性」、「境界侵犯」、「混淆状態」といったタームで記述されるべきだろう。わたしたちはみな、「移行のさなか」でしか存在できないのだとするなら、わたしたちの前にいるのも、絶対的な他者ではなく、有限な他者として捉えられるはずだ。そうした有限な他者は、神秘化されることなく、代替的に語ることがかろうじて可能となる他者である。

そのような他者を物語の時間に呼び込むための身振り、方法、科学——そういったものの総体を、セルトーは「ヘテロロジー」と名づけていたようである。そして、その重要な方法として、彼は「引用」という語りの実践による他者の想像的回復をあげてみせる（「声の引用」）。しかし「引用」は、「口実としての引用、権威をそなえた口承の伝統のなかから選別した遺物にもとづいて」（1987:310）解釈を生み出しテクストを生産する働きと、「**追憶としての引用**」（310）——それが引用されている空間を動揺させ、変質をもたらす働き——との二極の間を揺れ動いているのだとセルトーが言うとき、そこには「引用」が内包している両義性が示されている。そうした両義性の持つ痛みを引き受け、血まみれになりながら、それでもなお語り／語られることの重要性があるとするならば、それは、あるポジションから身を引き離し続けているわたしたちが、それにもかかわらず、「〜として」語るという位置を引き受け続けざるをえないということにある。それはまさに、自分として語ることの間に他者として語るということを折りたたみながら成立している「引用」的実践である。

「引用をつうじて他者に語らせる」という実践はセルトーが言うように両義性を持っている。けれども、「互いが互いにとって異質な存在」であるようなハイブリッドな時間を回復するために、そして「引用」という実践によって新たに出現する節合の可能性に賭けて、わたしたちは様々な技芸を用いて表現し続けている。サブカルチャー空間で物語を生み出すときにも、そしてその作法に習いながら文化を記述するときにも、わたしたちが行っているのはただ、追憶を通じた／追憶を蘇らせるような「引用」という実践なのである。

〈レッド・星〉というキャラクターの輝き。少女に仮託しながら物語に密やかに織り込まれている、小さな小さな抵抗の痕跡。誕生から四半世紀が過ぎても繰りかえし読まれわたしたちを魅了するのは、彼女の生の軌跡が持っている積極的な介入の姿勢やハイブリッド性ではないだろうか。

赤い赤い狂詩曲の煌めき、その情熱的な赤い瞳のラプソディー。

コラム3――岡原正幸

work-shopping@waseda-karada

早稲田を舞台に僕らのゼミがやったパフォーマンス。なにがなんだかわからないうちに、なにかがなにかにつながってなにかになる、そんな感じ。労働、消費、身体、ジェンダー、ジャパンをテーマにして、言語だけでは構成されないある種の「表現」を試みた。

6月25日、3日後のシンポジウムの宣伝を兼ねて、都の西北、大隈講堂前に集結。講堂入口前にテントを設置し、その周辺5メートル四方の地面に生成りの布を敷きつめる。テントの中で2人の女は白い無地のTシャツを何枚も自分のからだ全体に巻きつけ、黒のつなぎを着こんだ武蔵野美大の五人の男たちがペンキや墨汁を溶くのを待つ。スピーカーから大音量でノイズ系の音楽が流れると、男たちは描くというよりも、投げつけ、浴びせかけ、滴らせ、塗りつけ、巻きつけしながら、女たちの身を包むTシャツにペイントを施していく。はじめは身のおき場に躊躇を見せていた女たちの立ち振舞いは、白のシャツが着色されるにつれ芯が通るようになる、すると男たちは、今度は互いにペンキを塗りあい、絡みあい、転げあい、たたずむ女たちを残して、パフォーマンスは終了となる。

6月28、29日、ブースでのワークショップ。25色のTシャツから一色を選んでもらい、来場者に筆やカラースプレィで自由にペイントしてもらう、黒のTシャツを着た僕らスタッフがそのサポートをするという「感情Tシャツ・ワークショップ」。以前、「菜の花里美発見展」というアートプロジェクトにゼミで参加したとき、千葉市の郊外住宅地の空き地で住民の方々と真夏の青空のもと実施したワークショップと同じなのだが、今回の会場はこうなった。

天井から床へと吊るされた三枚の布、隣のブースとの敷居にもなったこの布は25日のライブペイントで講堂前に敷かれた汚れよけ、だから布一面には滴り落ちた絵の具の痕。ブースの構成は、四畳半。中央の枡に玉砂利を敷き詰め、その周りに四枚の畳を敷き、座布団をおく。来場者は縁側がわりのすのこの前で履物を脱ぎ、畳に正座して、半紙ならずTシャツを前に、書道のように筆をとったり、型紙を切り抜きながらスプレィして、好きな柄を無地のシャツに描きぬく。背後に流れるのは学生が作曲したオリジナル。

学術学会で素足になる快感を味わって欲しくもあった、とはいえ狙いは「ジャポニスム」を「日本人」が演じるという舞台づくり、日本的なるものの過剰な演出と再演だった。オリエンタリズムでもポストコロニアリズムでもご自由にというわけ。

できあがったシャツは乾燥も兼ねて、シンポジウム会場の通路にかけさせてもらった、作者のポラロイド近影と記名のタグをピン止めして。四種類のデザインがあるタグはTシャツを商品化するシンボルとして作成された。使用価値でもなく、交換価値でもなく、日常経験的にはタグのある無しが、モノを商品へと解釈させる契機と思われたからである。二日間で二二人、ワークショップに参加してくれた人の数である。

感情社会学とか障害学とかしながら、表現しきれない自分をかかえ、伝えることそれ自体を、伝え方をふくめて、試行錯誤している岡原が学生たちと一緒に作った三日間である。

（ブース参加）

12
可視化された国民国家と快楽のイデオロギー
――情報資本主義下における日本のナショナリズム

飯田由美子

国際資本と情報技術の鳥瞰的視点が世界を覆い尽し、その共時的時空間のモードが世界を塗り替えてしまったかの如く思われる昨今、私たちの日常生活の内実は最も身近な領域の細部にわたるまで完全に塗り替えられてしまったようにみえる。このような状況下においては、国民国家も内外の様々な可視的・不可視的な要因によって変容されており、メディアと技術が圧倒的な支配力を持つ今日の環境への「適合」を余儀なくされている。当然の事ながら、国民国家の位相の変容は、今日におけるナショナリズム――より正確には、国民が主権国家の象徴システムに関係づけられている様式――をも、これまで語られてきたものとは位相の異なるものへと変化させている。この小論では、国旗が門前になびくといった光景や可視的な国家の象徴的イコンの表象による自国への愛着やプライドの表現といった他愛のない、また一見したところ自然な感情の発露としてみられているナショナルなものへの愛着を問題として取り上げ、このような現象が今日のグローバル化された世界において持つ意味を分析する。特に関心を惹くのは、それが高度にメディア化された国民国家という共同空間へのサブ・カルチャー的な帰属を表明するに留まり、かつてのナショナリズムのように自己と国民国家との同一性を志向していない点である。例えば、今日のメディア空間で表象される国旗や国民国家の文化的象徴としてのヴィジュアルなイコンは、それらにまつわる過去の歴史的背景や政治的含蓄を無化する脱意味化された記号として流通している。ここでは、日の丸という日本国家の象徴は戦争の記憶やアジアの植民地化といった歴史的事実から解放され、人々は責任を問われることなく楽天的な気分で、快楽を伴った形でそれを享受することができる。私は以下の議論で、このような脱政治化・脱歴史化された社会空間で効果を発揮するポスト・イデオロギーとも形容されるべき反イデオロギー的国家イデオロギー、つまりナショナルなイコンを視覚的に消費し感情的満足・

快楽を享受することによって働くフェティッシュとしてのイデオロギーに着目する。このような新しいナショナリズム現象においてナショナルなイコンが持つ意味、さらにメディア化された社会空間における視覚や視覚性（ヴィジュアリティ）の果す役割は、ことさら注意深い分析に値する。

以下の議論で私は、テレサ・ブレナンやポール・ヴィリリオといった人々の仕事を参考に、資本主義の発展にともない抽象化される自己と世界との関係、その中で増大する視覚作用の重要性、高度に発達した技術が視覚や経験にもたらす変容、さらにそれらによってもたらされる個人の認識論的・思考的枠組みの変容についての考察を試みる。ここで最も問題となるのは、このような変容が国民国家の民主主義的・自由主義的基盤を根源的に脅かすような形で、社会空間の時間的モードを変換している点である。特に、主体の内部深くに立ち入り変容を及ぼすイメージを通じて機能する商品フェティシズム、現実と虚構の二項対立を無化するいわゆるヴァーチャル・リアリティと呼ばれる現象、また時間の凝固された視覚的・認識論的空間を作り出し通常の表象機能を根本的に脅かすリアル・タイムによる知覚は注目に値する。視覚的イメージが歴史的・政治的文脈から独立性を保証され、また弁証法的認識を超越するような「新たな認識の様式」が可能となった近年の時空間においては、表象作用が正常に機能するのに不可欠な、表象されたイメージとその指示対象との間の無化する事のできない距離・差異は超越される。ここでは、通常両者の狭間で起こる自由なイメージの連鎖が可能となる時空間——そこに歴史的記憶が想起され、理性に基づいた倫理的価値判断がなされるアクチュアルな思考生成の現場としての時空間——は縮小され、歴史認識に基づき倫理を内包した知的判断は視覚を通じた即時的な反応に取って代わられる。言い換えれば、上述の一見したところ罪のない自国への愛着の表現は、社会空間を脱歴史化・脱政治化し「純粋な文化空間」へと変容させるイデオロギー的効果の産物であり又その一部でもあるということである。このような見地から、本論文ではグローバリゼーション下における主体と公共空間の質的変化が、民主主義的政治の基盤となる批判的理性や歴史的記憶を内包するイマジナリーな領域を脅かしている事実を指摘し、現代日本社会の陥っている政治的危機に警鐘を鳴らすことを意図する。

快楽としての国民国家

ここで問題となる新しいタイプのナショナリズムは、二〇〇二年のサッカーのワールド・カップで主催国となった日本が示した、国を挙げての熱狂と興奮に一例を見る事が出来る。テレビの画面上に繰り返し映し出された、ほおに日の丸をペイントし、お目当ての選手の一挙一動に歓声を上げたりため息を吐いたりする若者の姿は、まだ私たちの記憶に新しい。日本代表チームのユニフォームの青シャツを着て街頭に繰り出した陽気な若者たちが、東京の最も交通量の多い交差点の機能を麻痺させたり、二〇〇〇人にも及ぶ興奮したファンが道頓堀でダイブ・インするといった事態がメディアの報道を賑わせた。個々のゲームのハイライトやプレイヤーのコメント、さらに国を挙げての熱狂ぶりは惜しみなく商品化され、特に日本チームの試合での名場面、興奮やドラマを伴うエピソードは何度も繰り返し報道された。およそ二七〇万人の運の良いファン達は、ヒーローを励ますために国中のスタジアムに集まり、また数万人のより恵まれないファン達は大都市のイベント場に集まり、さらに残りの大多数は自宅でのテレビ観戦に甘んじて声援を送った。試合のテレビ視聴率は一様に高く、六月九日の対ロシア戦では最高の六六・一％を記録した。[1] このようなサブ・カルチャー経済の価値の有用性を認識した政治家達は、これに乗じて自分たちを売り込むチャンスをいち早く利用した。総理大臣小泉純一郎は、自らがシリーズの熱心な支持者であることを最大限アピールするために、試合会場にチームカラーである青いネクタイを締め、メガホンを手にしてテレビの画面上に現れた。対ロシア戦で勝利のゴールを挙げた稲本潤一選手を小泉首相が抱きしめたニュースは、一様にメディアを賑わせ、また首相自らが主催・ホストした試合後の祝賀会は、あらゆる領域のジャーナル・雑誌で広範に報道された。[2] 同様に、東京都知事の石原慎太郎は、対ロシア戦の観戦のためにオフィスでの仕事をすべてキャンセルし、また都庁の他の雇用者全てにも、試合観戦の方が退屈な公的書類に目を通す作業より有益だとして観戦を薦めた。[3] 那覇市の教育委員会も、世界をよりよく知るために、また感動し将来への夢を持つために、と市内のすべての小中学生に「観戦の薦め」を強調した。[4] この意味では、ワールドカップは単なるサッカーの試合に終わらず、試合の観戦という間接的な形をとりながら、また自分たちの応援する選手という代理人を通して、広く日本人に国際的舞台に立つ機会として受け止められたといっても過言ではない。

日本の若者のこのような試合や選手への高い関心は、社会に不明瞭ながらも内在している国際化への欲望を如実に反映している。フランスのファッション誌Numeroの編集長であるジョナサン・ウィングフィールドは、興奮気味に以下のようにコメントした。「日本選手団のメンバーはとてもクールだ。彼らが試合前に日の丸を歌うときにスクリーンに映し出される顔は、まるで映画俳優かポップ・アイドルのそれだ」[5] またパリ在住の日本人新聞記者は、ワールド・カップで示された熱狂は日本人が個性のないおとなしい国民であるという海外での固定観念を見事に揺さぶったと評した。ここでは従来の日本人のステレオタイプ的特徴が、個人主義、発言する主体、ストレートな感情の表現といった特徴に塗り替えられ、若い世代からの滅び行く「日本株式会社」への挑戦として紹介された。[6] このような外国メディアの報道における現代日本の文化的側面への着目、またそこでの選手の容貌やヘア・スタイル・髪の色、個人的な生活の詳細などへの関心が試合へのそれと同様に高かったことは、ワールド・カップが国際的舞台での国民的文化イベントに他ならなかった事を示している。勿論、イベントへの関心の高さは企業の商品戦略やメディアに最大限利用され、お好みの選手のユニフォーム、Tシャツ、写真集などの商品や、よりよい試合観戦のためのハイ・ビジョンTVやサッカー国日本をアピールしたあらゆる類の商品は、低迷する日本経済に潤いを与えた。選手自身も自分たちの商品価値を十分心得ており、これを機にエッセイ集や自伝を発表するなど、いわばタレントとして活躍した例も少なくない。国民を代表する選手とスター選手を支える観客との間には、利潤の高いサブカルチャー商品ネットワークが形成され、このサーキット内では実力主義、自由な感情の表現、チャレンジ精神といった、日本の若者の間で多大な支持を獲得した新しいタイプのアイデンティティがファッショナブルなイメージとして生産、循環、消費された。ここで消費されているのは単なるイメージ商品ではなく、それらを消費することによって享受できる全国の若者との連帯感や商品にまつわるイメージによる間接的な自己確認といった快感であることは明らかである。またこのような消費は、消費者を孤立や退屈から一時的に開放する。別の言葉で言えば、今日の若者の国民国家との関係の意識は、自己と国家の象徴的事物との同一性を求める事ではなく、より不明瞭で漠然とした国家・社会空間で自己のアイデンティティを確認するといった共同体的時空間の共有を目指しているのである。

国際的なスポーツ・イベントが健全な愛国心の発露の場であるとするのは近代史以来の御馴染みの見方であり、ここにはさまざまな、時に過剰な思い込みが投影される。例えば石原東京都知事は、対ロシア戦の直前に「もしロシアが試合に負ければ、日本との北方領土返還の話し合いも困難になるだろう」とコメントし、政治とスポーツの関係を拡大解釈した。[7] 実際ロシアは日本に負けたが、返還の協議は日本に有利になる気配はなく、代りに敗戦の不満を爆発させたロシア人サッカー・ファンなどが、日本からのロシア移民のレストランを破壊したり、日本人を無差別に襲撃するなどで五〇人に負傷を負わせるはめになった。[8] また中国の新聞は日本の対ロシア戦での勝利について、「今後一〇年間、中国は日本を目標として見定めなければならない」と、あたかも二〇世紀初頭の日露戦争での日本の勝利時を彷彿させるようなコメントを載せた。[9] とはいえ、このような御馴染みのナショナリズムの表明は現在でもあるにしろ、今日では大多数の人々は日本人としてのプライドやアイデンティティを、日の丸のフェイス・ペインティングや日本選手のユニフォームを着るといった、よりオープンで罪のない、遊び心の混じった仕方で表現するようになった。ここで示されているのは、自国への盲目的・情熱的な忠誠心ではなく、あくまでもお気に入りの選手を媒体とした国際舞台における日本という国家のイメージへの帰属意識である。より古いタイプのナショナリズムに比べ、このような国への帰属意識の表明は楽天的、個人主義的、国際的で機会主義的、かつ一時的なものにすぎない。また、自身を抽象的で理想的な国家像と直接的に結び付ける旧来のナショナリズムと比べ、ワールド・カップで示されたナショナルな帰属意識は国民国家の文化空間を一元的象徴システムへと統合するようには、少なくとも単純な形では、作用しない。このような旧来のタイプから新しいタイプへのナショナリズムへの移行は、国家に関する国民の関与の領域の重要性が、政治から大衆文化へと移行したことも大きく関わっており、次節で議論されるように、ここでのメッセージの伝達はより視覚的で、知的・倫理的判断を伴わない即効的なアピールを介して行われる点にも着目したい。これまでの議論をまとめれば、新しいタイプのナショナリズムは、国民国家の共同空間でアイデンティティの確認を共有するという満足感をフェティッシュ化されたイコンの消費を通じて享受するということだ。

「絵画としての世界」と商品フェティシズム

近代という時代の最も顕著な特質のひとつが、視覚の中心的な役割にあるということについては、すでに多くが語られている。資本主義の成長とともに、たとえ視覚的存在でないものも過度に視覚化され、個人の経験領域はしばしば無意識のうちに視覚的対象として認識されるようになった。[10] このような急速に視覚化する経験世界を前に警戒を深めたハイデッガーは、視覚を中心とする新しい近代社会の在り方を「絵画としての世界」——世界を一枚の絵として認識するというそれまでとは異なる世界と主体の存在様式——として形容した。[11] この意味では、超越的なひらめきを持ち、自らの肉体を超えて舞い上がろうとする主体、世界を自己の足元に広がる一枚の絵として掴もうとする主体は、典型的な近代の産物である。同時に、このような全てを足下に眺望できる視点、また唯一の真実や道徳が一望できる位置を獲得するためには、近代的主体は自然という自らの経験的基盤を離れなければならず、それによって引き起こされる抽象化への抵抗といった自己矛盾をも内部に抱える事になる。テレサ・ブレナンは、このように一方では超越的視座に着く事を欲しながら、他方では物質的世界と繋がっていたいと感じる近代的主体の矛盾した欲望が商品フェティシズム的社会空間という両者の中間地点を作り出すという、資本主義的な解決策をもたらした事に着目する。ブレナンによれば、この中間地点は「心理的領域においても物質的・客観的世界での秩序においてもはっきりした場所を持つことができ」ず、「商品化の神話」の実現ともみられる「両者の中間に位置」するという特別な位相をもつ。ここにおいて近代的主体は資本主義的社会において経験的世界から疎外された自身の内部分裂を解決すべくファンタジーで包まれた商品社会的「現実」を享受するのである。[12] このような中間領域としての商品からなる世界は、商品への撞着を喚起することによって精神的な安堵をもたらすという、資本主義社会を可能にするイデオロギー的メカニズムとして機能しており、「商品、シュミラクラ、人工物などの視覚的断片といったもろもろの事物は、精神の発生と主体の形成という継続的な作業に必要な（資本主義の用意した）創設のための神話・ファンタジーなのである」[13]。従って、このようなファンタジー領域の形成という資本主義的矛盾解決のメカニズムは、近代的主体を可視的な物資世界または可視性そのものに依存させる結果をもたらすが、このような依存は安堵感とともにパラノイアックな不安定をももたらす。トム・コンリーがブレナンの上述の考えをもとに議論したように、「視覚はいわば世界を触覚可能なものにする……視覚は身体的な動作の感覚や、味覚、試行錯誤など、世界の中での対応策を与える。しかし他方では、視覚的プロセスは抑制、個人主義、またセルフ・コントロールへの幻想などにも貢献しており、ラカンがよくそれと結び付けて議論したパラノイアとも深く関係している」[14]。

ハイデッガーの時代からさかのぼった現代的文脈においても、近代的主体の内部に現われる超越的視点とそれによる世界の立ち現われ方の変容を象徴する「絵画としての世界」、また資本主義が成熟した段階での商品フェティシズムが機能する構造は、社会を分析するにあたって有効な視座を提出する。特に、一九八〇年代の日本は高価でスノビッシュなブランド商品、ファッション商品を上手く身につけることによる自己表現、さらに常に移り変わる流行への対応などといった可視的な表象による商品フェティシズムを、ある種極限まで体現した文化空間であった。視覚的な商品文化の時代ともいえる八〇年代は、外国人観察者から見ればまさにロラン・バルトの形容した「表象の帝国」のイメージ――意味をなさない可視的・物質的記号が都会のシーンを埋め尽くす意味や深さのない空間――を確認するものであり、日本社会がポストモダニズムを世界に先駆けて実現しているとの印象を与えた[15]。こういった物質的富と商品化の拡大する社会に育ったものにとっては、自己とはパフォーマティブな表象そのものであり、新しいスタイルを学んだり、ファッション性の高いアイテムや人気商品を見つける事は、欠かせない社会生活の一部となっている[16]。同時に、このような意味を無化した差異の表象的要素の強い文化空間では、自己の肉体性・経験的物質性を剥奪された個人がより強く代替物を求める傾向があるため、たとえ一時的にであれ安堵と快感をもたらす消費活動は促進される[17]。つまり、パフォーマティブな商品社会の文化空間は、幻像としての商品のイメージが表象され交換されることによって個人のアイデンティティを保つ事を可能にすると同時に、失われた肉体や経験的物質性の回復への欲求を消費への欲望へと変換することによって、個人を消費のプレジャー・サーキットへと回収し、「可視的なファンタジーの世界」を再生産する。ここでは、「欲望をそそる商品と尽きる事のない消費の快楽」が「完全に官僚化され、利益と画一化よって規定された社会において個人が辛うじて調和を保つ」ことが可能になるといった文化的メカニズムが機能しているのである。[18] 実際、一九八〇年代における日本社会では、意味の喪失や取り替え可能なアイデンティティはむしろ歓迎される傾向にあった。

九〇年代における先進技術を駆使したメディアの大衆化は、八〇年代のフェティシズムにヴァーチャリティという新たな要素を加えた。とはいえ、メディアに網羅された文化におけるいわゆる「現実の消去」は目新しいでき事ではなく、上述のような抽象的なイメージが商品として受肉化し、主体と商品の倒錯した関係が八〇年代にすでに実現されていた。しかし九〇年代に入ると、フェティシズムは、具体的な物質としての商品の交換を伴わない形へと「進化」し、視覚的なイメージのみの交換――もしこれもフェティシズムとして呼べるとすればであるが――が快楽と欲望のエコノミーを支配するようになった。このような物質的実体を「超越した」フェティシズムは、欲求の追求が現実世界での他者との関係によって起こるいざこざとは無縁の、ヴァーチャルな世界に安堵と満足感を求める人々の出現に例を見る事が出来る。実際、数限りないインターネット上でのチャット・ラインやヴァーチャルなコミュニティ・サイトでは、「本当の自分」や「本心」を明かすという重荷から解放された形で他者とのコミュニケーションができるという事が大きな魅力のようである。八〇年代に見られるような装飾品などによる自己表現はかつての重要性を失い、九〇年代の若者のアイデンティティは、アイドル、スポーツ、イベント、アニメのキャラクターといったインターネット上で循環しているサブ・カルチャー集団への帰属によって表現される事が多くなっている。このようなサブ・カルチャー集団内でのある種代行的な友人関係には若干のユートピア的要素があるが、満足感の享受が物の交換に媒介されているため現実の社会的諸関係に辛うじて足をつけていた八〇年代のフェティシズムに比べ、イメージ・フェティッシュによる幻想の共同体はそこからのさらなる後退であるともいえる。ここで重要視されているのは、意味や価値を背負わされた事物そのものではなくそれがいかに知覚されるかであり、知覚されたもののイメージそのものが重要なのであり、その背後の事物の存在はもはや問われない。とはいえ、物質的世界との断絶という極端な形をとりながらも、資本主義文化の中で疎外された自己の代理を見出す事によって安堵を得るという点においては、九〇年代のイメージ・フェティシズムも八〇年代とほぼ同じメカニズムによって機能しているといえる。

フェティシズムにおける視覚的イメージのイデオロギー的重要性は、高度に技術化された現代の資本主義社会における我々の感覚的・思考的枠組みの変容と密接に関わっている。ディズニーのキャラクターやマクドナルドのサインといった国際資本の象徴ともいえる可視的イコンや、目線をいやおうなしに惹きつける広告イメージの強大な影響力が、冷戦後の東ヨーロッパ社会を急変させている様子に驚愕したミラン・クンデラは、そこに新しいタイプのイデオロギーの出現を認め、イマゴロギー——「イメージ」と「イデオロギー」とを合わせた造語——と名づけた。クンデラは、この新種のイデオロギーは欲望をそそる視覚的イメージを大量に流布して人々を圧倒し、抗し難いファンタジーを社会と個人の内部に作り出す事によって機能するという。彼によれば、冷戦後のコミュニスト社会において従来のイデオロギーに基づいた象徴システムは崩壊したが、イマゴロギーはその空白を埋めるような形で出現し、それによって「社会的問題はイメージに、議論はサウンド・バイトに、政治的立場はパーソナリティへと還元され」公共空間の政治性を失わせる結果となった。[19] 視覚によって作用するイデオロギーは、一見分かりやすくみえるが、さほど自明なことではない。特に注意を要するのは、それが視覚的なイコンの強烈なイメージに訴えてメッセージを伝授するというよりむしろ、外観と意味、形式と内容、表層と深層といった従来の認識論的識別を超越するといった仕方で作用するという点である。言ってみれば、イマゴロギーにおいてはこれらの二項対立が同時に「実現」されているのである。深層を失って表層化しつつあるメディア社会の「現実」はイメージによって構成されている部分が大きいため、このような表象の様式ではイメージ自体が理性的判断の介入を許さない自己言及的なイメージ、認識論的二分法を超越した「外観＝意味」を構成しているのである。[20] このようなイマゴロギーの認識論的特性は、後に議論するように、テクノロジーに媒介され、時間性が根本的に変容した国民国家の社会空間では現われるべくして現れた現象ともいうべきものである。

上述のワールド・カップでの熱狂にみられるような帰属を表現するタイプのナショナリズムは、ポスト・イデオロギーまたはイマゴロギーの時代において国民国家のイメージを消費する事に快楽を見出すフェティシズムの一形態ともいえる。ここでいうフェティシズムとは、前述のように、物質への倒錯した撞着をもとにした従来の商品フェティシズムとは異なり、快楽の交換されるサーキットへの参加、またそれによってあいまいながらも同じサブ・カルチャーに属するという仲間意識を共有できる空間への愛着とでもいうべきものである。ここで着目すべきは、若者の間で共有されるイメージが、個人主義、自由な自己表現など、どちらかといえば反体制的抵抗、従属のメカニズムとしてのフェティシズムを超える可能性を内包しながらも、それが結局のところ、政治的な公共空間を快楽の空間へと転換するといった脱政治的保守性へと向かいがちである点である。特にヴァーチャルなイメージがアイデンティティの形成に深く関わる昨今では、社会空間全体に拡散した快楽の空間というサブ・カルチャー的共同体は、そこでのイメージの消費という非政治的な個人のアイデンティティの確認がそのまま国民国家のヘゲモニーを形成する一助となっている。別の言い方をすれば、サブ・カルチャー的な形で国民国家への帰属を表現する今日のナショナリズムは、旧来のナショナリズムとは異なり、自己を形作る枠組みを構成する「トポグラフィックな共同体」への欲求に動機づけられているのである。このような政治から安全な距離を取った領域での脱政治化されたナショナルな自己の再生産は、スポーツを媒介にして他国からの視線に晒される国際的競合という舞台設定の中で形成され、グローバル化した世界におけるナショナルな境界を確認する手段となる。つまり、自己表現の手段をワールド・カップを通じて確認した若者たちは、国家の枠組みと共に形成されるナショナルな自己認識と経験の枠組みを、メディアに媒介された、非政治的で国際的、楽しく、しかもファッショナブルな形で享受するのである。このようにポップでイマジナリーな国家共同体は、それが一見してみえるほど無垢なものではなく、ヴァーチャルな文化空間とイマゴロギーが弁証法的認識論の二元性を乗り越えようとするのと同様に、政治的また象徴的な表象制度を乗り越えるものであるように見受けられる。ここでの同一性への志向は、一方では個人を経験的世界から切断しようとする資本による商品化と最新テクノロジーによる絶え間ない抽象と疎外への反発として生起するが、他方では、ブレナンの議論のようにそれらに寄り添い馴れ合う形で形成されたフェティッシュとしての「中間地点」でもあり、前者が後者に回収されることにより資本主義社会の存続へと貢献する。

時間性のない国民国家

ナショナルなシンボルを消費することによるフェティッシュな快楽の享受は、「絵としての世界」の享楽的な側面を示すが、それと同時に進行している視覚的・認識論的枠組みの変容といった次元では、より深刻な側面が露呈されている。多くの示唆に富む著作の中で、ポール・ヴィリリオは、現実的なもの（リアルなもの）と視覚的なもの、さらにヴァーチャルなものとの間の混乱が、今日の高度に発展したメディア社会において「政治の美学化」をもたらしていると議論した。ヴィリリオによれば、スペクタクルやフェティッシュとして形容される現象、また政治のディズニーランド化ともいえる現象が乱舞する社会空間では、公共空間が非歴史的で意味・脈絡のない浮遊する記号・イメージの集積へと還元されており、そこでは、超越的視点・パノプティコンが経験的世界をさらに抽象化するといった現象が起こっていると議論する。[21] つまり、このような社会空間に生きる個人は、一方では商品フェティッシュというソフトなコントロール機構に、他方では、自立した身体と思考を先進技術メディアの作り出す空間へと従属させるといういわば二重のコントロール機構に取り込まれているのである。[22] ヴィリリオは、このような空間で視覚を規定しているのはもはや私たちの眼球ではなく、彼の呼ぶ所の「シンセティックな視覚」、つまり客観的事実の分析をコンピューターに媒介され模造された視点に委ねていることを強調する。[23] 彼によれば、今日の先進技術で可能となった光学的なキャパシティは、生物学的に与えられたヒトの視覚能力の限界をはるかに超えており、前者による一秒間に六〇を超える高速での露出コマ数の投射は、視覚に「サブリミナルな効果」をもたらす。[24]「サブリミナルな効果」とは、通常の対象物の参照に基づいた視覚経験が、露出の速度の極度な増加によって再構成された視覚へと変換される作用であり、それにはによってかつて見る主体と見られる客体との間に存在した弁証法的な視覚・認識のフィードバックのプロセスが失われ、また視覚・認識に伴う主体と対象との間の時間的差異は喪失される。というのも、視覚的認識のプロセスには、肉眼による主体と対象との間のトポスの確認の作用が含まれ、またこのプロセスは時間を要するため、主体に認知された瞬間の対象物は、すでに変容しつつあるそれの過去の姿でしかなく、この時間的ずれが認識における主客の物質的・客観的独立性を保障しているのである。実際、日常の視覚経験では、視点は即時に特定の対象へと定められるわけではなく、定まる以前に目線は揺れ動き、周辺を巡った挙げ句にようやく固定される。[25] このような目線の迷いは、それのもたらす時間によって初めて可能となる過去の経験の記憶の想起や、それに基づいて為される思考の連鎖や価値判断をも内包しているのである。言い換えれば、「シンセティックな視覚」においては、通常の視覚・認識に伴う参照の対象を失うばかりでなく、このような時間的ずれによって生じる認識する主体と認識される対象との間の歴史的、倫理的な関係性が無化され、「見る」という行為は歴史的文脈、記憶や意味作用から切り離された行為へと変容するのだといえる。

ヴィリリオによれば、このような客観的対象、時間性、記憶の想起を失った「シンセティックな視覚」作用に構成されたイメージは、資本主義的商品社会に欠如している深さや意味の密度を私たちが投影する隠された「メッセージ」そのものである。[26] つまり時間、記憶、客観的対象から人為的に解放された「シンセティックな視覚」の出現は、人間存在を含めた経験的世界をテクノロジーによって規定された視覚に従属させ、客観的対象を自らの存在のモードへと造り替える視覚的イデオロギーのそれに他ならない。ヴィリリオはメディアに浸透され、資本と技術の超越論的視点の傘下にある社会・文化空間における時間性なき視覚イメージまたは視覚性のイデオロギー作用の多大な影響力に警鐘をならす。

これからの時代は全てがイメージに媒介される。イメージは物、客体、時には現に物理的に存在しているものにすら優先される。ちょうどリアル・タイム、即時性が空間に優先するようにである。つまりイメージは侵犯し、遍在する。イメージの役割は芸術の領域にではなく、軍事的または技術的領域に属し、どこにでもあり、また現実としてある……私は今、イメージによる戦争が起こっていると思っている……別の言い方をすれば、市場であれ戦いであれ、今日勝利を収めるという事は、単に自らの存在に盲目にならないという事である。[27]

特にヴィリリオが警戒するのは、時間的ずれも対象の物質性をも超越したイメージの君臨する世界――リアルタイムの世界――においての主体の喪失である。前述のように、視覚的イメージの受容の即時性は、主体と客体との間の弁証法的プロセスを凍結させるため、ここでの「認識」さらに「理解」とは、即時に知覚され凍結された時間を超えたイメージそのものとなる。従ってここでは、知覚のモードを決定しているテクノロジー自体が主体の位置に君臨しているのである。このような時間性の凍結した空間では、自由なイマジネーションの広がり、批判的・理性的な議論や道徳的判断が可能となる認識基盤それ自体が崩壊しており、そこでの関心の中心は、知識の共有に基づいたコミュニケーションや議論による意志疎通・問題解決といった規準から、視覚的表象と快楽という規準へと移されてもいるのである。

こういったことからも、視覚の影響力の増加は寓意的な出来事ではなく、「絵画としての世界」の出現は社会のさらなる抽象化と脱歴史化を体現するものである。[28] しかしながら、この資本主義の発明したイデオロギーは、最終的にはその中にいる個人を完全に説得する事にも、また持続的な安息のシステムを形成する事にも失敗する。というのも、「絵画としての世界」とそこに上手く当てはまる商品化された自己と世界は自明のものとして与えられたものであるにもかかわらず、人は世界の虚構性にぼんやりとではあるが気づくからである。[29] 商品化された物質世界の経験的属性は「純粋」なものではなく、資本主義の神話によって造られた可視的な世界のファンタスマゴリアであり、そこでの消えゆく物質性は人々に薄気味悪く、不気味な感覚として認知される。マリリン・アイビーが議論したように、ここでの不気味な感覚は、「主体内に生じる亀裂」、神話によって語られる商品フェティシズムの肯定と否定を同時に行った結果、神話の虚構について察知している「理性的主体」と存在の欠如を消費によって埋めようとする「商品的主体」との間の地政学的分裂によって生じたものである。[30] さらに、資本主義の神話は失われた物質性を、商品によって代補し虚構の現実を提示するため、人々は代理物の背後に存在するはずの「真実の物」が立ち現われる瞬間を心待ちにするという裏切られざるをえない抑圧された欲望を抱く。[31] このような抑圧された「真実の物」への欲望は、形を変えたさまざまな同一性への欲望――例えば一九八〇年代に氾濫した日本人のアイデンティティの言説という形で――として現前したが、今ではそれすらも商品フェティシズムの対象となり象徴空間において意味やインパクトを失いつつある。このような状況では、現代の社会・文化空間でノスタルジックな欲求が現存できる唯一の場はアイコノグラフィックなイメージ以外には残っておらず、そこは可視的な現象・イメージが辛うじて客体的・物質的面影を残す空間、完全な消去への抵抗の場として機能していると言えるかもしれない。

結語

近年に見られる日本の大衆型ナショナリズムは、抽象化・脱歴史化の進んだ今日の資本主義社会において国家を総動員した感傷や興奮を生成し、循環させ、消費することによってフェティッシュな満足感をもたらし、ナショナルなアイデンティティを以前とは異なる形で再生産している。この現象を考察するにあたって、ナショナル・イコンや熱狂的サポートといった表層に立ち現われるサブ・カルチャー的現象を、より深い構造的変容という文脈に位置づけることの重要性は強調されなければならない。ここ一〇数年来、メディアとテクノロジーの超越的視点が個人や社会により大きな影響力を持つ様になった中で、私たちの視覚的・認識論的思考の枠組みは大きく変容し、現代版のヴァーチャルな「絵画としての世界」が出現しつつあるといっても過言ではないかもしれない。もし上述のように、可視的なイメージがノスタルジーの回帰可能な唯一残された場であるとすれば、このようなイコンはナショナルな感傷や思い入れを受肉化したものであり、従ってそれらの快楽を伴った消費はやはりナショナリズムの一形態として見られなければならないだろう。フェティッシュとしてのナショナリズムが、過剰に技術化された社会の緊張をを和らげ、社会に内在する抑圧された不安によって生じる同一性・意味への欲求のはけ口を提供している一方、他方でこのような可視的なナショナル・イコンの循環が、異なる種類の同一性を構築しているのは皮肉な話である。これと平行して起こっているのは、国民国家の時空間の変容、特に時間性の消失による公共空間における批判的イマジナリー、倫理的判断、歴史的記憶の参照能力の低下である。これらの二つの現象が相補的に進行する中で、私たちは、美学化した国民国家空間で国家の管理機構が社会からますます独立し、人々の意志や関心が効率的に公的政治の領域に反映される回路が縮小されているという危機的状況に直面している。このような状況は、世界が視覚的表層へと押し狭められ、知覚・認識のプロセスから時間性が排除され、もはやフェティシズムが「消え去りゆく現実」を代補する安息のメカニズムとして機能しなくなった資本主義社会の行き詰まった時代における論理的帰結かもしれない。批判的想像力と歴史的記憶とが公共空間に反映される可能性を回復する事は今日の緊急の課題であるが、そのためにはまず、テクノロジーの支配する環境におかれた個人が主体的視座――文字どおり自らのビジョン――を獲得し直すことから始めなければならないだろう。

注

1 雑誌『サッカー』特集号、「W杯の記憶――日本代表忘れがたき日々」、三七頁。東京、株式会社フロムワン、二〇〇二年八月号。

2 ibid.

3 ibid., p 47.

4 ibid.

5 朝日新聞、二〇〇二年七月三日。

6 ibid.

7 「W杯の記憶――日本代表忘れ難き日々」、『サッカー』、三七頁。

8 ibid.

9 ibid.

10 Nicholas Mirzoeff, "What is Visual Culture?," *Visual Culture Reader*, p. 6.

11 ibid.

12 Teresa Brennan, *History After Lacan*, p. 90.

13 Tom Conley, "The Wit of the Letter: Holbein's Lacan," *Vision in Context*, p. 47.

14 ibid., p. 48.

15 日本文化とポストモダンと形容される文化の様式との相似性については *Postmodernism and Japan*, (H.D. Harootunian and Masao Miyoshi, eds. Durham: Duke University Press, 1989) において、いくつもの示唆に富んだ論点が提出された。

16 William Pietz and Emily Apter "Introduction," *Fetishism as Cultural Discourse*, p. 3.

17 Marilyn Ivy, *Discourse of Vanishing: Modernity*, Phantasm, Japan, pp. 10-11.

18 Rita Felski, *The Gender of Modernity*, p. 5.

19 Jon Simons, "Ideology, Imagology, and Critical Thought: The Impoverishment of Politics," *Journal of Political Ideologies*, p3. またクンデラのオリジナルの出自は、以下の通りである。Milan Kundera, *Immortality*, pp. 53-4.

20 この点についてのさらに詳しい議論は、著者の以下の論文を参照されたい。"Media Politics and Reified Nation: Japanese Culture and Politics under Information Capitalism," *Japanese Studies*, Vol.23, No.1, 2003.

21 James Der Derian, "Introduction" to *The Virilio Reader*, p. 10.

22 ibid., pp. 3-4.

23 Paul Virilio, "The Vision Machine," *The Virilio Reader*, p. 134.

24 ibid., pp. 134-6.

25 ibid., p. 136.

26 ibid., p. 137.

27 Der Derian, ibid., p. 5. Virilio's original is found in his interview published in *Block 14*, Autumn 1998, pp. 4-7.

28 Martin Jay, "Vision in Context: Reflections and Refractions," *Vision in Context*, p. 3. ジェイによれば、二―三〇年前にあらゆる領域の知識を巻き込んだ「言語的転回」後の現在のテキスト読解の重要性は、アイコノグラフィックな表象の特徴的様相としての「フィギュラル」なもの、スペクテーター的ヴィジョンとヴィジュアリティの研究へと重要性をゆずりつつある。三頁。

29 マルクスが『資本論』の第一巻の商品フェティシズムで議論したように、この現象は資本主義社会における客体の存在論的変化、経験的に特殊な価値と使用法を反映したもの（使用価値）から、市場に流通する他のすべての商品によって計られ決められた価値（交換価値）への変容として理解することができる。この客体の存在論的メタモーフォシスによって、脱経験化された客体は、商品フェティシズムの文化に浮遊する抽象的・商品的な価値やイメージが物象化される場所として機能する。

30 Ivy, *Discourse of Vanishing*, p. 11.

31 Chapter One "National-Cultural Phantasms and Modernity's Losses," ibid. アイビーによれば、一九八〇年代の成熟した資本主義社会におけるスペクタクルの占領と「現実」の蒸発は、喪失した物質性へのノスタルジアを創出したが、これは不在を理想化し時間性を消去することによって失った日本文化の美を呼び起こすという一九六〇年代のノスタルジアとは異なっている。一九八〇年代のノスタルジアは――アイビーはこれをネオ・ノスタルジアと呼ぶが――失われた「日本」を回復する事の不可能性を完全に解りながら、喪失と不在を欲望の対象とし、ノスタルジックな感傷それ自体を想起する。

参考文献

Apter, Emily and William Pietz, "Introduction," *Fetishism as Cultural Discourse*. Ithaca: Cornell University Press, 1993.

Asahi Daily News Paper, "Hirogatta atarashii nihon-zou," *Asahi Shinbun*, July 3, 2002.

Atkinson, Paul and Silverman David, "Kundera's Immortality: The Interview Society and the Invention of the Self," *Qualitative Inquiry,* vol.3 Issue3, September 1997.

Barthes, Roland, "Rhetoric of Images," *Visual Culture Reader*, Nicholas Mirzoeff ed. London and New York: Routledge, 1998.

Brennan, Teresa, *History After Lacan*. London and New York: Routledge, 1993.

Conley, Tom,"The Wit of the Letter: Holbein's Lacan," *Vision in Context: Historical and Contemporary Perspectives on Sight*, Teresa Brennan and Martin Jay eds. New York: Routledge, 1994.

Der Derian, James, "Introduction" to *The Virilio Reader*. Malden, Ma: Blackwell, 1998.

Felski, Rita, *The Gender of Modernity*. Cambridge, Massachusetts: Harvard University Press, 1995.

Harootunian, Harry and Masao Miyoshi eds., *Postmodernism and Japan*. Durham and London: Duke University Press, 1989.

Iida, Yumiko"Media Politics and Reified Nation: Japanese Culture and Politics under Information Capitalism," *Japanese Studies*, Vol.23, No.1, 2003.

Ivy, Marilyn, *Discourse of Vanishing: Modernity, Phantasm, Japan*. Chicago and London: University of Chicago Press, 1995.

Kundera, Milan, *Immortality*, Peter Kussi trans. New York: HaperCollins Publishers, 1991.

Jay, Martin, "Vision in Context: Reflections and Refractions," *Vision in Context: Historical and Contemporary Perspectives on Sight*, Teresa Brennan and Martin Jay eds. New York: Routledge, 1994.

Marx, Karl, *Capital*, Vol.1. Provo, Utah: Regal Publications, 1993.

Mirzoeff, Nicholas, "What is Visual Culture," *Visual Culture Reader*, Nicholas Mirzoeff ed. London and New York: Routledge, 1998.

Mitchell, W.J.T., *Iconology: Image, Text, Ideology*. Chicago and London: University of Chicago Press, 1986.

Simons, Jon, "Ideology, Imagology, and Critical Thought: The Impoverishment of Politics," *Journal of Political Ideologies,* vol.5, Issue 1, February 2000.

Soccers (special edition for the monthly magazine), "W-hai no kioku: Nihon daihyou wasuregataki hibi," kabushiki gaisha furomu wan, August 18, 2002.

Virilio, Paul, "The Vision Machine," *The Virilio Reader*, James Der Derian ed. Massachusetts and Oxford: Blackwell Publishers, 1998.

——"A Topographical Amnesia," *Visual Culture Reader*, Nicholas Mirzoeff ed. London and New York: Routledge, 1998.

セッション6——村井寛志

今、東アジアをどう見るのか?
——脱冷戦化とグローバリゼーションを基軸として

コーディネーターの丸川哲史さんによるセッションの趣旨説明文を、僕の言葉で大幅に変換・補足すれば、こんな感じになるだろうか。

東アジアという地域において、今日、グローバルな動きと連動しつつ、ヒト、モノ、情報の越境的な流れがかつてないほどの規模で加速化しつつあるように見える。こうした動きは、冷戦期の陣営間の対立を解体する原動力ともなったが、一方で冷戦期に形成された矛盾は潜在的には残存し続けており、歴史認識、拉致事件、領土問題などを契機に見え隠れしている。国境を超えた日常的な人々の接触の頻度が増すに連れ、軋轢は扇情的なマスメディアによって増幅され、大衆感情的に再編成されているようにも見える。こうした中で、様々な軋轢・矛盾に対し、ひとまず冷戦構造の再編成過程を歴史的にたどることで、問題を考える視点そのものを構築し直していく。とまあ、こんな感じだろうか。

とはいえ、これが各報告者のコンセンサスとなっていたとは言い難い。当日に至るまで各報告者が意見を交換する場は全くなく、内容は各人の思うままというのが実状だった。以下、当日の報告順とは異なるが、曖昧な記憶をたどりつつ、ざっと紹介しておく。

韓国を題材とした磯崎典世さん、玄武岩さんの報告は、オルタナティヴ・メディアとしてのインターネットが大きな役割を果たした二〇〇二年の韓国大統領選挙、及びその後のサイバー空間の動向を扱うものだった。インターネットを介した自発的で水平的な運動は、主流メディアの「言論権力」や既存政党の組織選挙とは異なる次元の政治を展開し、盧武鉉政権を誕生させた。しかし、サイバー空間は、対北朝鮮制裁などの点を巡っては、国境を超えた保守のネットワークを生むなど、常にリベラルな観察者を満足させてくれるとは限らない。相対的に多くの人々にとって、手軽に情報の発信者となることのできるインターネットの普及は、大資本に裏付けられた既存のマスメディアとは異なるコミュニケーションのあり方を生みだした。それは既存の権威の解体を導いたが、一方で、流動的な感情に支えられたネティズンの行方は、いまだ未知数と言うべきだろうか。

中国の場合、ネット上の言論に対する検閲・統制が相対的に厳しいことで知られるが、ここにおいてさえ、ネット上の言論は、政府当局にとって無視できない「第四の権力」と見なされつつある。それは、しばしば政府の意図を超えたナショナリズムの吹き荒れる空間にも見えるが、であるが故に、現実の政権にとって扱いにくい厄介な代物となっている。

本来なら、こうした問題を扱うのが僕の役所だったのだろう(僕の専門は中国近現代史)。だが、僕としては、韓国研究者が「韓国では…です」、中国研究者が「中国では…です」、という具合に対象地域の「情報」を提供するという地域研究的(情報屋的)なスタイルに終始することは、「脱学会」を標榜する文化台風の場では避けたかった。

実際は、僕(村井)の報告では、9・11以前にアフガニスタンを扱った映画作品(邦題『カンダハール』)をテクストとして取り上げ、監督マフマルバフの眼差しにある、同情的だが近代主義的でもある部分を指摘しつつ、一方で同時に、そうした自らの眼差しを映像の中で相対化する表象実践を、彼の作品の中に読み込んだ。アメリカ主導の暴力行使に反発しながらも、同時に国際的に包囲された隣国に対し、邪悪な独裁政権とそれに苦しめられた人々というイメージを払拭できないディレンマの中で、我々にいかなる語り口が可能なのか。イランの映画監督の「隣国」への眼差しの中に、そうした問いを考える糸口を見出そうとしたつもりだ。

河村昌子さんの報告は、張承志という中国の作家を取り上げていた。自らイスラム教に改宗した後、中国西北部のジャフリーヤという弱小神秘主義教団に一体化して語るこの作家が、虐げられた者たちの閉塞した物語とそれを取り巻く「大きな物語」の関係(ジャフリーヤと中華民族、アフガンやパレスティナと世界秩序)に介入していく、その仕方について考察している。図らずも、「他者」への眼差しという点で、通じる問題を扱っていたように思われる。

以上のように、全くバラバラな四報告だったが、どうにかまとめつつ、「朝生」出演翌日であったにも拘わらず熱弁を振るってくれた、コメンテーターの姜尚中さんに感謝したい。

内容以前の、セッションの形式的な点については、事前にもう少し話し合いがもたれるべきだったという思いはある。その点にこそ、文化台風の最大の特徴があったのだから。いずれにせよ、カルチュラル・スタディーズと地域研究が果たして交差しうるのか、今後に課題を残したと言えよう。

Ⅳ　メディアとリアリティ

▲カルチュラル・タイフーン、ブースにて（2003年6月29日）
▼カルチュラル・タイフーン、ブースにて（2003年6月28日）

13 第三世界表象論——ベトナム戦争とメディア

平山陽洋

1 「ベトナム戦争の時代」をめぐって

「戦争の世紀」といわれる二〇世紀において、ベトナム戦争ほど、多くの人びとのリアルタイムな「視線」を集めた戦争もないだろう。世界中の人びとが、インドシナ半島東部のローカルな土地で争われる「局地戦争」を、おびただしい数の報道写真や、そしてとくにテレビニュースで流れる映像を通じて目撃したのだ。彼ら／彼女たちの目に焼き付いたであろう光景の数々、たとえば、南ベトナム共和国の仏教僧が政府に抗議デモを行い、自らの身にガソリンを撒き焼身自殺を図る場面、南の首都サイゴンで、捕らえられた「ベトコン（南ベトナム民族解放戦線の蔑称）」のメンバーが公開銃殺される場面、米軍B52戦略爆撃機が北ベトナムの山や森に爆弾を降り注ぐ場面、合衆国社会で反戦の世論を一気に高めることになったテト攻勢後の古都フエの惨状、そして、撤退する米国人のヘリコプターに多くのベトナム人がしがみつき、海に落とされていく場面……。数え上げればきりがないほどのシーンが、あるときはカメラのフレームに、あるときはテレビ撮影のフィルムに収められ、この戦争を見守る人びとのもとに届けられる。合衆国とベトナムとの戦争、ベトナムで所謂「抗米救国戦争」が激化したのは、一九六五年三月に、「ローリング・サンダー作戦」をきっかけに北ベトナム爆撃が恒常化し、南ベトナムへの米軍地上戦闘部隊の本格投入が開始されて以降のことであるが、ベトナムの人びとが逃げまどい、苦しみ、焼かれ、そして死んでいく無数の光景によって、戦争が徐々にエスカレートしていくプロセスがリアルに可視化されていった。そしてたとえば、「リビングルーム・ウォー」という言葉が、この戦争について語る際に必ず用いられる表現となっていく。

もっとも、ベトナム以外の場所に住む人びとのもとに届けられたのは、ベトナムの地でリアルタイムに繰り広げられる、それらの悲惨な光景だけではなかった。各国の報道特派員たちが、ベトナムで眼にし耳にした体験を、自らの言葉に代え世界に伝えていった。そこで紡がれる言葉として、戦争を伝えるジャーナリストのルポルタージュの文章が、圧倒的な力をもつ。本多勝一の連載ルポルタージュ「戦争と民衆」が『朝日新聞』に掲載されたのが、一九六七年五月から一二月までのことである。戦時下の南ベトナムの都市や農村を生きる人びとの暮らしを綴ったこのルポルタージュに加筆修正したものが、翌一九六八年には、『戦場の村』として単行本にまとめられている。本多は、南ベトナムに留まることなく北ベトナムでの取材も行っており、一九六九年に『北爆の下』が、一九七三年に『北ベトナム』が刊行されている。あるいは、一九六五年一月に南ベトナムで行われたベトコンの公開処刑を目撃した、日本の文学者がいる。小説家の開高健である。開高は、当時『朝日新聞』の臨時海外特派員として南ベトナムに滞在しており、一九六五年に出版された『ベトナム戦記』のなかで、この目撃体験について次のように記している。

……立テ膝をした一〇人のベトナム人の憲兵が一〇挺のライフル銃で一人の子供を射った。子供はガクリと膝を折った。銃胸、腹、腿にいくつもの黒い、小さな小さな穴があいた。銃弾は肉を回転してえぐる。射入口は小さいが射出口はバラの花のようにひらくのである。やがて鮮血が穴から流れだし、小川のように腿を浸した。肉も精神もおそらくこの瞬間に死んだのであろう。しかし衝撃による反射がまだのこっていた。少年はうなだれたままゆっくりと首を右、左にふった。

……（中略）将校が近づき、回転式拳銃をぬいて、こめかみに一発、《クー・ド・グラース》（慈悲《とどめ》の一撃）を射ちこんだ。少年は崩れ、うごかなくなった。鮮血がほとばしってやせた頬と首を浸した。

銃声がとどろいたとき、私のなかの何かが粉砕された。膝がふるえ、熱い汗が全身を浸し、むかむかと吐気がこみあげた。たっていられなかったので、よろよろと歩いて足をたしかめた。……（中略）この広場では、私は《見る》ことだけを強制された。私は軍用トラックのかげに佇む安全な第三者であった。機械のごとく憲兵たちは並び、膝を折り、引金をひいて去った。子供は殺されねばならないようにして殺された。私は目撃者にすぎず、特権者であった。私を圧倒した説明しがたいなにものかはこの儀式化された蛮行を佇んで《見る》よりほかない立場から生れたのだ。安堵が私を粉砕したのだ。私の感じたものが《危機》であるとすると、それは安堵から生まれたのだ。広場ではすべてが静止していた。すべてが薄明のなかに静止し、濃縮され、運動といってはただ眼をみはって《見る》ことだけであった。単純さに私は耐えられず、砕かれた。[1]

合衆国のベトナム介入の結果ベトナムの人びとに行使される暴力を、ただ「《見る》こと」しかできぬ「安堵」を伴った立場に自らがいるという事実、つまり、暴力に対して無力であるだけでなく、暴力に晒されずにすむ安全を保証されることで、ある意味では自分が暴力を行使する側と結託した立場にあるという事実が、それが「単純」なぐらいに明白である分だけ、開高にとって、自己を「粉砕」されるほどに大きな経験として実感された。そして、開高でなくともベトナム戦争の報道に関わった人間であれば、少なからずこのような実感をもったのではないか。共同通信特派員であった亀山旭は、開高のように感性的な言葉で語ることはないが、それでも、報道する側の人間と報道される側の人間とのあいだの絶対的な距離について、次のように率直な思いを述べている。「私が日本人だと叫んだところで、解放戦線の兵士は韓国軍の将校や兵士と共に軍用ジープに乗っている者を大目に見てくれるだろうか。いやそうはしてくれまい。私がこのジープに乗ったとき、すでに私は解放戦線と一種の敵対関係に入っていたのではないか。……（中略）ベトナム戦争の本質に触れ、地方の農村の悲惨な現実についての見聞が深まるにつれて、私は米軍やその同盟国軍隊とのかかわり合いや、自分の立場に苛立ちと不安を感ずるようになった[2]」。

しかし、戦争を報道する側の人間がこのようにある種の「苛立ちや不安」を感じていたのだとしても、ベトナム戦争を映し出した写真や映像の数々は、彼らの言葉が伴われなければ、世界的な影響力を持ちえなかったであろう。実際、世界各地、とくに日本を含めた第一世界の社会で繰り広げられたベトナム反戦運動は、これらの言葉と共にあった。ベトナム戦争やベトナム反戦運動に関わった人びとが記し、または発した、数多くの言葉に出会うことのできる本を一冊挙げておこう。日本のべ平連（「ベトナムに平和を！市民連合」）の運動に関わった経験のある清水知久が、一九八五年に刊行した『ベトナム戦争の時代――戦車の闇・花の光』である。この本では、すべてのページの見開き左側に四行分ほどのコラムが設けられており、各ページのコラムには、当時出版された新聞や雑誌、そして単行本から取り出された文章の一節が埋められている。もっとも、ベトナム戦争が終結して一〇年が経ち、世界的な反戦運動の気運も廃れたあとに書かれた本書において、「ベトナム戦争の時代」を振り返る著者の姿勢は、感傷的なものとなってしまっている。

二つの戦争（引用者注＝中越国境紛争とカンボジア紛争）をいま戦っているベトナムの人たちから、私たちの胸を打つ希望の言葉を聞くことは少ない。いまの私も、かつてとはちがった気持ちでいる。遠くから眺めているだけという場所にもいる。だが、十年前までの約十年間、一九六五年から七五年までの十年間、事実として、ベトナムの人たちは苦しい中で希望を生き、語り、伝えた。世界のあちこちの人びとがこの希望を分かちあっていた。可能性に富んでいた時代だった[3]。

大規模な暴力行使に刺激されて、世界のあちこち、とくに西側先進国の青年たちの間から、武装決起やゲリラ活動、テロリズムに訴える行動がおこった。その主張や目的はさまざまだった。しかし、はっきりしていたことがひとつある。ベトナムのゲリラが人民という「海」をもっていたのに対して、先進諸国での武装闘争には、そのような海はなかった。……(中略)国民の多くが安逸や生活水準の維持向上に心を奪われることがしばしばであったとはいえ、暴力による解決を望まないことははっきりしていた。そのことをつかめない青年たちの一部は、日本では、「連合赤軍」のように、仲間殺しに突き進んだ。かつては花をかざしていた人びとが、戦車を突進させる人びとにきわめて近い行動をとったのだった。

苦しい時代だった。しかし、多くの人びとがベトナムの人びとのたたかいをみつめ、励まされ、自分の意思で戦車に花を対置した。徒手空拳の人びとがほとんどだった。希望、友情、共感、自由、愛、平和が、いわば花びらだった。[4]

ここにあるのは、センチメンタルな回顧の言葉以外の何者でもないだろう。しかし、「ベトナム戦争の時代」のあとに、世界的に連帯していく学生運動も市民運動も下火となり、民族解放闘争も迷走していき、しかも日本国内においては、日本企業のアジア進出の本格化を背景に、奇妙に充足し、閉塞した大衆消費社会が成立していく時代状況のなかで、あえてこのような回顧がなされたことの意味を、考えなければならない。「堂々たるセンチメンタリズム」[5]というかたちによってであれ、「ベトナム戦争の時代」の記憶を何とか保持する姿勢を取ることは、ベトナム戦争後の時代状況に対する、「ベトナム戦争の時代」の当事者による精一杯の抵抗であったかもしれない。しかし、『ベトナム戦争の時代』の取るスタンスをどう評価するにせよ、一九六〇年代後半から一九七〇年代初頭にかけて世界を覆ったベトナム発の熱い気運は、一九八〇年代にはほとんど散ってしまったのだと考えて良いだろう。実際、一九八〇年代の日本社会においては、ベトナムに関する出版物の数が極端に少なくなっていくのである。

そして、「ベトナム戦争の時代」の熱気をリアルタイムで体験したわけではない世代の人間にとっては、『地獄の黙示録』や『プラトーン』などのハリウッド映画が描き出す視覚的なイメージこそが、この戦争についての知覚と認識を、決定的に形成することになる。『地獄の黙示録』が制作されたのは一九七九年、『プラトーン』は一九八六年である。自分のことについていうと、一九七〇年代後半に生まれ、一九八〇年代から一九九〇年代にかけて青少年期を日本社会で過ごしたわたしは、「ベトナム戦争の時代」に世界や日本において流通した報道の写真や映像、そして言葉に触れるよりも先に、まずハリウッド映画の映像を通して、この戦争を知ったといっていい。ハリウッド映画が作り出す映像の物語は、『ベトナム戦争の時代』が感傷的に回顧しようとする過去以上にリアルな過去の印象を、その時代を知らない人間の脳裏に刻み込む力をもつのである。しかし、ハリウッドのベトナム戦争映画は、ベトナムで実際に戦った合衆国の人びとを犠牲者として神話化する以外に、何も語ってはいない。

それでは、グローバリゼーションの時代たる現在において、「ベトナム戦争の時代」についてどのように考察することが可能であるのか。ハリウッド映画のようにこの時代について自国中心主義的に神話化することなく、『ベトナム戦争の時代』のようにセンチメンタリズムというオブラートでそれをくるむこともなく、また、当時世界中で生産された言説を無条件で称賛したり否定したりすることもなく、いったい何をいま、当時の時代状況について語ることができるのか。たとえば、ベトナム戦争中、最大の数の合衆国地上戦闘部隊が南ベトナムに派遣された一九六八年[6]には、パリで学生と警察隊が衝突（「五月革命」）し、チェコスロバキアでは「プラハの春」において「人間の顔をした社会主義」が模索された。中国ではプロレタリア文化大革命が続行中であり、「毛沢東主義」は日本やフランスの学生運動に多大な影響を与えた。一方、合衆国ではドル防衛による自国経済の建て直しが目指され、ソ連はチェコスロバキアに軍事侵攻した。大きくまとめて、「ベトナム戦争の時代」とは、米ソを二極とする既存の世界秩序や、各国の管理化される社会秩序に異議を申し立てる社会運動が、世界中で前面化したときであったと、確かにいうことができるかもしれない。しかし、それぞれ、産業形態も社会編成もまったく異なる各地域において展開された社会運動は、内在的な論理や情念のレベルにおいて、相互にどのように関連していて、どのように切断されていたのか。けれども、「ベトナム戦争の時代」について、グローバル／ローカルの両方のレベルから複合的に考察することは、いまのわたしの力量を超えている。以下では、このような考察を行うための第一歩として、戦時下の北ベトナムの社会の一諸相に焦点を当てたい。取り上げるのは、小説というメディアである。

2 戦時下の北ベトナムにおける小説というメディア

ベトナム戦争の一方の当事者である北ベトナムの一九六〇年代後半の社会において、テレビはほとんど普及していなかった。確かに、軍属のフィルム撮影部隊が各地を飛び回り、山々を駆け抜ける輸送部隊や、無数の爆弾を降り注ぐ米空軍爆撃機の姿を、映像に収めている。しかし、当時のテレビの普及率を考えただけでも、それら戦場のドキュメンタリー映像が国民的なレベルでどれほど効果を持ちえたかは、怪しい。それでは、自分たちの生活を根幹から変容させる戦争のただなかにあって、当時の北ベトナム社会に生きる人びとは、どのようなメディア装置を介してこの戦争について情報をえて、自らの戦争体験を認識していったのか。

一九六〇年代後半の激化する戦局を、ひとりの人民軍兵士として潜り抜けた文芸批評家ゴ・タオは、終戦直後の一九七六年に書かれたエッセイのなかで、抗米救国戦争期間中にラジオが果たした機能に着目している。彼は、この「現代的な」聴覚的メディアによって、戦争経験のリアルタイムな情報や感情が国民的に共有されたことについて、次のような指摘を行っている。

わたしたちはいま、各種情報メディアが特に発展した時代に生きている。どこであれ、移動することなく、ひとつの場所に留まっていても、ただ静かに耳をすませるだけで、国中の状況や、あるいは世界中のすべての地域の状況について、充分な情報を得ることができる。文芸に携わる人間もまた、ひとつの場所に留まりながらも、容易に数多くの人びとと出会うことができるのだ。たとえば、歌劇団員のひとりが、唄を歌い、詩を声にしたとする。ラジオ局の放送室のなかに立つだけで、彼はもうそれで安心だ。自分の歌声や詩を読む声が、昼夜を問わず、すべての行軍する戦士たちのもとに、届けられるのだから。重要ポイントをいままさに超えようとする者たち、遙か彼方の森のなかにいる者たち、戦いを終えたばかりの者たち、そして、前線を死守する者たちのもとへ。これを、現代的と呼ばずして、一体なんと呼ぼうか。[7]

しかしゴ・タオがこのエッセイで強調するのはむしろ、ある作家たちの存在、つまり、「軍隊作家」たちの存在であり、彼らによって作り出される「戦争文学」という活字メディアである。[8]「軍隊作家」とは、人民軍に所属し、職業軍人としての軍務をこなしつつ執筆活動を行った作家たちのことである。彼らの多くは、人民軍政治総局文芸部や、人民軍発行の一般誌『雑誌軍隊文芸』編集局に、直接的・間接的に関わっていた。「軍隊作家」たちは、あるいは輸送部隊として鬱蒼としたジャングルのなかを駆けめぐり、あるいは北緯一七度線をこえて南ベトナム民族解放戦線に合流した。彼らは、軍人として得た移動や出会いの「経験」をもとに文学作品を書き上げ、月刊誌『軍隊文芸』を中心に、それらの作品を読者に提示していった。

ゴ・タオは、「軍隊作家」たちを「戦場の記者」と呼ぶ。[9]しかし、彼らの作品は、たんに「ルポルタージュ風」であったわけでも、たんに「小説風」であったわけでもない。あるいは、たんに「ノンフィクション」であったわけでも、たんに「フィクション」であったわけでもない。彼らが描き出す文学の叙述に対し、「エッセイ」、「ルポルタージュ」、「小説」といったジャンルを厳格に対応させることは難しいのだ。「ベトナム戦争の時代」の北ベトナムにおける「戦争文学」の様相について知るために、たとえば、一九六八年に出版されたオムニバス作品集『物語／エッセイ集 抗米の三年』の序を見てみよう。

……自らの文学的立場に基づき、時宜に適った活動を行うための小さな武器として、短編小説やルポルタージュ、エッセイという文芸ジャンルを選び取った作家たち――とくに、その大半は若い世代の執筆者たちである――が、多数いる。短編小説とエッセイは、それが自然の摂理であるかのように、ここ数年の間に抗米救国文芸のメインストリームを形成し、徐々にではあるが、新しい風格や色彩を準備してきたのだ。……(中略)そして実際、これらの作品には、すばらしい特徴がいくつもある。そのなかでも最たるものは、実際の生活の諸相や、この抗米救国期におけるベトナムの人びとの美しい品性の主要な性質が、それら作品中においてリアリスティックかつ凝縮して真に描かれている点であろう。[10]

本書では、戦場から届けられた短編小説やエッセイ、ルポルタージュが、同時代的な文学的成果として、多数収録されているのだが、この序の言葉を一読することで伝わってくるのは、「戦場の記者」たちの手による文学作品が蓄積されることで、新たな文学的次元が切り開かれつつあるのだという、当時の北ベトナムの編集者たちの自負であろう。やや抽象的にいうなら、「軍隊作家」たちが様々なジャンルを横断しつつ文学作品を書き上げることによって、個々の部隊や兵士個人の「生の」経験や感情についての語りが、集合的な「国民」というレベルで共有される物語へと作り替えられるのである。あるいは、次のようにいうこともできるだろう。つまり、それらの文学作品によって、当時の北ベトナムの社会状況を生きる人びとに対し、その社会状況について理解するための認識のフレームワークが、物語の形式において提供されているのだ、と。

3 戦時下に紡がれる物語

それでは、戦時下の北ベトナム社会においてどのような「物語」や「寓話」を、自分たちが生きる世界として、「戦場の記者」たちは綴ったのか。ここで取り上げるのは、グェン・ミン・チャウの短編小説「月のかけら、森の果て」である。この短編小説で語られるのは、従軍記的な戦場の報告ではない。「月のかけら、森の果て」は、むしろ、ステレオタイプの「英雄」を描く社会主義リアリズムの影響を受け継いだ作品であるといってよい。整合性のとれたプロットと人物配置の妙に細心の注意が払われた戦時の社会ドラマ、といった趣がある。しかしだからといって、この作品で、ありきたりのプロパガンダに見られるような、単純で直截的な理想的人物像の描写や場面描写が展開されているわけではない。自分たちが普段暮らしたこともないジャングルの闇を駆け抜ける恐怖や、米軍による絨毯爆撃に、英雄的に力強く抵抗せよとプロパガンダは主張する。しかし、実際にその不安とともに自分たちの生活を送らなければならない人間にとって、その主張を素直に受け入れることが果たしてできるのかどうか。「月のかけら、森の果て」は、このような個人的な恐怖や不安の感情を、まずは率直に描き出す。

ミルクのブリキ缶のなかで、ランプの芯が、いままさに燃え尽きようというとき、突然ぱちぱちと音をたてて、はじけた。森はひっそりと静まりかえり、泉の流れる音が、遙か遠くから伝わってくる。雌雄の小鳥が、お互いを求め、不安げに呼び交っている。

……(中略)

雨がじめじめと降るこの夜、運転中隊の男たちは、皆、竹小屋に休息をとりに戻る機会に恵まれた。小屋中が、がやがやとやかましい。笑い声が何度も沸き起こり、森のなかにまで響き渡っている。いったい世の中に、この夜ほど、楽しく騒々しい夜があるのだろうか。とにもかくにも、車を駆る戦士たちは、戦場をあちらこちらと彷徨い回り、いまこうして、再び皆が顔を合わせることができたのだ。ハンドルを握りしめ、眠ることもできぬまま、幾夜も幾夜も過ごすうち、彼らは、いったん横になってしまうと、もう二度と目を開けることができぬと感じるようになってしまっている。眠気を感じる人間など、ここにはだれひとりとしていない。「お前の見張り番はもう終わりじゃないのかい。俺の番になったら、とっといってくれよ」。ひとりがいい終わらないうちに、もう別のだれかが、いそいそと同じ台詞を用意している。戦場の道々で目にしたイメージが、彼らの頭のなかを雑然と埋め尽くし、それがいまになって、ぐるぐると生々しく蘇ってきているかのようだ。[11]

ここでは、戦場の混乱を避ける機会を得て、貴重な休息のひとときを、久しぶりに会う仲間たちとともに騒々しく楽しむ運転部隊の男たちの姿が、描かれている。しかし、その笑い声に満ちた喧噪の背後に、果てしない戦場の不安や死の恐怖が言外に示唆されていることもまた、明らかであろう。

それでは、個人的な戦争経験についての同時代的な語りは、恐怖や不安の感情を吐露する以外にありえないのだろうか。戦争という特別な時空間にあっては、無限に混乱したものとして社会状況を理解するしかないのか。あるいは、恐怖や不安の感情に癒しの処方箋があてがわれる可能性はないのか。「月のかけら、森の果て」において、「戦場の道々で目にした(混乱した)イメージ」としての「個人的な現実」と対照を成して主題化されるのは、男女の浪漫的な恋の物語である。この小説の現実描写の方法は、社会主義リアリズムの厳格な英雄主義とはやはり異なるのだ。つまり、国家にみずからの運命を委ねて激しく戦う人びとの姿を描くことのうちに、個人的な不安や恐怖の経験を解消しようとする方法が、ここで用いられているのではない。あるいは、戦場の経験について、明確な日付や場所、諸個人の名前が記されるような報告の文体が、この小説で模索されているのでもない。
作者のグェン・ミン・チャウが、運転部隊の男のひとりに、眠ることもできず騒々しくわめく仲間たちに対して語らせる、小説のなかに嵌め込まれた物語。軽妙な言葉を連ねることで語られる寓話的な恋愛譚こそが、叙情的な情緒を醸し出すことで、混乱した戦場の現実に生きることの社会的な不安感を癒していく。

驚いたことに、グェットがまだ僕のことを思っていてくれているらしい。姉がすごい勢いでそう伝えてきたんだ。この数年、彼女に言い寄る男が沢山いたそうだけど、そのたびに彼女は、自分には他に約束した人がいるからって断ったらしい。姉の言葉によると、今回も彼女は、姉と一緒に働くことになって、しかもそこは、敵の爆弾にさらされるひどい場所なんだ。彼女はいま、前よりもっと優しく勇敢になり、そして何より美しくなった。[12]

しかしこの物語で、ふたりの男女が幸せなハッピーエンドを迎えることはない。総動員体制が敷かれ、個々の人びとの効率的な分離と動員が目指される戦時下の社会において、恋愛の規範性が、「現在のハッピーエンド」として形成されることはない。総動員体制のもとでは、恋愛はむしろ「分離」されていなければならず、それゆえ、「ハッピーエンドの可能性」も、「来るべき未来としての戦後」という時制へと引き延ばされる。そして、その「未来という時制において完結する恋愛」を夢想するかのような小説の寓話的叙述のうちに、現在自分たちの生活を覆い尽くす戦争に対峙する必要性が暗示されるのだ。つまり、「未来のハッピーエンド」を心のよりどころとしながら、現在の不安や恐怖に対処し、総動員体制に参加する社会的必要性。たとえば、小説の最後、男がグェットの写真を手に、次のように語る場面がある。

その写真は、数年前のものだった。グェットが、岩山の絶壁を背に立っている。肩にドリルを担ぎ、その両目は、天真爛漫に黒く輝き、遠くを見つめる。この写真を見つめると、平和が遍く訪れる日々について、思いを馳せないではいられない。そのとき、僕らは、あちこちの道に、橋をいくつもかけわたすだろう。グェットが立つ岩山は、石切場の洞穴の横で、遙か高くそびえ立つ。[13]

「平和が遍く訪れる日々」に「あちこちの道にかけわたされる橋」はもちろん、「未来という時制にかけられた恋愛」の隠喩として機能している。しかし、その「平時という未来の可能性」は、確実に保証されたものとして描かれているわけではない。

これから何年にもわたって、爆弾が降り注がれ続けるだろう。そして、僕らが自分たちの手で築き上げてきた貴重なものが破壊されていく。どれだけ月日が経とうとも、グェットは僕のことを忘れずにいてくれるだろうか。自分が生きることに宿された、光り輝く愛情や信念の糸が、あの小さな女の子の心のうちで途切れることがないと、どうしていうことができるだろう。爆弾がいくら降り注がれても、決してその糸が切れることがないなんて、ありえるだろうか。[14]

未来に完結するだろう恋愛に対しての夢想と不安を吐露する男の思いは、非常に両義的な性格をもつ。しかし、そのような微妙な心の揺らぎも含めて、男女の寓話的な恋愛譚が未来に実現されるものとして語られることの意味こそが、問われなければならない。けれども、「月のかけら、森の果て」は、このような問いを覆い隠すかのような男の言葉で、幕を閉じる。

西の森が、突然赤みを帯び始める。月が少しずつ、木々の合間を縫って姿を現す。山小屋を覆う椰子の葉が、白銀のように明るく輝く。真夜中の月の光が、小屋の屋根と、車の轍に傷んだ道を静かに照らし出す。男は語りを終え、月のかけらを見上げ、運転手の男たちのあいだに身を横たえ、言う。

「みんなもう寝よう！　明日また走るんだから。」[15]

確かに、この小説において、軍指導部による戦術や戦闘指揮の現状が描かれることはないし、逆に戦場を生きる個人の視点が過度に強調されることもない。しかし、その両者のあいだの亀裂を覆い隠すような大衆的な恋愛のドラマが紡ぎ出されるとき、戦争という緊張した時代状況のなか、人びとの心情を癒すと同時に動員する社会的な「共感のメディア」として、文学作品が機能する。

「軍人作家」のひとりであるグェン・ミン・チャウが綴る短編小説「月のかけら、森の果て」は、戦時における恋愛やジェンダー関係をロマンチックに叙述する。わたしはここで、戦争という過酷な社会条件のもとでも、大衆的な活字の娯楽メディアにおいて夢のような恋愛が描かれたのだと主張したいのではない。わたしの主張はむしろ、以下の点にある。①戦争という社会条件こそが、恋愛規範やジェンダー規範の叙述と構築を行う文学メディアを成立させていること、②そこで叙述される規範に、未来という時制が「実現されるべき夢」としてつねに担保されていること、③「実現されるべき夢」は、現在という時制における具体的な規定を回避する未来という時制に位置づけられているからこそ、戦時下の社会状況を生きる人びとに対して、心情的に呼びかける心的動員の装置として作動すること。

「実現されるべき未来の夢」は、永遠に実現されることのないただの幻想にすぎないことが認知されるとき、「終わりなき未来の悪夢」に変わるだろう。そして、この悪夢は、「センチメンタリズム」などでは到底覆うことのできない、過去の苦い記憶と化すだろう。「ベトナム戦争の時代」のただなかで、この戦争がまさに繰り広げられるローカルな北ベトナムという場所において、文学が描く寓話的な「夢」が社会的な「夢」として機能したことが、グローバルなレベルから考えて、いったい何を意味するのかという問題こそが、考察されなければならない。フォーディズムからポストフォーディズムへと社会体制が変容する第一世界において、社会運動の担い手として登場した「市民」や「学生」と、国土の大半が農村である第三世界のベトナムにおいて、戦争に心情的に動員されることで成立する「大衆」が、同時代的に存在していることの意味を問う作業こそが、求められている。

注

1 開高健『ベトナム戦記』（朝日文庫、一九九〇年）、一六三―一六九頁。当時文芸評論家であり、読売新聞外報部記者であった日野啓三もまた、開高と同じ公開処刑を目撃している。日野と開高の体験について論じた文献として、川村湊「ベトナムを見る眼」（『戦後文学を問う――その体験と理念』岩波新書、一九九五年、八一―九八頁）参照。

2 亀山旭『ベトナム戦争――サイゴン・ソウル・東京』（岩波新書、一九七二年）、七―一一頁。

3 清水知久『ベトナム戦争の時代――戦車の闇・花の光』（有斐閣新書、一九八五年）、七―八頁。

4 同前書、一一八―一一九頁。

5 同前書、八頁。

6 合衆国の駐南ベトナム地上戦闘部隊の数は、同年一二月の五三万六一〇〇人が、ベトナム戦争期間中最大となっている。なお、この年、韓国軍も最大数の五万人を南ベトナムに派遣している。

7 Ngo Thao, "Trong cuoc hanh quan gian lao va vi dai" (in *Van hoc ve nguoi linh, tieu luan phe binh*, Ha noi: NXB Quan Doi Nhan Dan, 2001, pp.53-67), p.59.

8 「ベトナム戦争の時代」における北ベトナム社会のメディア状況について考えるとき、移動映画の上映や移動演劇団が果たした役割もまた、無視することはできない。しかしここでは、活字メディアとしての小説にとくに焦点を当てることにする。

9 Ibid., p.61.

10 *Truyen va Ky: Ba nam chong My* (Ha noi: NXB Van hoc, 1968), pp. 8-9.

11 Nguyen Minh Chau, "Manh trang cuoi rung" (in Mai Huong ed., *Nguyen Minh Chau Toan tap, Tap III*, Ha noi: NXB Van hoc, 2001, pp.111-136), pp.111-112.

12 Ibid., p.119.

13 Ibid., p.134.

14 Ibid., p.135.

15 Ibid., p.136.

コラム4――山本敦久

タイフーン・ブース

We Don't Have to Be What You Want Us to Be

自分たちの空間を切り開こうとすることは、何もそんなに難しいことではないんじゃないか。もう一歩だけ前につんのめることで可能になるんじゃないか。オフサイドぎりぎりで駆け出すアタッカーは、パッサーたちとの瞬時の連携を試みながら、何度も繰り返し契機を狙ってるじゃないか。契機は当たり前のことの連続性の中にしかない。大学や都市空間は、私たちの身体を国家やグローバル資本に順応させる装置であるばかりではないはずだ。自己価値創造の実践を試していく場であるはずだ。文化表現するエージェンシーはこのまま切り詰められていくのか?

「構内は遊び場ではない。スケボーするな。ダンスをするな。タバコを吸うな。キャッチボールをするな。音楽をかけるな。群れで騒ぐな」。問題なのは、構内や都市の至るところに張り巡らされ、発せられるこれらの虫唾が走る言葉ではない。それをシニカルに受け止める身体の構えが最大の障壁なのだ。それこそが私たちが批判しなければならないものであるに違いない。都市空間やメディア、サウンド、テクスト、そして身体を使いこなすことによって、私たちの欲望や衝動が集合的に昇華されることにこそ可能性を見いだすのが文化研究の構えであるのだから。

この運動体の実践者たちは、少なからずそれぞれが片腕か、片足を突っ込んでいる文化のシーンがあるだろう。それら音楽、アニメ、映画、文学、スポーツ、ダンス、社会運動、反戦運動など、さまざまな文化創造の空間の中で、複製という20世紀的な問題の痕跡を二一世紀に架け橋することが試されていることに直面しているはずだ。そうした身振りを翻訳してみること、実際に自分のシーン(研究者であればテクスト生産やイベントやシンポジウムなど)でやってみることこそがいま文化研究には求められているように思う。

〈タイフーン・ブース〉もそうしたごく当たり前の試みでしかなかったように思う。当局の小さな主体(パシリ)の圧力も当然あった。ネオリベ体質へと腐敗する装置の中に、得体の知れないイベントの匂いが漂うのだから。重ねられる音、刻々と変貌する壁面デザイン、斬新なカラーのオブジェ、映像、無数の書籍、壁に掲げられた政治的なメッセージの数々、身体アート、そして有象無象の群れ……。大学院生、研究者、批評家、作家、アーティスト、ジャーナリスト、建築家、DJ、アクティヴィスト、無産者、編集者、書店員たちが、あり合せのアイデア、知恵、手法、機材や道具を持ち寄って、それらを使って、ただやってみたというのが実感である。文化の現場とアカデミズムを繋ぐといったナイーブな議論も重要だろうが、そうしているうちに路上が塞がれ、広場が削られている。文化研究とは現場を切り取ってきて実証したり、分析したりする者たちだけの集まりではない。〈ブース〉に昇華されていった参加者たちの欲望は、そのことを表明・表現していたに違いない。

どんな文化活動であれ、集団で何かをなすためには、それなりの体力と労力、知恵と経験、配慮とひらめきが要求される。そこに政治も発生する。板一枚、木片ひとつ、模造紙一枚、釘の一本、机や椅子をどこからくすねてくるか、どの業者がより安く販売してくれるか。構内でイベントが可能な場所はどこなのか。監視の目をどう逸らすか。どこまで妥協するか。そのためにあえて安全な(非政治的な)「学会」を装ってみたりもする。ポスターやフライヤーも徹底的に工夫する。機材の搬入経路をどうするか、電源をどこからゲットするか、動線をどのように確保するか。DJブースの位置と音の広がりをどのくらいに設定するか。限られたスペースの中で、ブースの出展者たちがどこに配置されるべきなのかといった不平等の問題をどう解決するか。2日間にわたるイベントであるから夜間の管理をどうするか。偶発的に適材適所の仕事の配置がテンポラルに決定される。数え上げればきりがないほどの、こうした基礎的で地味な作業がなければ、文化活動はありえないが、そのようなプロセスの中でも創造的なアイデアが生み出され、試されもするのである。

いま振り返ってみると、〈タイフーン・ブース〉は参加者たちがそれぞれの文化シーンでの日常的な体験やアイデアや技芸の破片を持ち寄って、くっつけてみようとする「遊び」であり、「祭り」であり、快楽的な経験だった。それはまた、無表情でシニシズムを装う〈学生ラウンジ〉とよばれる空間を、濃密な〈一時的自律ゾーン〉へと変貌させることでもあったように思う。そして「学会」という、閉じられてしまいがちなアカデミック空間に、シーンの身振り、鼓動、体温を与えるためのパッサージュ(抜け道)を交差させようとするものであった。それらが「タイフーン・ブース」という実験の狙いだったのではないか。

ぼんやりとしていて見えにくい矛盾を、個々のイシューを繋げてみることで敵対性へと変貌させること。もし、文化研究者が実際のサブカルチャーの中に、体のどこかの部位を少しでも突っ込んでいるのならば、このことに敏感になることができるはずだ。「革命的」なブース空間は、偶発的な一回限りの、それ自体が技芸の集積のようなものだった。この記憶は、参加者たちによってまたどこかの場所で模倣され、組み合わされ、まったく別の空間へとアレンジされていくだろう。

At the Rendezvous of Our Victories

〈ブース〉空間を創り上げていくときに、上野俊哉氏、宮島之晴氏、SMILE TRANCEさんには多くのアドバイスと経験知、そして技を惜しみなく提供していただいた。伊藤守氏には、運営上のさまざまなアドバイスを頂いた。酒井隆史氏にはストリートで活動する人たちを紹介していただいた。この場をかりて感謝を述べたい。そして前日、当日と手伝ってくれた国内及び世界各地から集まった院生や学部生のみなさん、また多くの時間と労力を提供していただいた伊藤守ゼミの4年生のみなさん、そして最後にブースをともに創り上げた参加者のみなさん、ありがとうございました。

14 クイズがアメリカからやって来た

丹羽美之

1　はじめに――クイズは文化である

「クイズは文化である」などと唐突に言われたら、たいていの人は不思議に思うかもしれない。「クイズが文化だって？　そんなこと今まで考えてみたこともなかった…」と。確かに、クラシック音楽や絵画のように「高級文化」だけを文化と考えるような人にとっては、クイズなどは文化と呼ぶには値しない代物だろう。あるいは、文化という言葉を聞いて、民間伝承や祭礼の衣装といった伝統的な「民俗文化」を連想してしまう人にとっても、「クイズは文化である」という物言いにはどこか違和感が残るかもしれない。しかし、文化とは、私たちが普段の暮らしの中で何を好み、何を買い、何を食べ、何をして遊んでいるか、といった日常生活のルールに深く関わる問題だとするなら、すなわち「人々が暗黙のうちに従っている意味の枠組み」だと考えるなら、クイズは間違いなく文化のひとつである。

実際、あなたの身の回りを少し見渡してみれば、あちらこちらにクイズ形式の文化が見つかるはずである。たとえば、テレビのスイッチをつければ『クイズ・ミリオネア』や『アタック25』や『世界・ふしぎ発見！』のようなクイズ番組が連日のように放送されている。また『はなまるマーケット』や『笑っていいとも』や『午後は○○おもいっきりテレビ』といった情報番組やバラエティ番組にも、必ずいくつかのクイズコーナーが用意されている。視聴者に問いを投げかけた後に、証拠ＶＴＲや大学教授の解説を見せてその疑問を解決する、というテレビではお決まりの手法もほとんどクイズのようなコミュニケーションだし、「続きはこの後に！」といってＣＭを突然挿入するやり方もクイズ的と言えなくもない。最近では『火曜サスペンス劇場』のスタート前に「火曜サスペンスクイズ」なるものをやっていて、二時間推理ドラマそのものがクイズのように消費されている。テレビだけではない。書店には結構な数のクイズ本が並んでいるし、巷には市民のクイズ・サークルや高校・大学のクイズ研究会など、クイズを趣味として楽しむ人々の集まりが存在する。新聞や雑誌に掲載されるクロスワード・パズルから、パーティやイベントのちょっとしたアトラクション、広告や懸賞に使われるたわいもないクイズ（たとえば「パンにはやっぱり〇〇ソフト」の空欄を埋めて下さい）にいたるまで、様々な媒体にクイズはそれとなく潜んでいる。

また、もっと見方を広げるならば、私たちの日常生活に蔓延するマニュアル的な応答そのものにクイズ文化との関連を見ることもできるかもしれない。たとえば、ある女性ファッション雑誌には「これで解決、苦手な流行」と題して、次のようなQ&A方式の記事が並んでいる。

Q：プリントアイテムを、モードすぎずに着こなすコツは？
A：ベーシックカラーの柄を選ぶのが正解
　インパクトが強く、モードっぽい印象になりがちな、ドットやロゴなどの柄アイテム。白、茶色、ベージュ、紺などのベーシックカラーを上手に使ったプリントを選ぶと、モード感が弱まって着こなしが簡単になります。…写真のように柄アイテムをコーディネートすると、夏らしく、クリアでライトなニュートラスタイルが完成します（『Oggi』小学館、二〇〇〇年七月号）

こんな「正解」を誰が決めているのか、という疑問はここでは措くとして、この種のマニュアル記事は、ファッション誌に限らず、『たまごクラブ』『ひよこクラブ』といった育児雑誌、あるいはタウン情報誌をぱらぱらとめくってみれば、容易に見つけ出すことができる。また、マクドナルドやコンビニで特徴的に見られる断片化・合理化された受け答えも、こうしたマニュアル化した応答のひとつだろう。そして極めつけは、試験問題である。入学や入社の際に行われるマークシート方式の選抜試験は、自然にクイズを連想させる。難関小中学校の入試問題をネタにした『平成教育委員会』というクイズ番組がかつて見事に喝破したように、教育現場こそ私たちのクイズ文化の原点なのかもしれない。

ところで、これほどに大きな広がりをもつクイズ形式の文化の特徴とはいったいどのようなものなのだろうか。ここでは、とりあえず次のように考えておきたい。すなわち、クイズとは問いと答えのあいだに一対一の対応関係があるコミュニケーションの形式である、と。井上俊が指摘するように、クイズには原則として、正解はただ一つしかない。答えはAでもありうるしBでもありうるとか、ある面からみればAが正しいが、また別の角度からみればBが正しいといったことでは、ゲームが成り立たなくなってしまう。[1] クイズでは、ゲームを成り立たせるために、問いも答えも一対のものとしてあらかじめ定められた枠の中にセットされているのである。

これは当たり前のことのように思われるかもしれないが、決してそうではない。少し考えてみればわかるように、社会の内部には答えの存在しない問いや、答えが複数存在する問いはいくらでも見つけだすことができる。クイズとはそうした多義的な問いをあらかじめ周到に排除したところに成り立つ「特殊」なコミュニケーションの形式なのである。むしろ次のように言ってしまった方がいいかもしれない。問いと答えが排他的に一直線で結ばれるクイズという文化こそ、実は、多様な意味を徹底的に削ぎ落としたところに成立する「異様」なコミュニケーションの形式なのである、と。かつて上野　志はこれを「管理された応答」と呼んだ。[2]そしてこの応答という形式は、必ず人を「参加」させるところに特徴がある。クイズ番組の視聴者がテレビに向かってとっさに解答を口走ってしまうように、なぜか自分でもわからないうちに、枠づけられた競争にそれなりにがんばって「参加」してしまう。

クイズという文化はこうして知らず知らずのうちに特定の知識を「常識」として中心化・正統化していく力をもつということを忘れてはならない。クイズの出題者（司会者）は「〇〇人なら最低限知っておくべき常識」を決める支配的な立場にある。解答者はそのクイズに自発的に「参加」することによって「常識」を学習し、出題者が属する支配的文化の仲間入りをすることができる。その意味で、クイズは「常識」の生産・維持・確認装置であり、その「常識」を共有する共同体の生産・維持・確認装置でもあるのだ。[3]

こうした特徴をもつクイズという特殊な文化は、いったいどのようにして日本の社会に普及し、定着していったのであろうか。人々はいつごろからクイズという文化を自然なものとして受け入れるようになっていたのか。これを明らかにするのがこの小論の目的である。日本の社会はクイズとどのように出会ったのか。そのインターフェィスに注目しながら、文化を固定的な相で捉えるのではなく、対立や抗争の契機を含んだ歴史的な動的プロセスとして捉えなおしてみたい。

日本にクイズ番組が登場してくるのは、戦後すぐのラジオ放送である。それ以前の日本には「クイズ番組」と呼ばれるものは存在しなかった。「クイズ」と呼ばれる経験の広がりも存在しなかった。人々は「クイズとは何か」をよくわかっていなかった。実際、後に明らかにするように、草創期のクイズ番組では、正解がいくつも存在するような（現在から見ればおかしな）問題が平気で出題されていた。人々はクイズ番組を通して、試行錯誤するなかで、問いと答えが一対一で対応するクイズ形式の文化を学んでいった。今やすっかり忘れられつつあるが、日本のクイズ文化は戦後すぐのラジオ放送から始まった。しかもそれはアメリカからやって来たのだ。

2　クイズがアメリカからやって来た

敗戦後まだ間もない一九四六年一二月三日、日本のクイズ番組の草分けといわれる『話の泉』（一九四六—六四）が、ＮＨＫ

のラジオ放送で産声をあげた。正確には、「クイズ」という言葉はまだほとんど普及しておらず、「当てもの」などと呼ばれていた時代である。[4]「クイズ」という言葉こそ使われていなかったが、司会者が読み上げる難問・奇問に、博識多彩な解答者がユーモアたっぷりに答える『話の泉』のスタイルは、後に数多く生まれることになるクイズ番組の原型となったことは間違いない。翌年一一月には、もうひとつの当てもの番組『二十の扉』（一九四七―六〇）が同じくＮＨＫで始まった。解答者が司会者とやり取りを交わしながら、勘と推理で正解を探り当てていくというスタイルの番組で、どちらかというと教養色の濃い『話の泉』に対して、こちらは娯楽性を前面に押し出していた。

『話の泉』も『二十の扉』も戦後になって初めて登場した新しいタイプの番組である。ただし、これらの番組はＮＨＫが独自に考案したものではなく、すでにアメリカやイギリスに存在する人気クイズ番組に範をとったものだった。『話の泉』がアメリカのクイズ番組Information Pleaseを、『二十の扉』が同じくTwenty Questionsという番組を模倣して制作されたことはよく知られている。そして、その背後には、ＧＨＱ占領下でＮＨＫの番組制作に対して指導を行ったＣＩＥ（民間情報教育局）ラジオ課の助言があった。ＮＨＫはこの助言をもとに、両番組を制作した。「当てもの」と呼ばれた草創期のクイズ番組はこの時期、占領軍を通じてアメリカから日本へと「輸入」されたのである。

では、ＣＩＥがクイズ番組の制作をＮＨＫに助言したのはなぜか。そのことを明らかにするためには、当時の日本の放送がおかれた歴史社会的文脈をもう少し詳しく見てみる必要がある。当時の日本はＧＨＱの占領下にあった。日本放送協会（一九四六年三月からＮＨＫの呼称を使用）は、一九二六年の発足以来、日本政府の管掌のもとで戦前の放送事業を独占してきたが、敗戦とともにＧＨＱの占領政策に組み込まれ、その管理下におかれていた。ＧＨＱの放送管理政策の目的は、一言でいえば、ラジオの民主化を通じて日本の民主化を促進することにあった。そのために、番組の検閲を担当するＣＣＤ（民間検閲局）と、民主的番組の育成を指導するＣＩＥ（民間情報教育局）ラジオ課が、内幸町にあるＮＨＫの東京放送会館の一部を接収して、きめ細かく放送内容の監督・指導を行った。

ＣＩＥは、放送は国民のものであるという考え方を前提に、それまでの上意下達型の番組内容を改め、できるだけ一般大衆にマイクを開放するようＮＨＫを指導した。こうして誕生したのが、『街頭録音』（一九四五年九月開始）や『のど自慢素人演芸会』（一九四六年一月開始）といった聴取者参加形式の番組群である。『話の泉』や『二十の扉』も、このようにマイクを国民に開放する放送民主化の一環として企図されたものだった。実際、当てもの番組は、制作者にも聴取者にも新鮮な感覚を与えたようだ。ＮＨＫの文芸部長である片桐顕智は次のように述べている。

戦後あわただしく衣更えした放送の中にも聴取者を驚かし

> たのは、昭和二十一年十二月三日はじめて世に現れた「話の泉」の放送でありました。（中略）綿密な打合せと台本原稿とがつきものであった放送常識からみれば、何の用意もなしにマイクの前に座った紳士たちが、何を云い出すかわからない司会者の質問に答えるという新形式は、解答者とプロデューサーにとっては冒険であり、聴取者にとってはスリルであったに違いありません。[5]

日本版クイズ番組は、ラジオ民主化という歴史社会的文脈においてCIEがNHKに助言し、実現されたのである。

ＣＩＥがこのような助言を行った背景には、彼らの母国アメリカでのクイズ番組人気があったことも見逃せない。一九二〇年代初頭に早くもラジオが商業放送として立ちあがったアメリカでは、都市的な大衆消費社会の欲望を喚起する装置としてさまざまなラジオ・プログラムが早くから開発された。クイズ番組も、一九三〇年代にはすでに、基本的なプログラムのひとつとして放送されていた。その先駆的形態となったのは、Uncle Jim's Question Bee（『ジム伯父さんの質問蜂』）、American Quiz（『アメリカン・クイズ』）、Dr. I.Q（『物知り博士』）といった番組である。そして、一九三八年にＮＢＣでInformation Pleaseが始まると、クイズ番組の人気は一気に加速し、一九四〇年代にはクイズ番組は多くのアメリカの聴取者を魅了することになった。[6]

当時のアメリカにおけるクイズ番組の異常な盛り上がりは、当然学問的な関心の対象にもなった。Ｐ・ラザースフェルドが率いた「ラジオ・リサーチ」プロジェクトがそれである。マス・コミュニケーション研究の古典のひとつとされるこのプロジェクトにおいて、Ｈ・ヘルツォークは一九四〇年に先駆的なクイズ番組研究を執筆している。ヘルツォークはその論考の中で、一九三六年に始まったProfessor Quizという番組を題材にして、クイズ番組がなぜこれほど聴取者をひきつけるのかを、「競争の魅力」「スポーツの魅力」「自己評価の魅力」「教育の魅力」という観点から分析してみせた。[7]すでに当時のアメリカでは、車や家電の大量生産、マスメディア、教育、スポーツ・レジャー産業といった都市中流階級の基盤が形成され、価値観や生活様式が急速に標準化しつつあった。ラジオのクイズ番組は、こうしたアメリカ社会を生きる大衆の欲望に巧みに訴えかけるものであった。

ＣＩＥは、こうしたアメリカでのクイズ番組の成功を念頭において、日本版クイズ番組の制作を助言した。それは、一般的に「戦勝国」アメリカの豊かな大衆文化を日本に持ち込む肯定的なアメリカナイゼーションの過程として捉えられた。クイズ番組は「平等な参加」、「ルールに則った競争」、「勝利者への報酬・名誉」といった基本的構造をもつ。それは公正な自由競争によって物質的繁栄を謳歌する「アメリカ」という神話の演出に貢献した。

こうして二つの当てもの番組『話の泉』と『二十の扉』は誕生した。その後もＮＨＫラジオでは『私は誰でしょう』（一九四九―六九、What's My Name?）、『とんち教室』（一九四九―六八）、『三つの歌』(一九五一—七〇)といった人気当てもの番組が次々にスタートした。開局したばかりの民放ラジオも早速この動きに追随した。一九五一年、名古屋の中部日本放送とともに民放第一声を放った大阪の新日本放送(現在の毎日放送)は、月曜から土曜の毎晩八時台という絶好の時間帯に帯の枠を設け、『知らぬが仏』『ウッカリテスト』『バイバイゲーム』『電話プレゼント』『おたのしみヒント』『アベックゲイズ』といったクイズ番組を日替わりで放送した。いわゆる「クイズベルト」である。「クイズ」という名称が番組名として使われるようになり、広く普及し始めるのはようやくこの頃からである。こうして当てもの番組は、戦後の放送民主化を象徴するものとして、一気に国民的娯楽へと成長していった。

3 「当てもの」という実験場

しかし、これによってクイズ文化が日本の社会にすんなり浸透したと考えるのは性急である。実際、草創期の当てもの番組では、制作者側も聴取者側も「クイズとは何か」をよくわかっていなかった。以下では『話の泉』を例に考えてみたい。

興味深いことに、「当てもの」と呼ばれた草創期のクイズ番組は、ほとんどすべて、その問題と答えを投書というかたちで聴取者自身が作成していた。記念すべき『話の泉』の第一回放送の冒頭で、司会者徳川夢声は次のような言葉で番組をはじめている。

今晩を皮切りにいたしまして、毎週この時間に聴取者の皆さんからいろいろの珍問、奇問、難問、なんでもよろしゅうございますから、質問を寄せていただいて、同時にその質問に対する解答も私の方に知らせていただくわけで、これから質問に対する返事をなさる方、今晩はサトウハチローさん、その隣りが堀内敬三さん、その隣りが中野好夫さん、その隣りが中野五郎さん、この四人の方が返事をなさるわけでございます。場合によりますというと、ちょっとこの四人の方の専門外というような質問も出ることがあるだろうと思います。で、すでにアナウンサーの方からもお断りしたかもしれませんが、非常にうまい質問でですね、この千軍万馬往来の先生方がぐっと詰まってですね、どうしても返事ができない、そういうご質問を送って下さいましたお方には、多少でございまするけれども、賞金を差し上げることになっておりますので、ひとつ振るっていろいろの質問を放送局あてにお願いしたいもんだと思います。では前置きはこのくらいにしておきまして、早速実演ということにいたしますから、それで皆さんの方でも質問の要領など飲み込んでいただきたいと存じます。ではこれからはじめます。[8]

今でこそ、クイズの問題は番組制作のプロが当然作るものと思われているが、当時は聴取者参加形式のひとつのかたちとしてこのように聴取者自らが問題と解答を作成する方針が採用されたの

〈問〉鐘の音を聞いても、場合によって、又人によって、さまざまな感じをうけるけれど、次の場合に感じる鐘の音はどんな鐘でしょうか。
①聞いてびっくりする鐘の音　②晴れ晴れしく聞こえる鐘の音
③名残惜しく聞こえる鐘の音　④少数の人のみ残念に聴く鐘の音
⑤荘厳に聞こえる鐘の音
〈答〉①半鐘　②平和の鐘　③出船の鐘　④話の泉の鐘のなったときの解答者
⑤葬式・教会等の鐘
〈問〉英国人が嘘のつきっこをして、最も優秀なものに賞金を与えたことがあります。その嘘の傑作は、「僕は一生涯賭け事をしたことがない」―というのです。では今の日本にあてはめて見た場合、どういう嘘が最優秀の嘘でしょう。

〈答〉僕（わたし）は、かつて、闇ということをしたことがない。

〈問〉「がんもどき」の作り方をご存知ですか。

〈答〉豆腐をくずし、これに切昆布と人参を混ぜて揚げます。

〈問〉嘘は八百しかないでしょうか。

〈答〉「千三（せんみつ）」もあります。

『話の泉』出題例

である。『話の泉』では、聴取者の「質問」にスタジオのゲストがうまく「返事」をできなければ、聴取者の勝ちとなり、賞金が贈られるという決まりになっていた。この聴取者による投書方式は『話の泉』に限った話ではなく、一九五〇年代半ばにかけて簇生してくる後のクイズ番組のほとんどすべてに引き継がれていった。

では、聴取者はこのような呼びかけにどのように反応したのであろうか。実際、聴取者からの投書は、当ての番組の人気の高まりとともに、膨大な数にのぼった。一九五〇年度中だけでも、『話の泉』には一二三万通、同じく投書方式を採用していた『二十の扉』には四八〇万通、『私は誰でしょう』には一〇〇万通もの投書が寄せられた。[9]

ここで当時の問答がどのように実践されていたのかを知るために、『話の泉』に寄せられた投書からどのような問題が出題されていたのかを見てみることにしよう。おもしろいことに、当時の出題を詳細に検討してみると、正解をめぐって意見が分かれる問題や正解がいくつも存在するような（現在の感覚からすればクイズと言えないような）問題が聴取者から寄せられ、それらがしばしば平気で出題されていたことがわかる。『話の泉』の問題と解答を収録した二冊の番組本『話の泉』『話の泉集――趣味と常識の百科』から、それらのいくつかを拾い出してみよう。[10]（上段参照）

これらはどれも、一義的な解答を与えることが無理な問題ばかりである。人によって鐘の音の「感じ」方は違うのではないか。「最優秀」の嘘をどうやって決めるのか。料理の「作り方」（レシピ）をどこまで詳細に説明しなければならないのか。最後の問題はいったい何を問おうとしているのか。どの問題も多様な解釈の余地がありすぎて、問いから一義的な答えを一直線に導き出すことができない。

また、『話の泉』には、これら以外にも、とんちやなぞなぞのように、機知に富んだ答え方をしさえすれば無数に正解が認められるような問題が、たくさん含まれていた。とんちやなぞなぞの場合、たとえば「切っても切っても切れないものなぁに？」に対する正解は「トランプ」でも「水」でも「ハンドル」でも「首」でもありうる。そこでは、複数の正解が存在する可能性が原理的に許容されているのである。

もちろん、すべての出題がこうした類のものだったわけではない。問いと答えが一対一で対応するような問題も数多く出題されていた。しかし、ここで重要なのは、それらに混じって、正解がひとつとは限らないような多義的な問題が何の違和感もなく出題されていたということである。クイズとは、問いと答えという一対一の対応関係をもつ知の形式を媒介として、勝敗を争うゲームであるとするならば、このような多義性に開かれた問題は勝敗の決定、すなわちゲームの成立を不可能にしてしまう。実際、驚くべきことに、『話の泉』の第一回放送では、異なる視点から異なる正解が複数導き出されてしまって、出題者（聴取者）と解答者の勝敗を決することができなくなったため、「あいこ」にしてしまうという事態が、何度も起こっている。

繰り返し述べてきたように、戦前の日本のラジオ放送にはクイズ番組は存在しなかった。クイズと呼ばれる経験も存在しなかった。人々は、戦後になって『話の泉』がアメリカからもち込まれると同時に、はじめてクイズと呼ばれる経験に出会ったのである。番組に出演したほとんどの文化人たちでさえ、それがクイズとのはじめての出会いだった。

〈クイズ〉というコトバを、私が初めて聞いたのは、昭和二一年末のことである。「話の泉」第一回の録音が一二月五日で、この前後にハギンス少佐の口から、このコトバが出たように記憶する[11]（徳川夢声）

敗戦の翌年「話の泉」という不思議な放送が現れて、その形式の新しさと、展開のスリルと、五人の紳士たちの博識とが世間を驚かせたころには、「クイズ」という英語なんかは極く少数の関係者だけしか知らなかった[12]（NHKクイズ班長　中道定雄）

とすれば、クイズをめぐって様々な試行錯誤が繰り返されたとしても不思議ではない。

逆に言えば、『話の泉』は、最初から多義的な問答を楽しむことに番組の主眼があったと考えることもできる。出題はあくまで解答者である文化人の博識さを引き出すための触媒であるとすれば、単一の答え方しかできない問題よりは、解答の過程であれやこれやと文化人の教養を披露できる問題の方が望ましい。この時期の当てもの番組のレギュラー解答者は、ほとんどが一九〇〇年前後に生まれ、大正・昭和の教養主義の時代に育った世代である。彼らはこのゲームを教養主義の文脈において捉えていた。『話の泉』のレギュラー解答者であった音楽評論家の堀内敬三は次のように述べている。

『話の泉』は一つの知的ゲームだけれど、これは常識をひろくする機会であり、また色々な事を考える機会である。日本人がこれまで忘れていた知識の庫を開くきっかけを『話の泉』は提供したのである。私もこのゲームをたのしんでいる。そうしてこのゲームが日本人をもっともっと教養ある民族にする動機となることを信じている。[13]

そこにあるのは、クイズを知識そのものの獲得だけで終わらせるのではなく、人々の品格を高め、育成し、導く手段としても積極的に活用していこうとする、文化人特有の教養主義であった。

以上述べてきたように、「当てもの」と呼ばれた草創期のクイズ番組では、現在の感覚で言えばクイズといえないような問題が玉石混淆となってやりとりされていた。それは、さまざまな物の見方や解釈が入り混じる多義性に満ち溢れた空間だったと言える。確かに、クイズは戦後になってアメリカから「輸入」された。しかし、それはけっして、日本文化のなかにすんなりと移植され、定着したのではない。人々は、人格修養的な教養主義の文脈、あるいはなぞなぞやとんちといった多義的な問答形式の経験の上に、クイズという経験を重ね合わせ、それらをごちゃごちゃに楽しんでいた。[14] 文化エリートの教養主義や庶民の多義的なとんち問答が混在する当てもの番組は、クイズ文化がどのような形で日本に定着していくかを決めるひとつの実験場だった。

4　クイズ文化のゆくえ

しかし、このような実験期間は長くは続かなかった。その後、多義的な問答形式はしだいに姿を消し、(現在あたりまえと考えられているような) 一義的なクイズ形式が普及・定着していくことになる。最後に、その経過をたどってみよう。

一九五四年に一冊の興味深い書籍が発行されている。その名も『クイズ年鑑　一九五五（前期）』。編集は「日本クイズクラブ同人」となっている。NHKや民放の協力を得て、一九五四年上半期に放送されたクイズの秀作をあまねく収録しようとしたものらしい。ひたすら「問題と解答」を掲載してあり、その厚さは六〇〇ページを超えている。[15] 次に引用するのは、当時のNHKと民放のトップが、この『クイズ年鑑』の巻頭に寄せた序文の一部である。

クイズ番組が、わが国の放送に現われてから八年、今日見られるその広がりと影響力は、単に放送史上ばかりでなく、後の世にも必ず昭和社会風俗史のひとこまとして書きとどめられるに違いありません。（日本放送協会会長・古垣鉄郎）

世は《クイズ時代》といわれるほど、日本の放送界にはクイズ番組が全盛を極めている。各局ごとに、それぞれの趣向を凝らした内容と形式は、全国聴取者のありとあらゆる階層の人達から、大きな支持を得てきているようだし、この傾向は、特に、娯楽にとぼしい農漁村に顕著なようである。（日本民間放送連盟会長・足立正）

元来、クイズ放送は、戦後アメリカから移入して発展をみせて来たものだが、現在の日本では、本家のアメリカを凌駕せんとばかりの旺盛振りを示している。（日本テレビ放送網株式会社社長・正力松太郎）

確かに、この分厚い一冊を手にすると、当時のクイズ番組の流行ぶりが伝わってくる。実際、民放ラジオ局がほぼ出揃った一九五四年から五五年にかけて、ラジオのクイズ番組は大ブームを巻き起こした。ＮＨＫラジオ新聞調査部の概算によれば、一九五四年の時点で、ＮＨＫ（ローカル含む）、民放（四〇局）あわせて一〇〇以上のクイズ番組が放送されるまでになっていた。[16]

これらの番組は、それぞれ多様な趣向を凝らしてはいたが、基本的に次のような共通のパターンを持っていた。第一に、公開録音で制作されたこと。第二に、『話の泉』と同じように、一般聴取者が問題と解答を作成する投書方式が採用されたこと。第三に、解答者についても、レギュラーではなく、一般聴取者が出演・挑戦したこと。第四に、正解者には賞金（正解数に応じて数百円から数千円）が贈られたこと、などである。特に、注目すべきは、第三と第四の点である。最高賞金一万円の『ミリオンゲーム』。義務教育から高校教育、最高学府へと問題の難度により順次進学していく『進学クイズ』。単勝（五百円）、複勝（千円）、連勝（二千円）の三種を解答者が選択する『愛馬クイズ』など、一般聴取者が賞金を懸けて番組の前面に出てくるようになったことによって、クイズ番組は今まで以上に、勝敗の明快さを求められるようになり、競技性を帯びるようになった。

このような競争圧力の高まりは、クイズ番組に対する低俗批判がこの時期に台頭してくることからも裏付けられる。賞金の獲得だけが目的であるかのようなマンネリ化した番組や、高額な賞金を売りものにする番組が、射幸心を煽り、社会に悪影響を与えるといった批判が登場するのである。一九五五年三月には、民放連が、子供に悪影響を与えかねないようなクイズ番組の自粛を申しあわせている。[17] 少なくとも、クイズ番組はこの時期以降、その競技性を増し、ゲームの勝敗を確定するための単純明快さを求められるようになっていった。あえて図式化していえば、それは、ＮＨＫの教養主義型あるいはとんち型当てもの番組から、民放の競技型クイズ番組への移行として捉えることもできるだろう。

そしてこの過程で、クイズそのものも確実に変化しはじめる。正解単一化の志向が強まっていったのである。答えがいくつも存在したり、答えをめぐって意見が分かれたりするような問題では、勝ちか負けかを明快に決することができない。クイズに参加する一般聴取者が競争の魅力や自己評価の魅力をたん能できるようにするためには、知を規格化・標準化・得点化して計量可能なものにすることが望ましい。こうしてクイズはしだいに、初期の意味の過剰さを削ぎ落とし、問いと答えを排他的に一直線で結びつけた形式へと収斂していくようになる。実際、先に挙げた『クイズ年鑑』のなかで、埼玉県在住のある常連投書家は、「最良」のクイズの条件は「健全な娯楽性」にあると述べた上で、次のように書いている。

> その上で、日常生活に役立つか、知っておると都合がよいような内容であれば申し分ない。また、テストの点から、マチガイのあるものや、帰一的な答がでないものは、興味を減殺する。クイズ問題内容の構成とその表現にクイズの生命がかかっている。[18]［傍点は引用者］

クイズを「テスト」として位置づけていることからも明らかなように、もはやここでは正解の多様性は否定されている。すでにこの時期、クイズは単一の正解を持つものでなければならなくなっていた。

以上、問いと答えが一対一で対応するクイズという文化の形式が日本の社会にいかに普及・定着していったのかという点に焦点をあてつつ、ラジオ放送におけるクイズ番組の誕生を考察してきた。多義的な問答形式である「当てもの」をエリート文化と庶民文化が混在していた階層社会（身分社会）の名残とみるならば、新たに誕生した「クイズ」はおそらく、大衆文化が支配的となる中流社会（競争社会）を象徴する文化の形式であったということができる。ラジオのクイズ番組自体は一九五〇年代後半にはしだいに勢いを失っていく。しかし、もはやその頃までには、クイズという文化の形式はすっかり人々の間に浸透し、合理的な知のかたちとしてウォーミングアップを終えていた。

その後、クイズは衰退するどころか、テレビ番組へとその中心を移して、ますます身近なゲーム・娯楽として日常化していく。日本において大衆消費社会の欲望が農村地域を含めて全国的な展開を見せる高度経済成長期には、択一的なクイズを解くひたすらな「上がり」の感覚が人々を魅了するようになっていった。こうしてクイズ文化はテレビと歩みをともにしながら、もはや疑いようのない自明性を獲得していくことになる。それは同時に、戦後日本においてアメリカナイゼーションが不可視化していく過程と、不可分のプロセスでもあったように思われる。[19]

注

1 井上俊「クイズ的知〜断片化から再構築へ」『is（特集／クイズ人類学）』第六〇号、ポーラ文化研究所、一九九三、二五—二七頁。

2 上野昂志「管理支配の時代を象徴するゲーム」『放送批評』第一二五号、一九七九、八—一三頁。

3 石田佐恵子「『クイズ文化の社会学』の前提」石田佐恵子・小川博司編『クイズ文化の社会学』世界思想社、二〇〇三。

4 小池清によれば、日本で「クイズ」という呼称が一般的になるのは一九五一年以降のことである（小池清「辛口クイズ甘口クイズ」『放送批評』一九八四年二月号、四二—四六頁）。それまでは「当てもの」等の訳語をあてるのが一般的だった。

5 片桐顕智「クイズ番組の歴史」日本クイズクラブ同人編『クイズ年鑑——問題と解答集　一九五五年版（前期）』ラジオ・テレビ文化協会、一九五四、一七—二二頁。

6 加藤秀俊「アメリカのクイズ（特集／クイズ番組考現学）」『放送朝日』一九五九年五月号、二四—三二頁。

7 *Lazarsfeld, P. F., Radio and the Printed Page : An Introduction to the Study of Radio and Its Role in the Communication of Ideas*, Duell, Sloan & Pearce, 1940.

8 『話の泉』第一回放送、ＮＨＫラジオ第一、一九四六年一二月三日、三〇分。

9 日本放送協会編『日本放送史（下巻）』日本放送出版協会、一九六五、八九頁。

10 この二冊の問題集は、同番組の名物司会者であった和田信賢が編集したものである。『話の泉』（和田信賢編、青山書店、一九四七）は、番組の一周年を記念して出版されたもので、『話の泉集——趣味と常識の百科』（同編、中央社、一九五〇）はその続編にあたる。なかには、実際に放送されていない問題も多少含まれているようだが、どれが放送されなかった問題かは明記されていない。しかし、当時の標準的な問題がどのようなものだったのかを知るひとつの手がかりにはなるだろう。引用にあたっては、現代仮名遣い・新字体に改めた。

11 徳川夢声「クイズ放送は紙上に再生しうる」日本クイズクラブ同人編『クイズ年鑑——問題と解答集　一九五五年版（前期）』ラジオ・テレビ文化協会、一九五四。ちなみに、『話の泉』の放送開始は一九四六（昭和二一）年一二月三日であるから、「昭和二一年末」や「録音が一二月五日」というのは、徳川の記憶違いと思われる。

12 中道定雄「クイズ一年の展望と回顧Ｉ」日本クイズクラブ同人編『クイズ年鑑——問題と解答集　一九五五年版（前期）』ラジオ・テレビ文化協会、一九五四、二二—二五頁。

13 和田信賢編『話の泉』青山書店、一九四七。

14 実際、当てもの番組の時代には、「クイズ」と「とんち・なぞなぞ」とは明確には区別されていなかった。ＮＨＫ『とんち教室』などはその典型であり、その後もほとんどの場合クイズ番組として一括りに分類されてきた。

15 私の調べた限りでは、この出版企画は「年鑑」と題しているにもかかわらず、続編が発行された形跡はない。今回、貴重な資料を閲覧させて頂いた（財）吉田秀雄記念事業財団にお礼を申し上げる。

16 ＮＨＫラジオ新聞調査部「クイズ番組の現況と将来Ｉ」日本クイズクラブ同人編『クイズ年鑑——問題と解答集　一九五五年版（前期）』ラジオ・テレビ文化協会、一九五四、二九—三一頁。

17 石坂丘「クイズの歴史〜〈当てもの〉からの成長〜」『放送文化』一九六六年三月号、三八—三九頁。

18 大島正二「クイズの研究」日本クイズクラブ同人編『クイズ年鑑——問題と解答集　一九五五年版（前期）』ラジオ・テレビ文化協会、一九五四、五二〇—五二八頁。

19 本稿は拙稿「クイズ番組の誕生」（石田佐恵子・小川博司編『クイズ文化の社会学』世界思想社、二〇〇三に所収）の一部に加筆修正を施したものである。

15 メディアそして／あるいはリアリティ——多重メビウスの循環構造

遠藤知巳

1 メディア——制度／言説の複合体

マス・メディアの有しているさまざまな作用は、近代社会の構成のなかに深く埋め込まれている。メディアが存在しない近代社会を想像することはほとんどできないし、メディアの媒介作用を完全に免れた領域を見いだすことは困難である。メディアの提供する知や情報の圧倒性を、現代に生きる私たちは否定できない。それが広く惹起する社会的反応の巨大さ（たとえそれが短期的なものであれ）においても、メディアが有している、ニュースの現場へのアクセスの特権性（現場性が演出され、捏造されることがあるにせよ）においても。人は所与の「ニュース」の背後に隠れる演出や操作の存在をいくらでも疑うことができるが、それでも圧倒的多数の人にとって、メディアによる報道が、事件へと繋がれた唯一の回路である事実は変わらないし、日々焦点を移動させながら膨れあがっていく情報の厖大な連鎖を、個人が身をもって追尾する＝取材し直すことは難しい。

他方でしかし、こうしたメディア作用の否定のしがたさと対応するかのように、メディアの作動をめぐっては、さまざまな水準で批判や疑念が反復的に表明される。陰謀理論、メディアの傲慢さに対する反発、ジャーナリズム精神の「危機」への警鐘や、市民主義的現状分析、あるいはネット上でのメディアウォッチングや煽り、揚げ足取り……。メディア業界の側はといえば、「反省」や「検証」機能を装備することで結局は安心するという独特の内向き様式を発達させている。たしかにこうしたことは、制度としてのメディアが、自然な自明さをもって作動しているのとはほど遠い、つねに警戒しておかなくてはならない何かだという感覚が、受け手と送り手の双方に広くもたれていることの現れであろう。だが、批判や疑念はメディアの作動を実際に止めるものではない。ほとんどの場合、そのように意図されてすらいないだろう。考えてみれば、メディアほど人から気楽に悪口を言われつづけるものはないし、そのことに対する何らかの自意識が介在するかしないかにかかわらず、これほど、批判が嘘くさい「理念」へと転換しやすい対象もないのである。

制度性の認知とそれに対する疑いとが同時発生すること自体は、さほど珍しいことではない。近代社会における制度とは――より正確には、あらゆる制度の作動に偶有性を発見する近代社会の視線が――そういうものだからだ。珍しいのはむしろ、疑念があからさまに制度化されること、そしておそらくこれと同型の事態だが、疑念の制度化が具体的制度としてのメディアとのあいだに、順調な循環を描くという事実の方である。それは特異なかたちで、メディアと社会とを接合する意味論《ゼマンティーク》を構成しており、メディアの自己観察としてこれらが遂行されるさいにはとくに、それ自体がメディア作用の一部に包括される。圧倒的な否定のできなさと、だからこそ生じる批判的言説とその内部化、そしてそれらをすべて含みこんで作動しつづけるメディアという装置。近代社会におけるメディアの本当の否定のできなさは、むしろそこにある。

2　表層《ファサード》の迷宮

制度と言説のこうした循環を前にしたとき、メディアをめぐるすべての思考は、誠実であろうとすればするほどかえって、制度化された疑念をなぞらされることになる。ここには、言説を屈曲させる、何か強烈な曲率空間がある。メディアへと向かう視線は、その否定しがたい凡庸さと、にもかかわらず――あるいはむしろ、だからこそ――それが有している広範な影響力という、二重の表層《ファサード》にはじかれてしまう。メディアの俗悪さを批判する身ぶりは、それ自体がとてもメディア的な紋切り型に陥ることになる。かといって、影響力の大きさを追認するのも馬鹿馬鹿しい。現代社会にあって、メディアが神を代替していることなど、あえて指摘してみせるまでもないが、ただしそれは、その前に本気で跪く人などほとんどいない、張りぼての神像にすぎない(しかし、それを力んで指摘するのも間抜けである)。批判／迎合のいずれにせよ、メディアは計算済みにし、表層《ファサード》化する。メディアに関説するすべての言葉自身が、どこかでメディア的になることを強いられる。

しばしばメディア産業に寄り添うメディア学的言説だけではない。より分析的なメディア理論にもこれはあてはまる。少数の発信者(産業)が情報を大量の受容者に送りつけるという構造は、人々の主観に与えられるデータが、まさにデータあるいは情報という形式において客観化／コントロールされているという事態を随伴する。ここからメディアの社会的機能をめぐる議論は、送り手の意図の均一性か受け手の均質化作用のどちらか、もしくは両方を、いわば過度に前提とするモデルとして展開していく。弾丸効果理論、沈黙の螺旋、アジェンダ・セッティング、カルチュラル・スタディーズ系の主体化論や表象の政治批判、あるいはまた、メディア・リテラシー論……。こうした均質性の前提は、明らかにメディア受容の現実からずれている。あるいは、われわれの経験する現実社会や社会関係に比較して過社会化《オーヴァーソーシャライズ》されているといってもよい。こうしたずれの所在自体は理論の内部でも気づかれているが、メディア回路の内部に局限すれば知識社会学的構図を押し通せるので、とても便利な図式だともいえる。本質的な意味で図式を疑わないからこそ、図式の「彼岸」の多様な現実（利用と満足度調査！）なるものを承認できる。その意味で、メディア理論もまた、それ自体がどこか表層《ファサード》なのだ。

　あるいはまた、マクルーハンから始まり、現在ではボルツやフルッサーへと至る批評的メディア論[1]は、媒介の現場において発生している、他の場所には還元できない特異なメディア作用への注目を要請することで、メディア作用と社会の同一視による平板化を留保しようとする。あたかもメディアが独立変数であるかのような瞬間を見いだそうとするのだ。たしかにそれは、なかなか魅力的な着眼点ではある。だが、メディアが現実社会のなかで用いられる媒体である以上、メディア作用はつねに現実社会内の特定の連関の痕跡としてしか暗示することができない。メディア論は、メディア産業・受容者・コンテンツのさまざまな地点で、メディアの作動の出来事性を読みとろうとするが、メディア作用が社会空間内で行われる以上、それはつねに、メディアから独立したかたちで記述できる社会関係の変化（たとえば、若者文化や都市空間の変容なり、消費社会の特定の様相の成立なり）としてしか、あるいはそれとともにしか描けないのである。だから、媒介の現場の出来事性の指摘は、社会的影響力の事後的承認か、あるいは受容者にとっての主体的効用／利用《ユース》――ちなみに影響力も利用も、メディアと主体との外在的関係を前提している点で、同じコインの表裏である――とつねに曖昧に接合する。そしてこの混同が、メディア論の言説平面を構成している。

　二重の、いや三重の表層。しかしそれでも、私たちはメディアとともに漂流しているし、メディアは何かをしつづけている。何よりも、メディアの喧噪から距離を取っているつもりでいながら、メディアをめぐる「おしゃべり」に、私たちはときに積極的に荷担すらしているのだ。好むと好まざるとにかかわらず、ここから逃れられる人は誰もいない。これは否定しがたい社会的事実であり、私たちはこの平板な意味空間のなかに、多重的なかたちで埋め込まれている。表層の複合体の向こうに、得体の知れない世界がのっぺり広がっていることに気づかされるのだ。

　だから、あえてメディアを主題にする以上は、この多重的内在性こそが問われなくてはなるまい。メディアの意味空間の外部に立てることにして、その凡庸さを批判してみてもはじまらない。それでは、メディア自身が素朴なかたちで内包している、先導的選良《エリート》と一般大衆という前衛／後衛図式を、無自覚に反復することになるだけだ。メディアが凡庸でないわけではない。しかしこの凡庸さは、他の誰のものでもない、私たち自身（の社会）のものなのだ。この論文はメディアの現実性《リアリティ》に照準を合わせるが、それは凡庸さを免れた外部性の突出などではなく、凡庸さのただなかに曖昧に差し込まれる「外部」性である。外部性がつねに凡庸さと同時に出現してしまうさまこそが、私たちにとって決定的《クリティカル》＝危機的なのである。

3　虚構現実論を越えて

メディア的リアリティという言説の結節点《ノード》もまた、こうした多重的内在性の系である。

　通常の意味での現実に対して、テレビはどのような異なる現実を創出《ジェネレイト》しているか。あるいは、画面上に映し出される映像は、映し出される外界に対していかなる過剰な位相にあるといえるのか。複数の地点で、そうした問いが問われつつある。この種の問題関心の浮上は、メディア史上でも比較的最近のことであり、直接的には、明らかに視聴覚メディアの社会空間内での遍在と関連している。

　たしかに、オーディオヴィジュアルなメディア環境の恒常化が私たちの生活に対して何らかの作用を及ぼしていることを、まったく否定する人は少ないだろう。家庭の内外を問わず、さまざまな回路を通ってわれわれのもとに日々洪水のように押し寄せる映像の――しばしば不安をかき立てる――現実効果への直観は、広く共有されているようだ。そして、そうした映像を、もっとも大量にかつ恒常的にわれわれのもとに送り届ける回路がテレビ（およびその隣接領域としての広告やCG映像、テレビゲーム）であることにも、あまり異論はあるまい。もはや家庭の私秘的空間にだけではなく、都市空間にもテレビスクリーンが露出していることも、なにやら意味深げだ（それは、社会的なるものの私秘性への「侵入」というテレビの存在境位の、さらなる転倒として出現しているのだろうか）[2]。

　そして、それに対応するように、メディア環境がシミュラークルや擬似現実を完璧に構成していることへの悲観がしばしば口にされるし、何か大事件が起こるたび、「現実と虚構の区分の揺らぎ」を憂える社会評論がメディアを賑わす。これもまた、ある時期以降に頻繁に語られるようになった言説である。

　けれども、まず第一に注意しておかねばならないのは、メディアの現実効果をめぐる真の問いは、ここにはないということだ。かかる言説は（テレビ）メディア・リアリティの所在を指し示しているようでいて、問題の本態を半ば確信犯的に捉え損なうものだ。これらの言説においては、「もはや本当のリアルなど存在せず、すべてが構成されている」という想定と、現実よりも現実らしい構成物が社会に何らかの（現実的！）効果をもたらしているという、それと全く正反対の想定とが、両者の関係を曖昧にしたまま同時に示唆されている。この同時定立自体、とても徴候的なのだが、いずれにせよ、「現実と虚構の区分」の溶解を批判できると思っている人は、自分は少なくとも「現実」の側にいることを、定義上前提している。社会内にこのようなことを安心して語る人が少なくないとき、「現実と虚構の区分」はしっかり維持されていることになるだろう。

　こうした言説が、マス・メディアで大量に流されるのも何ら不思議ではない。「擬似現実」や「シミュラークル」にしても、大量に散布される再生可能な映像のイメージを媒介としてそれらが語られているからには、結局はテレビ画面（とその隣接領域にある、ヴィデオやゲームなどの画面）という表象のまわりを旋回している。つまりこれらの言説は、表象の水準で、メディアをメディアに向かって折り返している。メディアのもつ過剰な現実効果への憂慮は、危機を煽り立てることで予定調和的秩序を再生産しつづけるメディアという仕組みそのものと、ほどよく共振する。

　たしかに、現実と虚構の区分が揺らいでいると、ときに言ってしまいたくなるような感覚を、われわれに強いる何かが発生している。おそらくテレビの近傍領域とも連動するかたちで、メディア的現実性《リアリティ》の身分に何らかの変容が生じつつあるという感覚が、テレビ映像の特異な効果に対する問いを浮上させているのである。他方でしかし、まさにその言明の瞬間に、現実と虚構との区分が——別の水準で——引かれてしまう。この両者は、どのような布置をかたちづくっているのだろうか。この領域に踏み込んでいったとき、テレビ画面という表象、あるいは画面上を踊るさまざまなモノやコトの映像＝表象は、テレビと「現実」の居心地の悪い循環関係として回帰することになる。

4　二重現実《ダブル・リアリティ》の意味

現実の実体性を密輸入したり、現実と虚構の混同の危険を叫ぶ言説によって現実を単数化していては、メディアの運動は捉えられない。テレビ画面の向こう側とこちら側との関係を二重現実（double reality）として記述する必要がある。ニクラス・ルーマンに倣って表現すれば、この場合、テレビがそこから素材を取捨選択してくるところの環境（の一つ）である外部世界（それは同時に、テレビが自らを接続する宛先でもある）が、それ自体で実体的な現実を構成している（そして何らかの平面上に過不足なく写像可能である）という仮定を置く必要はない。リアリズムが依拠してきたかかる反映モデルは、社会学理論においてもとうに破産している。そうではなくて、とりあえずテレビの内／外の境界があり、そこで作動する媒介作用を指し示すことができればよい（Luhmann [1996=2000]）。

　二重現実《ダブル・リアリティ》が何であるかを一言でいうことはできないが（それができたら二重現実ではなくなる）、少なくとも、自体的な「現実」の先取り的もちこみを、それは明示的に禁ずるだろう。これは、いかなる現実もメディアに媒介されてしか存在しえなくなっている、あるいは媒介されていることが現実を一意的に定義するということではない。そうではなくて、いわゆる現実の現実性《リアリティ》自体が、何らかの境界の効果であることになるからだ。[3] 現実とその反対物（虚構）との区分しがたさを指摘することで、現実と虚構との区分がメタレベルでもちこまれるのも、おそらくこの系である。メディアとの接触平面で頻繁に出現するように見える「リアルである／ない」という表現自体が、ある意味で、そのことの暗喩になっている。[4] たしかに、メディアに映し出される外界は、そうしたリアリティの素材であり、メディア形式が受け入れられているということもまた、リアリティの一環を構成している。が、それはリアルの機制の構成要素ではあっても、機制そのものではない。[5]

この事態は以下のように変奏可能である――明らかにテレビメディアは、素朴に現実世界を映し出す以上の何かをしている。同時に、メディア作用として付け加えられるその何かが、にもかかわらず、人為性や加工性においてではなく、何らかの「現実性《リアリティ》」において感知されているのである。こうしたことは、テレビを代表とする視聴覚メディアの属性からも起因していると考えることもできる。たとえば、かかるリアリティ感覚は、複数の感覚（比率）を明示的に媒体にするメディア経験の密度がある閾値を越えたときに、必然的に生まれることになる効果である可能性がある。いわゆる現実を認知するさいに用いられているのと同数ではないが、それでも複数の感覚平面を動員する視聴覚メディアは、文字よりははるかに現実に「似ている」ように見える。しかし、私たちが日々経験している世界の現実とくらべると、やはりフラットに押しつぶされていることも分かる。実物の映像的再現が恒常化するがゆえに、「本物っぽく《リアルに》見える／見えない」という新たな区分がもちこまれるとも表現できよう。[6] 再現性のもつ相対的自由度と、にもかかわらず残りつづける不自由とが、現実世界に対する過剰と過少としてのリアリティ感覚を発生させているのかもしれない――つまりステレオスコープの末裔としてのテレビ。

だが、ここにはもっと大規模な問題も関係してくる。このような感知の形式によって「リアル」が成立するのだとしたら、「リアル」の感覚は同時に、メディア独立的な現実性《リアリティ》自体の身分の定義をも浸食していることになる。メディア作用と現実性、そしてまた、リアリティとリアルとが、さしあたりは相互に外在的な位置に置かれていることになるからだ。その意味でも、メディア・リアリティなるものへの直感は、従来のメディア理論が想定してきたメディア作用の概念とは、必ずしも同一ではない。いや、もちろん延長線上にはあるのだが、たぶんそこからは少しずれたところで成立している。

メディアの作動のただなかでメディア性が消去されるようにして成立するリアリティ感覚の定着は、現実性《リアリティ》の二重現実的構成のひとつの必然的帰結であろう。テレビの現実効果への関心は、メディア的リアリティが二重現実的に構成されているということ自体が、すでに人々のあいだでどこか共有されていることを示唆していることになる。しかし、二重現実が社会的に作動しているとしても、なぜリアリティが感覚として、つまり主観的認知の領域をあてにして語られなくてはならないのだろうか。

5 メディアと主観性のメビウス的循環

この問いは、社会学の記述平面の資格をも巻き込む非常に微妙な理論的含意をもっており、本稿ではこれ以上展開できない。ただ、ここにはマス・メディアという制度につきまとうある循環が見出せる。発信・受信間の一方向／数的非対称の関係と、視聴者＝大衆による広範な支持調達の必要性という基本的構造により、放映されるコンテンツは、主題の選択とその描出、到達対象である視聴者像という複数の水準で、何らかの社会的平均値を――しかもきわめて短期間的な平均値を、迅速かつ連続的に――どうしても想定せざるをえない。平均値的なもの（ないしそれからの平均値的「逸脱」）は表象へと変換されて、多数の視聴者へと送られるが、人々がそれをどう受け取るかをメディアはあらかじめ確定することができない。メディア自身を含めて、全体社会を超越的に俯瞰する観察視点がどこにも存在しない以上、もちろんそれは社会の正確な平均値などではありえない。だが同様の理由から、かといって客観的にここが歪んでいるとも言いにくい。平均化された表象である以上、それは現実社会の複雑性や視聴者の多数性を必然的に縮減しており、それゆえ特定の個人から見ればつねにずれをはらんでいる。しかし、マス・メディアであるかぎり、それ以外のやり方はきかない。そして視聴者自身がそのことを受け入れているのだ（嫌ならば見ないという選択がつねに可能であるからだ）。なるほど、送信された内容の解釈は視聴者の手に委ねられており、そのかぎりにおいて一定の解釈の能動性が発生するが、しかしそれは、あくまで受容の地平上での出来事としてである。

平均値の想定と視聴者の解釈の能動性とは、いわば中空で循環的にお互いを支え合っている。視聴者の解釈範型や期待がどういうかたちで分布しているかを、あらかじめ客観的に測定できる者はどこにもいないが、ともかくも、そこから著しく離れたコンテンツを流せば視聴率が下がるだけなのは確実だからだ。かくして巨大メディアは、自分が語りかけたい――とくに民放の場合は、潜在的な消費者になってくれそうな――視聴者の動向や現代社会の「ホットな情報」を把握しようと躍起になる。視聴者の側は、社会化された表象を適度に受容し、ある意味で踊らされつつ、しかしいつ何時でも私的な読解の権利を行使できるのである。メディアは一方で、平均的なリアリティ（とメディア自身が想定するもの）を構成するが、そのことがまさに、視聴者の個人的読み込みを、つまり諸個人にとってのリアリティの所在あるいは不在を、可能にするのだ。それゆえメディアの現実効果への問いは、メディアの構成する凡庸な平均値的現実の定着と、「現実よりリアルな」ものとして主観性へと差し込んでくる、ある種のショック（への欲望と不安）の両者を指し示してしまう。というか、両者はメビウスの輪のように繋がっているのである。

　このようにしてメディアという装置が、最終的な根拠を欠いたまま、社会内の成員を組み込むことで作動しつづけることの出来事性が、現代社会の「現実」の一環を構成している。マス・メディアがマス・メディアであるかぎり、その諸機能は、逆機能をも含めて、定義上あらかじめ社会的に強く同定されてしまっており、余白を見いだすことは困難である。けれども、近現代社会がマス・メディアという制度を抱え込んでしまったことの不思議な実定性は、たしかに存在する……。いわば、メディアによって伝達され、いやむしろ構成される現実《リアリティ》だけでなく、制度／意味論の両者において、メディアが否定しがたく社会に組み込まれていること自体の現実性の水準が存在している。

　ある意味でそれは、社会の超越的観察視点が消えたことではじめて強烈に視界に浮上したのだ。広範囲の人々を浅く捕捉する能力において、他の社会観察形式（アカデミックな知や個人／組織が蓄積する経験知、法や経済など下位社会における専門家の観察など）に対してマス・メディアが有している比較相対的優位だけが残る。この落差も、メディアが「現実」の公的定義権をもっているという感覚を発生させる一因なのだろう。だがメディアのもつ公式性は、それが発信するリアリティが社会に斉一的に分有されていることを意味してはいないのだ。浅くて凡庸なメディアの不毛な強力さの感覚と、メディア効果のある種の過剰さがしばしば主観的認知へと短絡されながら感知されつつあることと。この両者もまたどこかでループを描きながら、メディア／社会の現在的な屈折の位相を暗示しているように見える。[7]

6　テレビメディアの位置変動

　ところで、テレビ映像の一種図々しいまでの現前ぶりと、それがもっている、一過的であるがゆえに圧倒的な作用については、マス・メディアという装置の順調な作動をどこかしら攪乱する一種の異物として、メディア学のなかでもしばしば注目されてきた。けれども、よく見てみるとこうした過剰さは、ほとんどの場合、じつはメディア間の配分の変動、あるいはその効果を背景とし、同時にそれを隠蔽するかたちで語られている。

　いわゆるマスコミ論の教科書を繙けばすぐに分かるが、従来、新聞がニュース報道を中心とし、テレビが専ら娯楽のメディアであるとされてきた。この（自己）定義は相互依存しており、新聞が「客観報道」を行う（べき）という前提があったからこそ、テレビには「娯楽」中心で、せいぜいのところ二流の報道媒体という役どころが割り振られる。「ジャーナリズム」という、それ自体が業界内的倫理を強く前提とした用語の振る舞いが、こうした落差の所在をなぞっている。[8] とりわけ日本においては、マス・メディア業界内部でも、相互にそのように了解し合うことで安定する仕組みがあった。「新聞は知識層向きで、テレビは大衆向き」「テレビは大卒が作って高卒が見るメディア」——実状を正しく表しているかどうかは別として、こういった言説が、公然の秘密ですらないものとして（文字媒体上では）大っぴらに語られてきたことも、かかる相互了解によるのだろう。新聞／テレビを報道／娯楽に配分するのは日本だけの定義ではないが、たとえば新聞資本とテレビ局とが系列関係にあるという日本の特殊条件をとってみても、そこには相互了解の特異な安定性（それゆえ、相互了解自体の言説化されやすさ）が介在していることが理解されよう。「一般紙」が大衆に浸透しており、地上波放送局の寡占体制が長く安定しているこの社会では、新聞とテレビの距離が他の社会よりはるかに接近している。だからこそ、「落差」が比較的安全な気づきの対象になり、言説的に安定するともいえる。

しかし、八〇年代以降、こうした主要メディア間の位置取りの変動が、誰の目にも露わになった。象徴的なのはCNNの世界的成功だろうが、単なる新聞の補助や添え物の身分を越えて、報道番組がテレビの有力なコンテンツになる。速報性にすぐれているだけではない。一通りの解説はテレビがしてくれる。新聞の部数にはまだはっきりとは現れていないが、それで十分と考える人が多数派になっていく流れは否定しがたい。一方、新聞の側はといえば、「客観報道」をしているなどという神話を信じる人はそれ以前からとうに少数派になっていたが、報道関係者自身がそのことを前提として議論をスタートせざるをえなくなったのも、この時期の少し後あたりからではないか（中馬［2003］）。メディア学においてはほとんどの場合、じつはこの役割配分からの逸脱として映像の「過剰さ」が発見されている。客観性を目指す慎重さからはほど遠い軽薄さや反省能力の乏しさというメディア特性をもつ（と考えられてきた）テレビが、大胆にも報道に手を出すとき、「憂慮すべき」短期的影響力の巨大さが、映像自身の過剰さと混同されながら指し示されてきた。

とはいえ、テレビがニュース報道をも積極的に担うようになったからといって、テレビ映像の図々しさがなくなったわけではない。テレビの「尻軽さ」が根本的に変わったわけでもないだろう。それどころか、報道番組と情報バラエティ番組との境界をあからさまに曖昧にしながら、露悪的な演出はエスカレートしていく一方である。それでも、テレビは今や報道においても中心的な地位を担っている。ということは、流れとノリに任せて「過剰な」映像を垂れ流すテレビが、じつは同時に、適度な「反省」機能の挿入（たとえば、誤報の撤回）とともに機能しているということでもある。[9] 直接的でどぎつい映像の洪水と浅い反省機能との両立、そしてまた、報道番組と娯楽番組の境界の連続と切断——テレビ的現実の現在形は、そこに典型的なかたちで暗示されている。

7　中心化と不定形性

こうしたテレビの遍在性、マス・メディアとしてのその中心性は、その現実効果をかえって特定しにくいものにしている。何であれ素材にしてしまうがゆえに、テレビというメディアの統一性が、ひどく語りにくくなるのである。映像を用いるからといって、テレビという媒体に、現実を越えるハイパー現実を作り出す、何かしら強力な能力が備わっているわけではない（テレビがときに、そのような振りをするとしても）。ましてや、テレビが視聴者を主体化する洗脳装置などであるはずがないのだ。メディアの現実性への問いは、日常に広く蔓延するメディアの浅さや凡庸さと矛盾しない。ある意味で、もっとも主要なメディアとして社会空間に遍在していること自体が、テレビが何か特異な現実構成力をもっているかのように見せる要因になっているとも言える。たとえば、新聞もまた、主要メディアであったときには、不可思議な魅惑を発する複合的言説体に見えたことだろう（Terdiman [1985]、山田 [1991] 参照）。

もともとテレビは独特の混淆的形態を有している。公共サービスとしての情報回路を確保し、政治・社会参加のための客観的な判断材料を提供するという市民主義的タテマエと、視聴率―広告を介した消費経済への組み込みという商業主義的ホンネとが、とくに秘匿されているわけでもないかたちで並立している。報道／娯楽／広告という全く異なる機能が、同じテレビ画面上で平然と交替しながら流されつづける。このことは従来のメディア論のなかでも指摘されてきたが、それは主に、テレビはすべてを「情報」の単一平面上に乗せているという観点から行われている。しかしここで論じたいのはそれとは少しちがう。複数の機能が同一平面上で恣意的に連鎖していくというとき、その「全体」は何かというのが、報道に特化している新聞や、芸術／娯楽の分配のもとで語られる（もしくはそのことに苦しむ）映画よりはるかに語りにくくなる。新聞や映画と異なり現在のテレビは、己の社会的身分を名指してくれる安定した言説を、じつはもっていない。テレビ番組の基本形ができあがる五〇年代や六〇年代にはそうであったように、「娯楽」という枠組みのみで押さえることは難しくなっている。

では視聴率はどうだろうか。たしかに、放映される番組ジャンルが時間枠ごとにかなり決められており、それは制作者／放映者がもっている、視聴者分布に関する経験知にもとづく。放映者側の経営の現実にとってはまちがいなく、視聴率が最終審級になっているし、番組内で視聴率に言及する行為や、「視聴率三冠王は○○テレビ」というたぐいの自社宣伝など、それを視聴者に伝染させる仕掛けや戯れをしきりに試みる。しかし視聴者にとって、事後的な数字の報告にとどまる視聴率は、テレビを定義してくれる言説として機能するにはやはり不十分であろう。何よりも、視聴率という基準自体が、連鎖の内在的連関を必然的に無化することを前提としている。視聴率は、テレビの前にいた人数の推定を越えた読み替えはきかない。数字は数字を指し示すことしかしない。だからこそ、その他すべての基準の不関与を正当化するものとしてのみ――そしてつねに事後的に――機能するのだ。

テレビメディアの中心化によって私たちの視界に浮上してきたのは、たぶんテレビ自身の、こうした多孔質の不定形性なのである。ある意味でテレビは、日常生活への密着によって「テレビとはテレビに他ならない」という自同律的命題《トートロジー》を遂行的に成立させることで、自らを安定させているのかもしれない(新聞は、主要メディアであったときにも、こうした性質をもたなかった)。たしかにテレビは一方で、計算された、あるいは突発的な非日常性が侵入してくる回路でもある。晴れやかな祝典やスポーツ・イヴェントのスペクタクル、自然災害や戦争、突発的事件を知らせる臨時ニュース。だがそこに、視線を中枢化する擬似的祭典の祝祭機能や主体の編成過程を読み込むだけでは十分ではない。パトリシア・メレンキャンプが指摘するように、二四時間ほとんど休むことなく放映されつづける番組の大多数は、凡庸な日常性そのものとして、私たちの日常生活となだらかに連なっている(Mellencamp in Mellencamp[1990: 242-244])。日常性と非日常性とが、一種まだらに入りくみ合う連続体《フロー》の一部を横断する思い思いの軌跡《フロー》として、テレビは経験されているのである。

8 フロー概念とその理論的帰結

テレビをコミュニケーションのフローとして把握することを最初に提唱したのはレイモンド・ウィリアムズだが、メディア理論はこのことの意味を考え抜いていないように思える。順機能であれ逆機能であれ、テレビに民主主義的政治作用の円滑な作動ぶりを見いだしたり、抗権力的な主体の生成を含めた強力な主体化の過程を読みとろうとするメディア諸理論は、あたかも視聴者がテレビを消す権利を有していないことを前提としているかのようだ。テレビは、オーウェルが描いたあのビッグブラザーの監視=強制的鑑賞装置とはちがうのである。視聴者は番組の全部を律儀に追尾する義務など負ってはいないし、気が向いたときにはいつでも、スイッチを切ることができる。

その意味で、市民主義/商業主義が共有している、自律的な判断能力をもった市民/購買決定権を有する消費者という、いかにも古典的なあの自由主義的主体モデルは、じつは二重底になっている。テレビという枠内で自由に選択する(ように強いられている)主体は、いつでもテレビの枠外に出ることを選択することができるのだ。むろん、だからといって、テレビの外に出た主体が社会的に構成されていないわけではない。だがこのようにして、自由主義によって自由主義がキャンセルされるしくみが働くことで、そのこと自体が遂行的に消去されてしまう。市民に資するべき公共的回路が消費至上主義へと「堕落」することを憂慮するメディア学が、タテマエとしては流通し続け、かつ同時に誰にも本気で受け取られないのもそのためである。それは、「市民」と「消費者」とのあいだで単振動しながら、産業的基盤である後者の否定しがたさのうえで前者の理念性を確保しようとする言説にほかならない。だから、メディア学が市民／消費者という自由主義的主体自身の社会的構成を問うことは決してないだろう。

　なるほどこの市民主義モデルはどうにも嘘臭い。自由主義の二重底を一重の理念＝タテマエへと押しつぶしているからである。けれども、それに反発するカルチュラル・スタディーズ系のメディア研究のように、自由主義的主体の背後にある権力的な社会の構成作用を強調するあまり抵抗主体の能動的形成を想定してしまえば、単なる主体化論の裏返しであり、やはり一重底であるのは変わらない。メディアへの視線が絡め取られる過度の社会化《オーヴァーソーシャライゼーション》モデルの罠が、ここにも口を開けている。

　フローという事実を前にしたとき、民主主義／主体化（抵抗主体も含めて）の理想的装置とその現実という思考法も、ついでにいえば、完結した自律的位相空間性を前提としたテクスト概念の応用も、どこかで脱臼してしまう[10]。テクスト主義を批判して主体の政治学（とある種の実証調査）を対置するというカルチュラル・スタディーズの軌跡は、このことを裏面から見事に証明してしまっているというほかはなかろう[11]。

9　ジャンルの屈折と現代の解釈空間

強い定型性をもった番組の恣意的な配列として構成される、いささかも現実の日常世界とは似ていないフローに対して、視聴者が気ままな接続／離脱を繰り返す。ここで考えなければならないのは、かかるテレビ的日常を構成する定型性の位置とその屈折である。テレビジャンルの機能は明らかに、映画におけるジャンルのそれとは同一ではないが、それは必ずしも高級文化／低級文化という区分だけに関係しているのではない。

　もともとテレビにおけるジャンルは、映画やラジオ、劇場といった近接領域から借りてきたものが大部分だが（有馬[1997]）、切れ目なく毎日番組表を埋めるための安価で効率のよい番組作りの必要性や、視聴率という短期的結果に拘束されること、また、対象とする視聴者の端的な数の多さといったメディア特性からも、「受ける」形式のぱくりと使い回しによるパターン化を必然的に伴う。その意味でテレビ番組は、固定的ジャンルの束としてしか成立しえなかったし、ジャンルへの認識は広く大衆的に共有されていなくてはならなかった。個々のジャンルの栄枯盛衰や内的変形にもかかわらず、定型性に対する了解の素早さ、どんな「新番組」であろうが、つねにあらかじめ定型性を先取りするかたちで解釈されること、こういったことが独特のテレビ性を構成している。「何でもあり」でありながら、何をやろうが既知の平面上に乗ってしまう……。ばらばらな意味空間＝番組がでたらめに連なっていくという形式自体が、番組の複数性を単層化して把握する、こうした解釈形式を必然的に要請する。正確にはむしろ、恣意的連鎖と単層的解釈とは相互に循環しているのだが。そのことで、独特の平板な意味空間が形成されるのだ。

テレビが娯楽という審級から遊離して拡散するとき、視聴者によるかかる意味づけ（意味の認知）能力をますますあてにせざるをえなくなる。厳密には、視聴者の成熟が娯楽からの遊離を可能にしている（あるいは、従来は娯楽番組に分類されなかった番組でも娯楽と見なせてしまう）ともいえよう。番組に対する個人の解釈能力にかかる負荷はますます大きなものとなり、そのことで、位置変更を被ることになる。放映される番組は、ジャンルの文法に適うように加工された、すでに編集済みのテクストである。視聴者の側は、いわば、このことをあてにして解釈能力を行使するようになる。

視聴者は、番組がすでに編集済みのテクストであること、そこにはさまざまな演出の技法が露骨に介在しているといった程度のことはとうに了解している。なるほどテレビ画面のなかには、さまざまなブラッシュアップや露骨な意図的演出がてんこもりだが、だからといって、隠されたものにこそ真実が潜んでいるとは限らないし、個人がそれを確認できる可能性もほとんどない。その意味では、メディアの外など存在しないのだ。あるいはむしろ、メディアの隠蔽する「外部」の存在を素朴に前提とする言説が、深いところで信憑性を喪失している。たしかに編集という作業の介在は、放映を成立させる客観的視点が存在しえず、放映されたものはつねに構成されていることを示している。しかしだからといって、編集という操作がもたらす歪曲を摘発したり、背後にあるだろう何らかの政治的意図へと還元して安心するのはナイーブすぎる。編集が高度に単一化された特定のイデオロギー的意図によって遂行されているという強い仮定を置かないかぎり、編集によって排除されたもの、放映が取らなかった視角こそが本質的現実を指し示しているとは言えないからだ。メディア・リテラシー論を代表とした、テレビ番組の加工性を問題視する、一見したところ批判的な言説は、そのじつメディアのタテマエとほどよく共振する。視聴者の解釈能力の解放に対する一種の反動形成であるがゆえに、一定の需要をもちつづけるだろうが、これもまた、メディアの公式的部分をあまりにも無自覚になぞる言説なのである。

現代の視聴者は、こうした善意の批判者たちが考えているより、はるかにたちのわるい意味空間の居住者である。メディアの外部を素朴に措定することができなくなるとき、メディアの外延は、ほとんどそのまま「現実」の外延として機能する。だが同時に、個々の視聴者の経験世界が、メディアによって追尾されない領域としてとりあえず確保されつづけるかぎりにおいて、メディアと「現実」とは完全には一致しない（一致すれば、メディアの「リアルさ」を語る必要すらなくなるだろう)。そしてそのことが、抜け目なく計算に入れられている。そこで生じているのは、本気にすることなくさしあたり受け入れる、決して深く疑ったりしないが、いつ何時でも離脱できる権利を留保しておくようなかたちで、とりあえず「信じておく」態度なのである。

おそらくメディア的現実の現在的位相は、編集済みの世界を前提とするこうした浅い信憑/信頼の基盤上で現象している。だから、生中継/スタジオ録画撮りの区別が意味している、映像の指示対象性(もしくは外界との対応性)の有無という基準は、現実である/ないを判別するうえで、もはやさほど大きな意味をもたない。一方に編集による操作や番組の設定の人工性が露出していく過程があり、他方、約束事に保護された人工的世界を破る、何らかの外部性を示唆することを主題とした番組が増えていく。メディアの人為的作用とその外部にある「リアル」とが、ジャンルの定型性のなかで多重的に発見されることになるのである。映像をめぐる言説が問題としていたあの現実/虚構の区分で言うならば、現実世界に関説する作用を含めたテレビの内部世界全体が、つよい虚構性の感覚のもとに把握される。そのことで、テレビ世界を虚構として把握する観客の主体的操作能力が、消極的ながらその都度確保される。その意味で、テレビは基本的にはいまだ「娯楽」的である。しかし同時に、あらゆるものにメディアの操作性や加工性を見いだす一元的な視線のもとで、演出や編集を踏み破る外部性(ちょっとしたハプニングや言い間違いから、非日常的な状況へと至る)が求められてもいるのである。

それにしても、両者の関係は微妙である。テレビが安手の人工世界からできており、テレビの箱に映ったとたん、どのようなものも矮小化されることを、人々は嫌というほど知っている。テレビを現実ととりちがえる人はそれほどおらず、つねにテレビと現実との区分を前提にして見ている。しかし同時に、微妙な踏み越えへののぞき見的な欲望が発生しつつある。現実/虚構という区分が揺らいでいるとすれば、そのようにしてであろう。ある意味でそれは、ジャンルのパターンが飽和する地点で、必然的に生じるものにすぎない。画面上で展開される「生き生きした(lively)」あるいは「緊迫した」コミュニケーションを、素直にそう受け取るには、ジャンルの文法に成熟しすぎてしまっているが、ジャンル的定型性が保証してくれる退屈な安心感は手放したくない。かといって、演出と編集の予定調和だけでは飽きてしまう……。パターン化とパターン外し、そしてパターン外し自体のパターン化という、どこにも上昇することのない螺旋運動がつづくことになるのだ[12]。

10　リアリティ/テレビの地平——日本と欧米

かかる傾向はじつは日本だけのものではない。たとえば、欧米のテレビ文化におけるリアリティテレビ（Reality TV）がその一例だろう。九〇年代初頭に登場した、疑似ドキュメンタリー的な犯罪捜査「実録」番組が、もともとリアリティテレビと呼ばれていた。基本的にはそれは、混乱の秩序化（不安から安心へ）という主題系のなかで消費されている。現在では、その外延はさらに広がり、貧困や麻薬、買春といった社会秩序の外部に対して窃視的視線を向ける番組や、ヨーロッパで大ヒットした『ビッグブラザー』を代表として、一般人が出演する遊戯的なサバイヴァル・ゲームのなかに、人種や性別、職業といった、社会的に有徴な「リアル」の分かりやすい「葛藤」状況を盛り込むものなども含まれるようだ（Creeber[2001]）。このこと自体、「リアリティ」が、それを複数の箇所で発見もしくは読み込む視聴者の権利と切り離せないかたちで積極的に出現しつつあることの現れであろう。そこに報道番組との連続性を見いだしたり（Wieten, in Brants, Hermes & Zoonen[1998: 101-112]）、ドキュメンタリーの文体の堕落的転用を批判する人もいるが（Nichols[1994]）、要するにリアリティテレビというジャンルは、社会にとってもテレビ自身にとっても外部にある（という身分を与えられた）社会的現実を、外部性の記号として内部化する構成をもつ。

日本でも、こうした傾向の番組が取り入れられている（『新宿警察24時』といったタイプのものから、『サバイバー』まで）が、欧米ほどくっきりした輪郭を帯びているようにはあまり見えない。それらを包括する「リアリティテレビ」というジャンル用語が定着していないということが、その傍証となる。それはおそらく、外部性への刳り込みの深度のちがいによる。

たとえば、欧米で大ヒットした『ビッグブラザー』の大きなポイントは、放逐する人物を選ぶ投票にケーブル回線を通じて視聴者参加させるという趣向だった。この手の番組は、典型的には「黒人男性か白人女性か」といったタイプの二者択一を迫るのだが、その選択がゲームの進行に見合った「フェアな」ものであるのか、それとも密かな偏見や差別意識に基づくものであるのかを、分かりやすいかたちでブラックボックスにするという仕組みによって成立している。視聴者投票は、可視的な社会的表象の綱引きのもたらす「リアルな」眩暈に彼らを巻き込むのである。その意味で、日本で放映された同一趣旨の番組に、視聴者投票システムが採用されなかったのはケーブル回線の普及の度合いのみによるものではなかろう。何の緊張感もない、だからこそ逃げ場のない人気投票になってしまう危険性が高いからだ（『ビッグブラザー』なら、「俺が落とされたのは課題をしくじったからではなくて、黒人だからだ！」というかたちで参加者が投票に意味づけ――あくまでも、その解釈が「正しい」ものかどうかは分からないのがミソである――を行える）。

この種の番組が、日本社会ではさして人気を獲得できないでいるのは無理もない。記号化されうる外部性の表徴が、それほど可視的なかたちで調達可能なものとして転がっていない（存在しているだろうが現実の記号にされにくい）。だから、犯罪現場の報告は防止策を伝える「情報番組」へと丸められていく。サヴァイヴァル・ゲームは、可視的な差異にもとづく葛藤をなぞり直す擬似民主主義的なディスプレイであるというよりも、所詮はお遊びであるという安全弁を入念に仕組んだ、設定の人工性の前景化とともに提出される。日本のテレビ文化は、「編集済み」感覚と相互に支え合う特異な共有度の高さ（「お約束」）と、それに由来する、編集の独自の表層化（テロップや効果音のインフレーションに代表される）によって特徴づけられる。すべてがお約束として了解され、社会的にむき出しのリアルが見えにくい意味空間のなかでは、人工的であれ、何らかの試練に追い込まれた「素人」たちが自己の欲望を発見していく過程が、リアルを代行するのだ。

ある意味でこれは、この社会で外部性をメディア的に出現させる、唯一可能な戦略なのかもしれない。そこに欲望が働くことが社会的に了解されている地点（恋愛や経済動機、人生のやり直し）で欲望の所在が名指される。同時に、定義上個体に帰属するがゆえに、欲望は外部性に似たふるまいをしてくれる。だがここにも、薄気味悪い共犯関係が働いている。個性的《ユニーク》な動機と呼ぶにはあまりにも弱々しいこうした欲望によってプロットを構成するためには、「これは編集です」ということを明示した編集の介入という助けを借りざるをえない。外部性はまさに編集のなかで、編集の外部として記号化されることで出現するのである。[13]

日本のテレビ文化では、外部性が社会的に散布されているという感覚の弱さに応ずるかたちで（あるいは欲望する主体の輪郭の曖昧さに対応するように）、いわばテレビ画面が実在する――メディア性が現実性《リアリティ》をそのまま代補する――傾向が強い。しかし、外部現実の内部化やメディアと主体の動機との交錯といった手つきは、おそらく特殊日本的な文脈を超えて、高度資本主義社会に拡散しているのである。

11 回帰しつづける「リアル」――メディアの過剰と過少のなかで

テレビメディアの中心化や映像の恒常化は、外界のリアリティをメディア内に回収しつくすのではない。いかに人工的な視聴覚環境が遍在しようが、メディア自身が生みだすことのできない外界は残りつづけるからだ。むしろ、この遍在は、メディア性と世界の先行的事実性との空隙に現実性《リアリティ》を見いだす（もしくは想像する）ような思考法をもたらすのである。リアリティテレビの諸相は、そうしたありようを暗示する、ヴァラエティ番組における事例にすぎない。

この現実性は、いわば、映像の連鎖の切断として現象しており、そのかぎりにおいて、映像の恒常的なフローをやはり前提条件としている。その意味でそれは、あれやこれやの番組や映像（の一部）を気ままにクリップすることで、そこに「リアルさ」を読み取る視聴者たちの権利と対応しているのである。特定の映像に過剰さを見いだすとき、ひとは必ずしも、テレビ映像の全体を追尾しているのではない。むしろ現実効果なるものは、映像のフローをどこかで切断することで発見されている。[14]たとえば、旅客機がビルへと吸い込まれていく9・11のあの映像の反復を前にして、「まるで映画のような」と思わず口にすることで、理不尽な衝撃を何とか馴致しようとした多くの人々がそうしたように。衝突以前と以後とを貫くいかなる説話的・画面的統一性も明らかに欠落しているにもかかわらずそこに映画を錯視しようとする、どこか人を納得させるらしいこの言葉は、現在の「リアル」の言説の位相を暗示している。

もちろんそれは、映画などには似ていなかった。現実に生じたことの現実感のなさが映画（の断片）と錯視されるとき、衝撃的な映像は、「映画」という不在のテクストにたどり着くことなく、視聴者とテレビ画像との想像的な直接的関係へと回帰しつづけるだけである。奇妙に現実感を欠いた現実、あるいはハイパー現実の感覚が、メディア性の過剰（テレビを越えたメディア性の隠喩としての映画）もしくは過少（テレビ性の否認による外部性の出現）とともに名指される——。これは映画とは直接の関係はない。それはやはり、フローを恒常化するテレビメディアが遍在化した意味空間における言説なのである。

＊この論文は、『思想』九五六号「テレビジョン再考」二〇〇三年一二月号に掲載された。

注

1　キットラーはあえて除外しておく。この系列には収まりきらないからだ。

2　公共空間でのテレビの遍在を論じた議論に、McCarthy[2001]がある。

3　したがって、厳密には、「現実」とメディア的現実の二つの境界作用をループするような仕組みの検討が必要になる。しかしこれはかなり大規模な議論を必要とするだろう。本稿では、メディア的現実の作用の二重現実論的分析の側から、こうした仕組みの所在を近似することで満足しなければならない。

4　現実／現実性／リアリティ／リアルの用語系をコントロールするのはとても難しい。英語のrealityには、①いわゆる即自的・実体的現実と②「現実らしさ」の両方の意義があるが、それぞれの含意が現実／現実性と日本語化されている。現実／リアリティという対比によって、これを表すこともあり、そのことで、現実性とリアリティのニュアンスに、表記体系のちがいを介した微妙な差異が生じる。さらに英語では、reality/real(realness)という種差によって①と②を区別する方式をよく目にするが、これも日本語に採用されているのである。本稿でも①に現実を、②に現実性／リアリティ／リアルをあてているが、「リアリティ」はより表層的＝メディア的な効果にニュアンスが傾斜している。また、現実性が、③社会学的な意味での実定性を指している場合もある。「リアル」については、主に、④主観に立ち現れる断片的な強度を示唆している。おおむねこのように区別して書く努力はしたが、文章の流れ上、厳密に書き分けられない箇所も残った。

5　こうした機制とおそらく関連があるだろう境界作用の別ヴァー

ジョンについては、遠藤[2002]で論じたことがある。

6　ルーマンならこの事態を「再参入」と呼ぶだろう。（映）像と実物との距離ではなく、①（映）像自身の②主観に対する「見え」に基づく区分であることに注意せよ。

7　したがって、そこではマスメディア／パーソナルメディアという区分自体がそれほど本質的な意味をもたなくなる。インターネットのマスメディア化がその一つの表れである。こうした事態に触れている議論としては、Russel-Neuman [1991＝2002]。

8　最近では、テレビ・ジャーナリズム（television journalism）という表現も定着しつつあるが、これ自体が、ジャーナリズムの正統の出自がテレビではないということを証立てているような用語である。

9　この点に関して象徴的なのは、九一年の湾岸戦争と昨年のイラク戦争における報道の差異である。CNNが独占「実況中継」を行った一〇年前の戦争では、アメリカのメディアが提供する唯一の映像回路を通してしかニュースに接することができない仕組みが、「湾岸戦争は起こらなかった」というたぐいの言説を繁殖させた。同時に、流出石油で汚れた海鳥の映像に象徴される情報操作がかなり有効に機能した。一方、アメリカ側と中東側の両者が報道を行った今回の戦争では、両国のスポークスマンがお互いの「情報操作」を非難しあう光景が印象的だった。情報操作がなされていないわけではないだろうが、視聴者がそれをあらかじめ織り込んで見るような態度が定着した。むろんそこには、戦争としての性格のちがいをはじめとしたさまざまな偶有的要因が介在してはいるのだが。

10　本当は両者が失敗する深度は異なるはずだが、それ以前に、テクスト概念に対する反省が浅すぎるように思う。この領域におけるテクスト概念の平均的理解については、Marshall & Werndly(ed.) [2002]などを参照。発信―テクスト―受信という構図が全体化され、かつ発信（者）がつよく実体化されるとき、「テクスト」は多少の構造主義的・記号論的知見を加味したデータ概念（研究者の実証を保証してくれるように見える意味でも）と何ら変わらなくなる。もう少し反省的なテクスト分析の実例については、Allen(ed.) [1994]やMellencamp (ed.) [1990]。

11　カルチュラル・スタディーズ系列の研究動向ついては、児島[1993: 75-90]、吉見（編）[2000]、伊藤（編）[2002]、Allen(ed.) [ibid : 327-353]、Miller(ed.) [2002]など。

12　現代日本のテレビ文化のこうした側面に論究した研究は意外なほどない。編集済みの意味世界のなかでの視聴者の微妙な「ノリ」と傍観の生理を、笑いという主題で論じた太田省一の優れた作品が、ほとんど唯一の例外である（太田[2002]）。

13　記号化と欲望の重層関係については、遠藤[2003]でも論じた。

14　こうした感覚をいちはやく表現したのが、暗殺されたケネディ大統領の埋葬に列席するジャクリーンの虚ろな顔の大写しのスクリーントーンを反復した、一九六〇年代のアンディ・ウォーホールであろう。ただしウォーホールにおいては、別の素材（リトグラフ）を介してテクストへと移し替えられることで、「決定的瞬間」の映像を繰り返し流すというテレビの振るまいが切断されたかたちで提示される。つまりそこにあるのはじつはイメージの有限の反復なのだが、テクストという囲いが、その外部に広がる映像環境を代補している。その意味では、ウォーホールのアートは、テクストという切断によって、フローの恒常化という事態が回収されている。

文献

Allen, Robert C.(ed.), 1994, *The Channels of Discourse. Reassembled*, Chapel Hill.

有馬哲夫、1997『テレビの夢から覚めるまで――アメリカ一九五〇年代テレビ文化社会史』、国文社。

Brants, Kees, Hermes, Joke & Zoonen, Liesbet van, 1998, *The Media in Question : Popular Cultures and Public Interests*, Sage.

Creeber, Glen (ed.) , 2001, *The Television Genre Book*, British Film Institute.

Dahgren, Peter, 1995, *Television and the Public Sphere: Citizenship. Democracy and the Media*, Sage.

遠藤知巳、2002「言語・複数性・境界――バフチンの世界記述をめぐって」『思想』九四〇号。

――2003「メディア的「現実」の多重生成・その現在形――クイズ形式からの観察」、石田佐恵子・小川博司編『クイズ文化の社会学』、世界思想社。

伊藤守・藤田真文編、1999『テレビジョン・ポリフォニー』、世界思想社。

Gomery, Douglas(ed.), 1998, *Media in America. Revised Edition: The Wilson Quarterly Reader*, Woodrow Wilson Center Pr.

伊藤守編、2002『メディア文化の権力作用』、せりか書房。

児島和人、1993『マス・コミュニケーション受容理論の展開』、東京大学出版会。

Luhmann, Niklas, 1996, *Die Realitat der Massenmedien*, Westdeutcher Verlag. = 2000, Cross, Kathleen (trans.) , *The Reality of the Mass Media*, Polity.

――1992, *Beobachtungen der Moderne*, Westdeutscher Verlag.=2003 馬場靖雄訳、『近代の観察』、法政大学出版局。

Marshall, Jill & Werndly, Angela, 2002, *The Language of Television*, Routledge.

McCarthy, Anna, 2001, *Ambient Television: Visual Culture and Public Space*, Duke Univ. Pr.

Mellencamp, Patricia(ed.), 1990, *The Logics of Television: Essays in Cultural Criticism*, Indiana Univ. Pr.

Miller, Toby(ed.), 2002, *Television Studies*, British Film Institute.

Nichols, Bill, 1994, *The Blurred Boundaries: Questions of Meaning in Contemporary Culture*, Indiana Univ. Pr.

太田省一、2002『社会は笑う――ボケとツッコミの人間関係』、青弓社。

Russel-Neuman, W., 1991, *The Future of the Mass Audience*, Cambridge Univ. Pr.=2002 三上俊治・川端美樹・斉藤慎一訳、『マス・オーディエンスの未来像』、学文社。

Terdiman, Richard, 1985, *Discourse/Counter-Discourse: The Theory and Practice of Symbolic Resistance in Nineteenth-Century France*, Cornell Univ. Pr.

中馬清福、2003『新聞は生き残れるか』、岩波新書。

山田登世子、1991『メディア都市パリ』、青土社。

吉見俊哉編、2000『メディア・スタディーズ』、せりか書房。

コラム5——田中東子

A Change is always Gonna Come !

2002年の秋くらいから本格的な準備が始まった。今となっては、あまりにも多くのことが起こり過ぎて、そのすべてを追記することは難しいような気がする。結果からいえば、カルチュラル・タイフーン2003は、6月28日・29日の2日間に渡って開催され、50名近い当日スタッフ(院生、学生、その他いろんな人に手伝ってもらった)によって運営され、およそ400名の参加者で創り上げげたシンポジウムである(内容の詳細は、付録を参照)。

秋以降、実行委員会のメンバーで月一くらいのペースで集まり、いろいろと話を詰めていった……というよりも、若い院生と若い教員が多いメンバーだったので、かなりラフでざっくばらんに、怒ったり笑ったりしながら、でもかなり長時間の意見交換を経て、企画全体のイメージを創り、共有していったという方がいいかもしれない。しかも、会議後の食事の席で面白い意見が出ることが多かった。

これまでいくつかのシンポジウムに参加してきて、なんか変だな、嫌だな、つまらないな……と感じているのに、みながなんとなく当たり前だと考えてしまっているシンポジウムという場での暗黙のルールを、ひとつひとつ洗いなおしながらイベントを創り上げる、というのが実行委員会メンバーの思惑だった。特に気を使ったのが、時間の配分・空間の配分・デザインの三つだった。それによって、当日スタッフたちが「手伝わされている」と思うのではなく、「スタッフこそが、企画を提供しているんだ」と感じることができるような時間・空間・デザインの生成、そしてオーディエンス・参加者・発表者の身体性を変える(「受動的にシンポジウムに参加する」から「一緒にシンポジウムを創り上げているんだ」への移行)ための時間・空間・デザインの生成を目指した。いつもと違うものを作り出すためには、その場に居合わせるほとんどの人たちが、「いつもと違うものが見たい!」と同時に願わなくてはならない。ひとりでいくら頑張っても、その成果はたかがしれている。空間を変えるということは、そういうことなのだと思っていた。

わたしは事務局だったので、事前の細かい準備と、当日の運営スタッフの統括の二つを担当した。事前準備については、基本的にはアバウトな事務局を心がけた。そのせいで、結構いろんな人に迷惑をかけたり怒られたり怒りかえしたりあまりの仕事の量に気が滅入りもしたが、今となってはいい思い出である(と思い込むことにしたい)。途中でひとりではこなしきれなくなり、細かい事務系の仕事の補佐とホームページの管理を当時伊藤守ゼミの三年生だった寺師正俊くんに、ブースに関する仕事を筑波大学院生の山本敦久くんに、そしてパーティー・オーガナイザーの仕事の多くを和光大学の上野俊哉さん、SMILE TRANCEさん、当時早稲田大学三年生だった二木信くんに手伝ってもらいながら、企画の実現に向けた準備(大学側との交渉、全会場の入念な下見)や発表者との連絡を行った。

いよいよ前日の夕方になってブース参加の人たちの搬入・飾付や会場設営が始まり、いつも見ていた無機質な大学が少しずつ極彩色の空間に変わっていく場に居合わせるのは、なかなか素敵な体験だった。前日のセッション会場の設営も、「机なくてもいいじゃん」、「発表者の位置を真ん中にしてみたらどうだろう」などなど、スタッフのその場の機転で、部屋ごとに異なったレイアウトになっていった。しかも二日間の間、各セッションの発表者やコーディネーターの意見を取り入れながら、会場設営は時間ごとに刻々と変化していった。当日の運営についても、各セクション(受付・会場設営・ブース・機材・映像記録・音声記録・遊撃部隊)のリーダーの人たちに実際的な運営の多くを担当してもらい、自分は遊撃部隊の数人とあちこち回って、トラブル・シューティングをし続けるという状態だった。

実際、トラブルや不備はいろいろあったし、そのせいで参加者に迷惑をかけることも多かったと思う。大学の事務所やＩＴセンターの現場スタッフの人たちにも電源問題や鍵の管理問題などでかなり協力してもらった。パーフェクトに何かをなしえたとはまったく思っていない。むしろ、まとめることを放棄すること、いかにして完遂しないようにシンポジウムをやるかという点が重要だった。カルチュラル・タイフーン2003は、その時その場に居合わせた人々の機転やアイディアで、偶発的に行われた多くの出来事の複合体("Stand Alone Complex")だったのだと思う。

だから、とてもじゃないけど書ききれないし、すべてを思い出すことなどできない。

Thanx: どんな企画を持ち込んでも面白がって実現させてくれた実行委員長の伊藤守さん、国際電話回線を通じて愚痴や怒りを沢山聞いてくれた小笠原博毅さん、細かなパソコン作業の多くを誠実に丁寧に手伝ってくれた寺師くん、誰も知らないであろう地味だけれど大切な事前の作業の多くを楽しく手伝ってくれた伊藤ゼミ関係の学生さんたち、シンポジウムとパーティーのスタッフ・ＤＪ・参加者のみなさん、本当にありがとうございました。

Intervention 政治的身体をめぐる10の問いかけ

吉見俊哉

身体がまずもって政治的領域であり、権力が作動する根幹的なアリーナであるということは、なにも今、改めて発見されたことではない。それは遅くとも六〇年代から多くの知の越境者たちの共通の出発点であったし、ベンヤミンやバタイユ、あるいは日本では戸坂潤のようなファシズムと暴力の時代を生きなければならなかった先人たちにとっても、そして同じように植民地的暴力と対峙しながらみずからの認識を形成しなければならなかったファノンをはじめ多くの反植民地主義の知識人たちにとっても、あまりにも当然の前提であった。そしてもちろん、カルチュラル・スタディーズはかなり早い段階から、これらの人びとの研ぎ澄まされた洞察から少なからぬ知的影響を受けながら、このような二〇世紀の知に通底する政治的身体へのまなざしを共有してきたのだから、政治的身体は、常にその問いの最大の焦点であり続けてきたのだといえなくもない。

それにもかかわらず、今、日本や東アジアのカルチュラル・スタディーズの次なる展開を担う世代がこのように明確な輪郭をもって浮上してきたとき、その多くがはからずも政治的領域としての身体を共通の問いの焦点としていることに改めて新鮮な思いをさせられるのは、これまでのカルチュラル・スタディーズの議論の射程が、しばしば大衆的なテクストの意味や解釈の多様性の強調や、イデオロギーとしての人種主義や植民地主義、ナショナリズムの批判といった水準にとどまりがちになってきたからなのだろうか。

もちろん、わたしと同世代でも冨山一郎のように、まさしく政治的身体が立ち上がる瞬間にこだわり続けてきた者もいるし、わたし自身にとっても、演劇から都市へ、そして国民国家やアメリカニゼーションの問題へと関心の焦点を移行させていくなかで、究極的には人びとの集合的な身体の政治性こそが、みずからの問いの出発点であり目標地点であり続けている。おそらくは、ほぼ同世代の多くの者にも、そうした身体的な場への関心が共有されていることは間違いない。わたしにとってカルチュラル・スタディーズが重要なのは、それが日常的な身体の場における意味と権力の関係を、さまざまな具体的で実践的なフィールドにおいて問い続けてきたからにほかならない。

だが、再びそれにもかかわらず、九〇年代以降のカルチュラル・スタディーズの文字通りグローバルな「流行」のなかで、政治的身体、つまり政治的な問いのフィールドとしての身体という問いは、いったいどこまで深められてきたといえるだろうか――。わたしがここで、この論集へのひとりの介入者として、あるいは二〇〇二年からの文化台風への流れの伴走者として強調したいのは、この台風の渦の広がりが、決してたんなる日本におけるカルチュラル・スタディーズの裾野の拡大や若い世代のエネルギッシュな参加欲求を示しているだけではないことである。たしかに二〇〇三年の早稲田大学での会議に四〇〇人を超える若者たちが集まったことは、その量的なパワーにおいて圧倒的な印象を残した。しかし、長い目で見ていっそう重要なのは、ここに集った新しい世代の少なからぬ者たちが、政治的身体という、カルチュラル・スタディーズが本来、まさしく問いの焦点とすべき問題を、それぞれの具体的なフィールドに着実に内在しながら掘り下げていたことにあったのではないだろうか。こうした問いかけの広がりは、この論集に収められた諸論文にとどまらず、山本敦久が報告しているブースでの活動から小笠原博毅らが提起したＳＡＲＳをめぐる問題までを含んでいる。

だからこそ、わたしはここでのささやかな介入の試みとして、本書に力作を寄せられた論者の方々に、そしてまた文化台風の会議に集った、またこれから集うであろう数多くの大学生、大学院生に、一〇ほどの問いを提起してみたい。もちろん、この一〇というのは便宜的な数にすぎない。それは八でもよかったし、一二でもよかった。また、以下で言及するいくつかの論文は、本書に収録されているものの一部にすぎないし、早稲田大学での文化台風会議でなされた数多くの報告からするならば、ほんのごく一部にすぎない。しかし、それでもここでわたしが指摘したいのは、われわれには今なお、この政治的身体という問いをめぐりあまりにも多くの問いが残されていること、おそらくそれらは、これからのカルチュラル・スタディーズの深化を左右する大きな賭け金であることである。

1　なぜ今、政治的身体が問いの焦点として改めて浮上しつつあるのだろうか？　この問いの七〇年代的地平と現在の間では、どのような違いがあるのだろうか？

七〇年代に知的関心の基盤を形成してきた世代にとって、身体こそが政治が賭けられる究極の領域であるという認識は受け入れやすい。ポスト六〇年代的な時代の空気のなかで育ってきた世代には、すでに大文字の「政治」よりも、構造主義からポスト構造主義への展開のなかで出てきた多くの潮流、とりわけ人類学や記号論、都市論、そして誰よりもフーコーの思想的影響のなかで語られていた身体のミクロ・ポリティクスが、最もアクチュアリティのある現実であった。印象的に述べるなら、八〇年代のポストモダニズムの全盛が、この身体政治への関心を、むしろ記号の政治、イメージとシミュレーションの問題へと移行させたのに対し、九〇年代末以降、再び身体の政治が問題の焦点として若い研究者たちの間で同時多発的に浮上してきているように見える。いわば、政治的身体をめぐる関心が、大きくスパイラルを描きながら回帰してきたようにも見えるのだが、この回帰はたんなる繰り返しではあり得ない。それならば、なぜ今、政治的身体が多くの若い世代の研究者の問いの焦点として改めて浮上しつつあるのだろうか？　その認識の地平は、たとえばかつての七〇年代の問いの地平とどのように異なっているのだろうか？

本書に収められた諸論文でも、田中研之輔や山本敦久、有元健、眞嶋亜有、韓東賢などはそれぞれ直接、身体行為や身体の表層のポリティクスを焦点に据え、五十嵐泰正や古賀由紀子らは都市として経験される身体的な場での記憶の政治学について、清水知子や長尾洋子、ガーデナ香子は、芸能ないしは表現のメディアとしての身体の可能性について考えている。とはいえ、本書はもともと統一的なテーマに従って編集されてきたものではないし、文化台風会議のテーマ設定も、もっとはるかに緩やかなものであった。それにもかかわらず、これほど多くの論文や報告が、政治的領域としての、つまり権力と表現の場としての身体に関心を収斂させているのは、いったい何を意味しているのだろうか。多くの若手研究者の意識がまさしく身体の政治性をめぐって渦巻き、そのことがまたカルチュラル・スタディーズへの彼らの関与を促してもいるとは考えられないだろうか。それならば、なぜ今、こうしたかたちで身体への関心が、改めて広く突出しつつあるのだろうか？

2　政治的身体は、いかなる学問的な基盤から問われ続けることができるのか？　カルチュラル・スタディーズは、この問いをめぐる諸々の方法論をどう節合するのか？

七〇年代以降の批判的知において、政治的身体が繰り返し問われてきたにしても、そうした営みがアカデミズムのなかでも承認され、促進されてきたわけではまったくない。日本の場合、この種の作業はこれまでほとんどが既存分野の外側で、それぞれの研究者の個的な努力に支えられてきた。身体が政治的領域であることに、既存の政治学はほとんど関心を寄せてこなかったし、身体をめぐる多くの知、たとえば医学から教育学までの多くの知は、フーコー以降の問いかけにきわめて不完全にしか返答してこなかった。たしかに人類学や民俗学は、身体の日常的な営みについて最も持続的な観察を続けてきたといえるであろう。しかし、これらの知とその方法論では、そうした身体の営みを政治のアリーナとして問題にしていく関心は希薄な場合が少なくなかった。ゴッフマンやブルデューのような社会学者が問題にしたのはまさしくそうした点であったが、社会学が全体として、身体の政治をテーマに展開してきたわけではない。人類学や社会学は、相対的には他のいかなる分野よりも政治的身体を問題にすることに慣れてきたが、モースからブルデューにいたる蓄積は、すでにより広い探究者たちの公共財となってきたように思われる。

ここで問うべきは、カルチュラル・スタディーズと政治的身体の結びつきである。カルチュラル・スタディーズが現代の文化的生産と消費をめぐるアクチュアルな知であろうとする限り、政治的身体を問題にすることは必須であろう。それは、あるときはメディアのオーディエンスの身体であり、あるときは路上の群集の身体であり、あるときはスポーツ選手、アーティスト、俳優、同性愛者、活動家、犯罪者たちの身体である。実際、すでにジェンダー・スタディーズやクイア・スタディーズといった領域では、まさしくこの政治的領域としての身体が問われ続けることで新しい地平が切り開かれてきた。そうしたなかでカルチュラル・スタディーズは、政治的身体をめぐり、これまで主に人類学や社会学でなされてきた知見を結び合わせるだけでなく、どれだけ既存のディシプリンの射程を超える深度を持った理解や分析の方法論を獲得することができるだろうか？

3　エスノグラフィーという方法は、政治的身体の批判的探究にいかなる視界を拓くのか？　文化や意味をめぐる問いは、実践の社会的次元といかに節合されるのか？

人類学や社会学と同様、カルチュラル・スタディーズにとってもエスノグラフィーはきわめて有力なフィールドワークの方法である。これまでも多くのカルチュラル・スタディーズの探究が、方法的にエスノグラフィックであることを標榜してきた。同時にカルチュラル・スタディーズは、しばしば人種的、階級的、ジェンダー的なイデオロギーの作動や差別の歴史的な重層性、メディアにおけるテクストの流通と読みを問うてきた。われわれの身体が政治的な現場であるということは、その身体の表層やふるまい、出会いの実践のなかにテクスト的作用や言説の諸制度が折り重なっていることでもある。わたしたちは、そのような身体を幾重にも貫く権力作用を射程に入れながら、都市の路上や住居、さまざまなメディア空間における身体のありように迫っていくであろう。では、そのためにどのようにして、方法としてのエスノグラフィーと方法としてのテクスト分析を結び合わせていくことができるのだろうか。換言するなら、記号や言説、意味の問題と社会的実践や関係形成の問題を同時に扱う認識と記述の回路を獲得することは可能だろうか。

たとえば本書で田中研之輔は、『ストリート・コーナー・ソサエティ』のW・F・ホワイトから『ハマータウンの野郎ども』のポール・ウィリスまでを彷彿とさせるようなアプローチで、地方都市の駅前広場にたむろするスケートボーダーの少年たちの人生に寄り添っている。田中が記述する少年たちの語りからは、彼らが置かれている社会の現在と、そのなかで少年たちにとってスケートボードが有している固有の意味が鮮やかに浮かび上がってくる。田中は綿密に少年たちの人生が置かれている社会的文脈を捉えており、その作業は社会学的な参与観察としてきわめて質の高いものである。ではいったい、こうした少年たちの日常的実践は、現代の文化的生産や消費の布置のなかでいかなる位置を占めているのか。換言するなら、社会学や人類学で培われてきたエスノグラフィーの方法から出発しつつ、さまざまな文化的意味の生産と消費において起きていることを、わたしたちはどのようにして記述の地平に組み込んでいくことができるのだろうか。

4　政治的領域としての身体において、表層の差異はいかなる欲望を発動させていくのか？　人種主義を構成する政治的身体の実践とは何か？

多くの身体政治は表層で作動する。肌の色、骨格、化粧、服装、声、しぐさ――。これらは政治的身体が生きられる舞台であり、戦場である。そして言うまでもなく、近代においてこのような身体政治が最も強力に発動したのは、おそらくは人種主義という形においてであっただろう。眞嶋亜有は本書の論文で、明治期日本人エリートの洋行経験における洋装・和装という行為が、いずれにせよ当事者をきわめてアンヴィヴァレントな状況におくことになっていたことを、丹念な資料分析から浮かび上がらせている。すなわち、明治日本の国内において「文明」の象徴であった洋装を海外でも選択した男たちは、そのことでますますすでに洋装だった「シナ人」「土人」などとの差別化が困難になり、それを避けようとして「民族衣装」としての和装を選択した女たちは、彼女たち自身の人種的限界の自覚が、「洋装の有色人種」へのあからさまな侮辱意識となって表明されるのを免れなかった。このように眞嶋が分析を進めるなかで見えてくるのは、人種、肌の色、服装といった幾重もの身体的表層のずれや一致がもたらす重層的な差別と同一化のポリティクスである。

ゴッフマン流にいうならば、これらの表層は、すべて彼が「外面（front）」と呼んだ概念のなかに包摂されよう。社会的場面に置かれた身体は、さまざまな「外面」が玉ねぎの皮のように重ねられている存在である。外面を剥げばまた別の外面が現れ、それを剥げばまた別の外面が現れる。そのさまざまな「外面」の間の一致やずれは、それ自体、歴史的で政治的な構造をなしている。眞嶋の分析を発展させていくならば、ちょうどマクリントックが鮮やかに描写して見せた、帝国主義時代のブルジョア社会における人種と階級、ジェンダーと節合する自己のパフォーマティブな構造化や脱構造化の契機が浮かび上がってくるのではないか。そして、このような諸契機は、韓東韓が歴史的に浮かび上がらせたチマ・チョゴリの制度化をめぐっても働いていたであろう。つまるところ、わたしたちは人種主義や植民地主義を担う政治的身体を、幾重にも折り重なる「外面」のずれや連続を含むパフォーマティブな節合過程のなかで捉えなおしてみることができるはずである。

5　今日の世界を覆い尽くす文化的な資本主義のなかで、ミメーシスはいかなる政治的身体によって演じられるのか?

政治的身体が、パフォーマティブな相互性のプロセスを含んでいること、すなわち身体の政治性とは、身体における複数的な実践の契機でもあることを、本書のなかで山本敦久は模倣領域としてのスポーツに照準することでスリリングに読み解いている。山本は、スポーツが常にミメティックな次元を含んでいること、異質なものが出会い、模倣しあう関係のなかで競いながら、変化の可能性を常に含んだ主体や集合的アイデンティティが構築される場を含んでいることを強調する。模倣領域としてのスポーツは、一方ではファシスト的な身体やコロニアルな権力への同一化を促すが、他方では常にミメーシス的な複数性を促し、社会的闘争を触発する。クリケットはコロニアルな権力を反映するものであるが故に、帝国の権威を揺るがす可能性を含んでいるのだ。そのような両義性において、スポーツという身体文化はいつも諸々の社会闘争の政治文化に接しているのだ。

山本がスポーツについて述べたことは、同じようにミメティックな身体領域である演劇や舞踊、音楽的なパフォーマンスやあらゆるタイプの文化表現にも当てはまろう。清水知子は、そのような認識の延長線上で、地球規模の情報コミュニケーションとトランスナショナルな文化産業が生産する無数のシミュラークルの只中ですら、なおミメーシス的な作用を繰り返していくことで状況に批判的に介入していく可能性を指し示す。山本や清水が身体のミメティックな契機に照準することで考えようとしていること、つまりグローバルな文化産業やスポーツ産業、メディア・イメージの流通のなかで、なお身体が複数的な実践の場、ミメティックな転覆可能性を秘めた場でありうるのはいかにしてか、という問いは重要である。グローバルな資本主義のなかで、ボードリヤール的なシミュラークルの論理に還元されない身体のミメーシスとは、いかなる実践によって可能になるのか? またわれわれは、そうした実践をいかにして記述していくことができるのか?

6　政治的身体は、都市という空間をいかに経験するのか。今日、都市に向けられるノスタルジックでもファンタジックでもある欲望は、いかなる政治の作動なのか?

身体が政治的領域であるように、都市もまた政治的領域である。それどころか、都市はさまざまな共在する身体によって同時的に生きられる複数性の場として、権力を日常的に作動させ、政治的なものを成り立たせている。都市の政治とは、常に身体化された政治であり、そのような身体と都市、そして政治的なものの結びつきが、アンリ・ルフェーブルやシチュアシオニストをはじめ、フランスの五月革命の頃から問われ、日本でも六〇年代の政治の季節のなかで問われてきた。今、日本なり東アジアなりの都市を舞台に、都市という空間と政治的な身体が新たな仕方で結びつき始めているとするならば、この新たな結びつきを成り立たせている政治的な条件と可能性とは何か？

たとえば五十嵐泰正は、池波正太郎の広範な大衆的人気のなかに、都市をめぐるノスタルジックなまなざしとナショナルな同一性への無意識的な欲望との密やかな結びつきを看取する。その結びつきとは、司馬遼太郎の作品におけるようなあからさまなイデオロギー的結びつきではなく、指示対象においてはほとんど重ならない、下町の過去の細部へのこだわりとナショナルな心性との無意識の親和性である。社会の高齢化のなかで、町歩きは中高年者を中心に広範な人気を保っており、池波ファンは司馬ファンより以上に深く庶民層に根づいている。五十嵐は、司馬の作品が、自らの行為を国家発展の全体像のなかに位置づけたがる企業戦士の欲望と結びついていたのに対し、池波作品は一層庶民的で、ローカルな文脈で日々の生活を営んでいる人々のアイデンティティを無言のうちに再確認させてきたのではないかと論じている。まさしくこのような無意識的な営みのなかで、都市は一種の集合的な政治身体として多様な人々に生きられているのである。

このような都市の政治的身体性が、池波ファンに限らずノスタルジックな感受性と結びつきやすいことには何らかの蓋然性があるのだろうか？　古賀由起子が取り上げるかつての満州国の首都「新京」の記憶は、現在の長春の公共建築に刻印され続けながらも、さまざまな異なる身体に媒介されることで異なる意味や欲望、不安を発生させている。古賀が論じるところでは、満州引揚者の長春観光は、同行する同じ境遇の人々と戦後長らく抑圧してきた満州での記憶を共有し、「本来の自己」を取り戻す作業でありながら、そのような彼らが今はこの都市の「他者」としてまなざされていること、「故郷」はすでに失われていることに気づく過程でもある。ノスタルジーは、現実の都市においては絶えず裏切られるのである。そしてこの同じ長春を訪れる若者たちにとっては、満州国の痕跡との出会いは薄気味悪いもの、忘れていたはずの亡霊の出現でもある。都市の記憶をめぐる政治的身体の経験は複雑であり、ノスタルジーの単純な消費に解消されることはない。

7 政治的身体は、セクシュアリティの空間でもあり、また快楽と資本を媒介する装置でもある。この媒介は、いかにして再生産されているのか?

身体は政治的領域であると同時に性的領域でもある。身体において、〈政治〉と〈性〉は絶えず結びつきながら作動している。自己は、この関係の結び目に出現し、ときには政治的な、またときには性的な行為の主体となる。このような身体の両面性は、それこそ公的なもの(パブリック)と私的なもの(プライベート)の相互性、あるいは吉本隆明がかつて論じた共同幻想と対幻想の関係から、フーコーのセクシュアリティをめぐる洞察までを貫いて問われ続けてきた。こうした文脈で今日的に重要なのは、身体が多くの場面で、まさしく快楽と資本を媒介する装置として作動していることであろう。この媒介は、世界各地の亜熱帯リゾートのビーチからトランスナショナル化するセックス産業、都市のエステティックサロンなどまで、無数の具体的な事例において確かめることができる。大雑把な言い方ではあるが、今日のグローバルな文化資本主義にとって、身体的快楽の領域は、資本の価値増殖のための重要な賭け金となっているのである。

それどころか飯田由美子は本書において、今日ではナショナリズムそのものが、トランスナショナルな資本による快楽の組織化によって身体論的に枠づけられているのではないかと論じている。このような快楽と資本主義の多方面にわたる結びつきを、カルチュラル・スタディーズは具体的、内在的に問い返していこう。今日のグローバルな資本主義は、われわれの日常において、政治的身体と性的身体をどのように節合させているのか? どのようにすればわれわれは、この問いに十全に答える方法的な視座を得るのか? 飯田は資本と快楽がグローバルに結びついていく際の視覚的イメージの重要性を強調しており、そのあたりが洞察を先に進めるための手がかりになるかもしれない。視覚的イメージをめぐってフィルム・スタディーズやニュー・アート・ヒストリーといった領域で探索されてきた知見を拡張し、さまざまな大衆的な視覚装置の日常的な受容、またその過程での快楽と資本、政治と欲望の諸々の節合に照準した問いを深めていかなければならない。

8　近年における「政治的なるもの」の変容は、いかなる政治的身体の変容として捉えられるのか？　政治的身体は、いわゆる社会運動や政治過程をどう生きているのか？

身体が政治的領域であるということでの問いは、もちろん議論の焦点を明らかにするための理論的な設定にすぎない。実際に、政治的身体の担い手である個人や集団が、それぞれの日常生活で自らの身体の政治性を意識しているとは限らないし、むしろそのような意識をまるで欠いている場合のほうが圧倒的に多いであろう。当然ながら、ここでいう身体の政治性が、実際のいわゆる政治過程や社会運動のプロセスに結びつくとは限らないし、日常の身体政治と大文字の政治の間には、構造的な連続性という以上の複雑な捩れや断層が横たわっている。だからこそむしろ逆に、「政治的身体」というここでの問題設定が、近年における政治概念の変容や新しい国境を越える市民運動の展開をどのように捉え返していく視座を提供するのかという問いが、重要な意味を帯びてくるのである。

とはいえ、文化台風の会議においてすら、いわゆる政治現象や新しい社会運動をカルチュラル・スタディーズの視座から掘り下げる作業は、それほど多くなされてきたわけではない。それにもかかわらず、政治的領域としての身体を問題にする以上、社会学的運動論や環境社会学などとは異なる観点からマクロな政治場面でのミクロな政治的身体のふるまいを精査していくことは必須であろう。われわれは、日常の文化実践のなかに〈政治〉を見出すだけでなく、文字通りの政治的な出来事や活動のなかに文化的な実践を担う政治的身体を見出していかなければならないのである。このような関心は、カルチュラル・スタディーズが新しい社会運動論とほぼ同時的に入ってきた韓国や台湾、アジアの他の国々においてはすでに馴染み深いものである。これに対し、「ポストモダン」が政治からは切り離されて語られがちだった日本では、最近ようやく、反戦デモや市民ネットワーク、環境保護や公共事業に対する反対運動などの活発化により、さまざまな政治的闘争のプロセスが、政治的身体の水準からの新しいアプローチを必要とするという状況が浮上しているのである。

9 政治的身体が、その極限的において表象し、表象しないのは、殺戮と絶対的な暴力としての戦場の身体である。そうした身体が表象され、記憶されていくとき、われわれはなおそこにいかなる〈政治〉を見出すことができるのだろうか?

いわゆる大文字の政治や社会運動と並び、台風会議のなかでさらに論じられなければならない政治的身体をめぐるもうひとつの重要な問いは、戦争とメディア、そして暴力と身体表象をめぐる問題系であるように思われる。この問いは、一連の台風会議の出発点となった二〇〇二年七月の東京大学での日韓共催のカルチュラル・スタディーズ会議では中心的なテーマに据えられたものであった。早稲田大学での会議においても、本書の平山陽洋論文が示すように、いくつかの報告が戦争とメディア、暴力、記憶、身体といったテーマ群に関係していた。とりわけ九月一一日の事件からイラク戦争までの出来事が起きてしまった後の現在的な状況のなかで、アジア太平洋戦争や朝鮮戦争、ベトナム戦争、湾岸戦争などでの暴力とメディア、記憶、表象の問題について、ここで問うている政治的な身体性の次元から問いを提起してみることはきわめて重要なことであろう。

だが、そのような極限的な状況における身体は、すでに「政治的」という接頭辞を付すことができる次元を超えているのではないか。そうした身体は、「政治的」であることがもはや成り立たないかもしれぬぎりぎりの地点に立ち現れているようにも見える。ある身体が「政治的」であるためには、何らかの折衝や対抗、どんなに限られたものでも自由の余地が、わずかながら残されていなければならないのではないか。そうした可能性がまったく塞がれている絶対的な状況において、人はいかに政治的であり得るのか、あるいはあり得ないのか。ここから先には、アレントやバリバールのみならず「政治的なるもの」についての無数の論争が待ち受けているであろう。そのような論争を、哲学的な深みにおいてというよりも、あくまで実際の戦争や占領、さまざまな極限的な暴力の現場に視点をとどめながら、アクチュアリティを失わない仕方で持続すること、これがカルチュラル・スタディーズがこの問いにかかわり続けるための大前提であるように思われる。

10　政治的身体は、そもそも存在しているのだろうか？　今日のメディア・イメージの浸透のなかで、身体はすでにその存在の根拠を蒸発させているのではないか？

最後に、これまで述べてきたすべてのことが覆されてしまうかもしれない可能性にも言及しておきたい。わたしはこれまで、「政治的身体」という概念を介在させることで、文化台風の会議に参加した多くの人々、本書に寄稿した多くの論者に共有される身体性への関心をつないでみたいと考えてきた。しかし、そうした問題設定は、ちょうど本書のなかでも遠藤知巳が批判している主体性の政治学の罠にすっかり陥った典型例だとはいえないだろうか。身体が政治的な領域だと語ることで、わたしはそこに、何らかの主体の立ち現れを期待しているのではないか。個人であれ、集団であれ、わたしは人々の身体のなかに「政治」を名指すことで、何らかの主体性の契機を最初から外挿的に措定しているのではないか。そして、その期待通りの答えを本書の諸論文の行間に見出しているだけなのではないか。しかも、そのような期待はそれ自体、今日のコミュニケーションの資本制的な編成が要請する効果のひとつにすぎないのではないだろうか。

あるいはこうも言える。メディアが日常のリアリティを深く媒介している今日、身体が政治的な領域だと主張するだけでは、いささかもそのメディア的なリアリティを揺るがすことはできない。むしろわれわれは、そもそもそのような身体の存在に疑いを差し挟むところから問いを出発させるべきなのではないか。何らかの批判や奪用、変革の根拠として身体を語るよりも、そのような身体に反応し、語ってしまう自分自身の前提を突き放すように問い返してみる必要がある。今日、多くのカルチュラル・スタディーズの論者たちが「身体」を語ろうとしていること、それ自体が資本の効果として考え直されるべき現象なのではないか。実際、八〇年代以降のコマーシャルなイメージの変遷を調べるなら、ここ十数年あまり、社会のさまざまな領域で「身体」への関心が突出してきたのを確かめることができる。カルチュラル・スタディーズが政治的身体について語るのは、コマーシャルな言説が健康で美的な身体について語るのと本当に異なるものなのだろうか？

冒頭でも述べたように、以上の一〇の問いかけは、決して網羅的なものではなく、あくまで部分的、断片的なものである。早稲田大学での台風会議に参加した人々は、わたしが掲げたのとは異なる疑問や問いかけを胸に懐いているだろうし、この論集を読まれた人々は、さらに異なる問いかけを発することだろう。応答は開かれている。わたしはこれらの問いかけに、自分で答えようとは思わないし、また思ったとしても十全に答えることはできないであろう。それどころか「政治的身体」というここでの問題設定自体、まったく作業仮説的なものである。ひょっとしたら、カルチュラル・スタディーズがいま向かうべき問いの焦点は、もっと全然別のところにあるのかもしれない。だが、それでもなお、たとえばネットのなかで、あるいは各地の大学で開かれる研究会やフォーラム、ゼミナールの場で、そしてまた二〇〇四年七月に開催が計画されている沖縄での文化台風の場で、ここで提起したようないくつかの論点をめぐり、さらに活発な議論が生じていけばと願う。

カルチュラル・スタディーズがこの国の学問的土壌のなかで有利な点を持っているとすれば、それはこうして多方面で同時多発的に議論を増殖させていくポテンシャルを、いかなる他の分野や領域よりも強く伏在させているという点に尽きる。理論の精度や実証的研究の蓄積、知識の体系性といった知の規範に照らしてみるならば、カルチュラル・スタディーズは欠点だらけの中途半端な流行と見えるかもしれない。しかし、それにもかかわらずカルチュラル・スタディーズは今日、さまざまな分野の異なる立場の若手研究者が、その問いの構えや探究への意志によって協働する対話的な知のプラットフォームを形成しつつある。このプラットフォームの裾野の広がりと緊張度、浮上してくる問いのアクチュアリティは、現在、カルチュラル・スタディーズがこの国のいかなる理論的立場や学問分野よりも濃密なポテンシャルを蓄積しつつあることを示唆している。必要なのは問いの持続であり、開かれた対話の場の醸成である。二〇〇四年の沖縄での台風会議で、米軍基地のフェンスと亜熱帯リゾートの海辺の間に佇みながら、われわれはこの問いをどのように増殖させていくことができるだろうか。

lims
3. 小宮明彦
性器の政治学／ペニスのポリティクス
——露茎主義粉砕序説

都市の狭間から

coordinated by 崎山政毅
1. 李智旻＋池内一樹
フリーター、その社会的位置
2. 田中研之輔
「都市滞留層」の〈隔離〉と路地裏の〈占拠〉
——新宿ストリート・スケートボーディング
3.濱村篤
台湾プロジェクト
——「民衆」とは、いったい誰なのか？

テレビ・ジャンル研究とリアリティをめぐる言説

coordinated by 藤田真文
1. 丹羽美之
クイズがアメリカからやってきた
2. 遠藤知巳
ＴＶにおけるメディア・リアリティを考える
3. 石田佐恵子
グローバル・ミリオネラ・テクスト＆オーディエンス・プロジェクト

身体／表象／レイシズム

coordinated by 坂元ひろ子
1. 眞嶋亜有
身体の「西洋化」を巡る日本の苦悩
——大都市エリート層における身体美への情熱と挫折の明治大正史
2. Roderick B. Ngoro
Representation in the ruling ideas of Japan about Afrl-cans/Blacks between 1984 and 2000
3. 梁仁實
戦後日本の大衆文化における「在日」観
——マンガとその言説を中心に

主体化とその時空

coordinated by 冨山一郎
1. Kyoko Gardiner
Women（artists）and History: or how we struggle to be in touch
2. 岩佐将志
From 'Place' to 'Space','Identity' to 'Subjectivity'—On the Hybridity and Transnational Connection of Contemporary Okinawan Popular Music
3. Michael Gardiner
Class. Colony. and Subject in Eye-Operated Media

反グローバリゼーション運動と若者文化

coordinated by 上野俊哉
ベンヤミン・ペラソヴィッチ、清野栄一、毛利嘉孝、浅見克彦

身体の文化実践

coordinated by 成実弘至
1. 石岡丈昇
フィリピン人ボクサーからながめる
——ビサヤ諸島からマニラ、そして日立へ
2. Zen Yipu
Remade in Japan—he case of Audrey Hepburn
3. 韓東賢
いかにしてチマ・チョゴリは朝鮮学校の女子制服となったか

旅とまなざしの地理学

coordinated by 長尾洋子
1. 古賀由起子
亡霊との対峙——長春における〈歴史〉の出現
2. 高岡文章
歴史の空間的配置
——「古都」鎌倉における寺社観光を事例として
3. 岡田章子
女性雑誌に表象される東アジア観光都市のイメージ
——オリエンタリズムとグローバリズムの交錯

帝国のアンダーグラウンド——ポリシングと公共空間

coordinated by 渋谷望
1. 酒井隆史
〈帝国〉における敵対性の構築
2. 平沢剛
路上解放と映画
3. 矢部史郎
Write Graffiti!!：浄化社会と落書き裁判
4.平井玄
アンダーグラウンド・カルチュラル・スタディーズ

現代韓国におけるメディア実践の意味形成

coordinated by 水越伸
1. KeeYeung Lee
Social Melodrama, "the Schindler Effects", and the Limits of Media Realism
2. Dong Hoo Lee
A Local Mode of Program Adaptations: A Korean Case
3. Myung Koo Kang
ArticulatingExpressive Cultures and the Alternative Media: toward a new version of public
4. Young Chan Kim
Lifestyling the Consumer?:
A Report on Advertising Practitioners as Cultural Intermediaries

DATA 1

カルチュラル・タイフーン2003

プログラム

■6月28日(土)

オルタナティヴ公共圏

coordinated by 渋谷望

1. 高原基彰
 東アジアのパンクロック
2. Christine R.Yano
 Kicking Kitty—Global controversies surrounding Japanese cute
3. 井上弘貴
 日本におけるドメスティック・パートナー制度の必要と市民権のセクシャルな変容可能性

〈エステ化〉する都市のポリティクス

coordinated by 黒石いずみ

1. 五十嵐泰正
 グローバル化と「下町」上野の再編成
2. 清水知子
 グローバル・メランコリアのゆくえ
 ——現代の都市空間の文化編成と消費社会

アジアの文脈でCSをどう展開させるか

coordinated by 岩渕功一

チョ・ヘジョン、吉見俊哉、長尾洋子

グローバル化における快楽のテクノロジーと国民国家

coordinated by 阿部潔

1. 長山智香子
 李香蘭と視線の政治：大東亜共栄圏における「〈他者〉の不在」
2. 葉口英子
 「J-POP」の出現と「ナショナル」な視線との交差
 ——1990年代のポピュラー音楽状況からみた一考察
3. 飯田由美子
 Visible Nation/Idedogy of Pleasure:Japanese Nationalism in the Age of Information Capitalism

日本的なるものの表象

coordinated by 小笠原博毅

1. 吉田綾子
 Cool Japan
 —he representation of Japanese culture in contemporary London
2. Marika Ezure
 Macrobiotic Movement
 —he current practices of Japanese folk medicine

デイズニーからサイバーへ

coordinated by 吉見俊哉

1. 勝野宏史
 ハワイの「キカイダー」リバイバル
 ——ポピュラーテクストの消費における世代アイデンティティの形成
2. Jung Sun Park
 The Question of Identity in "Ghost in the Shell
 —Breached Boundaries, Anxiety and Hope in the Cyber Age

今、東アジアをどう見るのか?——脱冷戦化とグローバリゼーションを基軸として

coordinated by 丸川哲史

村井寛志、河村昌子、磯崎典世、玄武岩、姜尚中

戦争と語り

coordinated by 岩崎稔

1. Lim Cheng Tju
 Art and Politics—Cartooning in Singapore
2. 平山陽洋
 ベトナム戦争と短編小説
 ——グェン・ミン・チャウ「月のかけら、森の果て」における寓話的現実
3. Barak Kushner
 Treacherous Behavior
 —Japanese Propaganda and Allied POWS in World War Two

消費される「沖縄」(学部生セッション)

coordinated by 岩渕功一

藤村有加、加藤千夏、高橋直哉、菊本泰子、篠原剛、真保麻希子、水上加奈子、増渕あさ子＋田仲康博、多田治

知識の貧困、感傷の過剰、忘却の増殖——韓日W杯を検証し直す

coordinated by 小笠原博毅

チョ・ヘジョン、ファン・ソンビン、清水諭、有元健、山本敦久、田中東子

■6月29日(日)

マスキュリン／フェミニン

coordinated by 清水諭

1. 岡田桂
 スポーツにおける男らしさとホモソーシャリティ
2. Jean-Jacques Chalifoux
 Opposed bodily resistances Exposing and Hiding women's body in two cultures
 —Carib Indians French Guyana and Moroccan Mus-

遊撃部隊
井上弘貴 （早稲田大）
松下優一 （法政大）
矢部藍子 （早稲田大）

会場設営
青島健太 （早稲田大）
広瀬洋平 （早稲田大）
篭島真ノ介 （早稲田大）
北島靖洋 （早稲田大）
佐藤祐介 （早稲田大）

ブース
有元健 （ロンドン大）
二木信 （早稲田大）
石渡雄介 （東京都立大）
李智旻 （九州大）
宮島之晴 （建築家）

機材
江端希之 （早稲田大）
細貝亮 （早稲田大）
寺師正俊 （早稲田大）

映像記録
林寛 （早稲田大）

音声記録
麻生庸子 （和光大）
福島名奈子 （和光大）
泉政文 （和光大）
外島理香 （和光大）
大貫博文 （和光大）
竹田郁 （和光大）
田中元樹 （和光大）
星野祐二 （和光大）
滋賀直輝 （和光大）

Poster & Logo Design
五百蔵淑子 （デザイナー）

Webmaster
寺師正俊 （早稲田大）

■Booth Exhibition

展示・販売・パフォーマンス
01 Typhoon Graffiti――カルチュラル・タイフーン スタッフ有志
02 反戦・反グローバリズムとビデオアクティビズム――ビデオアクト
03 インターネットストリーミングを利用したインディペンデントメディアの試み――Our Planet-TV
04 Work-shopping@waseda-karada――慶應義塾大学 岡原正幸ゼミ
05 no＊＊＊
06 オリジナルデザインのＴシャツ・帽子の製作販売――まるば商店
07 SMILE TRANCEの活動紹介――SMILE TRANCE
08 きのこアクセサリー――Azure
09 Brutal Truth（音楽系）――篠原剛
10 手作り石けんの販売及び書籍等の展示――Milky House
11 作品展示――Sarah Wesseler
12 手作り屏風の展示と販売――宇原徳朗

書店・出版社
01 新宿書房
02 Theory Culture & Society Centre
03 季刊誌『にじ』
04 せりか書房
05 早稲田大学生協ブックセンター（28日のみ）
06 DeMusik Inter／インパクト出版会
07 週刊読書人
08 模索舎

DATA 2

カルチュラル・タイフーン2003

グローバル化の中の文化表現と
反グローバリズム

2003年6月28日(土)—2003年6月29日(日)

主催● CULTURAL TYPHOON 2003 シンポジウム実行委員会
共催●早稲田大学教育学部学際コース

Welcome to CULTURAL TYPHOON!!

カルチュラル・タイフーンは、カルチュラル・スタディーズ、また広く文化研究や文化のシーンに興味のある人たちのネットワークです。このネットワークでは、研究者、学生にとどまらず、多様な表現活動を行っている人たちの交流や情報交換を求めて、2003年から1年に1度のシンポジウムを開催することになりました。これらの連続するシンポジウムでは、「グローバル化の中の文化表現と反グローバリズム」を共通のテーマに掲げています。これらのシンポジウムを契機に様々なムーブメントが起きることを期待しています。

「台風」は、天気予報の予測を超えた猛威を振るうこともあるし、その逆もあるでしょう。それは移動しながら様々なエネルギーを吸い上げ、また吐き出しながら、予想しえない軌道を描いて去っていくものです。いずれにせよ、それは何かしらの痕跡を残すでしょうし、新しい様々な出会いを生み出すこともあるでしょう。まさにこの「台風」のイメージこそが、「カルチュラル・タイフーン」の活動がイメージしているものなのです。

このシンポジウムでは、既存の学会のような形式をとらず、また「教員と院生」、「研究者と表現者」といったヒエラルヒーや区分にこだわらず、広く意見交換や知的刺激の交換を目指しています。ここ数年の文化研究の流れや文化の様々なシーンを踏まえ、また新しい視点や切り口からの発表やプレゼンテーションが期待できることでしょう。

また、ブース・スペースでは、書籍の展示・販売、アーティストや表現者たちによる作品展示やパフォーマンスが展開されるでしょう。夜には、2日間とも、パーティやクラブ・イベントが企画されています。シンポジウムの議論や理論と文化のシーンや身ぶりをいかにして繋ぐかということが、タイフーンのひとつの重要なモチーフになっています。タイフーンに巻き込まれ、また巻き込みつつ、そのただなかで文化について思考するような2日間になることを期待しています。

伊藤　守（早稲田大学）

■2003シンポジウム実行委員会

伊藤守	早稲田大学
五十嵐泰正	東京大学大学院
岩渕功一	国際基督教大学
上野俊哉	和光大学
黒石いずみ	青山学院女子短期大学
渋谷望	千葉大学
清水知子	山梨大学
田中東子	早稲田大学大学院
長尾洋子	和光大学
村井寛志	東京大学大学院
山本敦久	筑波大学大学院
山本拓司	東京大学社会情報研究所
吉見俊哉	東京大学

■Staff

受付

江上賢一郎	(早稲田大)
藤村有香	(ICU)
挽地康彦	(九州大)
久田和子	(社会人)
鎌田光暉	(立教大)
加藤丈太郎	(早稲田大)
菊本泰子	(ICU)
増渕あさ子	(ICU)
水上加奈子	(ICU)
森達也	(早稲田大)
中野博恵	(早稲田大)
西村ちひろ	(早稲田大)
真保麻希子	(ICU)
塩田悠二	(ICU)
高橋直哉	(ICU)

執筆者紹介

有元　健（ありもと　たけし）1969年福岡生まれ。ロンドン大学ゴールドスミス校社会学部博士課程。専攻はカルチュラル・スタディーズ、身体文化論。現在、明治から昭和初期にかけての日本の身体文化についてスポーツと身体教育を軸として考察し、博士論文を執筆中。

飯田由美子（いいだ　ゆみこ）東京大学哲学COE特任講師・トロント大学研究員。研究領域は国際政治，ナショナリズム論，近現代思想史，カルチュラル・スタディーズなど。現在，開かれた言説空間創造のための諸条件について研究中。

五十嵐泰正（いがらし やすまさ）1974生まれ。日本学術振興会。現在の関心は、商品化された語り絡め取られない共同性が、〈下町〉で生成する可能性を見つめること——と称して、上野で飲み歩いています。

伊藤　守（いとう　まもる）1954年生まれ。早稲田大学教育学部教授。社会学、メディア・スタディーズ専攻。90年代のメディア文化に注目してきた。現在はメディア経験を成立させた歴史的文脈と視覚可能性の問題を考えている。

遠藤知巳（えんどう　ともみ）1965年生まれ。日本女子大学人間社会学部助教授。社会学（近代社会論・言説分析・社会理論）。言説諸ジャンルの系譜学の視点から近代の意味空間を描出し、近代の地平との関連で現代社会を考えている。

岡原正幸（おかはら　まさゆき）　慶應義塾大学文学部助教授。感情社会学、自立する障害者の生、現代アート、に出会い、「人に伝える」「人から語られる」という出来事にどのように自分が関わるか、試行錯誤しています。

小笠原博毅（おがさわら　ひろき）1968年生。神戸大学助教授。社会学専攻、カルチュラル・スタディーズ実践。スポーツとメディアにおける人種差別と人種的思考の批判を経て、近代港湾都市間の文化折衝を通じて密かに作られてきたもう一つの近代 -「パイレーツ・モダニティ」- を発掘中。

ガーデナ香子（がーでな　きょうこ）日本学術振興会特別研究員。ポストコロニアル批評を現代美術の読解に応用し、さまざまな時空において他者化されつづけてきたいろいろな個人の出現を可能とする方法論を模索している。

古賀由起子（こが　ゆきこ）コロンビア大学人類学部博士課程・東京大学情報学環研究員。「満州国」の亡霊の出没する中国東北部と東京で「植民地後／帝国後」という二つの“post”を廻る力学を探るフィールドワークの最中。

渋谷　望（しぶや　のぞむ）1966年生まれ。千葉大学文学部助教授。専攻は社会学。ポストフォーディズムにおける労働、実存、暴力の絡み合いを問題にしている。著書に『魂の労働——ネオリベラリズムの権力論』（青土社）。

清水　諭（しみず　さとし）筑波大学大学院人間総合科学研究科体育科学専攻助教授。身体文化論、スポーツ社会学。「Cafe Sport & Body」をインターネット上に展開。身体を拠り所にした民衆の日常的実践を描きながら、そのトータルな知に迫りたい。

清水知子（しみず　ともこ）1970年生まれ。山梨大学教育人間科学部国際文化講座講師。現在関心があるのは都市空間とメディア。閉塞的になりがちな社会のなか、つねにたくさんの道を持ちあわせるヴァイタリティと、現実を揺り動かす契機を感じ取る鋭敏な感覚を鍛えたい。

SMILE TRANCE（スマイル　トランス）2000年発足。アート関連の企画&流通を行っている活動体。不定期でクロスカルチャーパーティ smatlounge を主催。気負わずに、かつ、no spectator な社会ができればいいなーと、つねづね思っている。http://www.smiletrance.com

田中研之輔（たなか　けんのすけ）日本学術振興会特別研究員・一橋大学。都市社会学専攻。ストリートの「現在」を抽象的な理論枠組みで切り取るのではなく、丹念な記述の積み重ねから浮かび上がらせていきたい。

田中東子（たなか　とうこ）1972年横浜市生まれ。早稲田大学・武蔵大学非常勤講師。現在の関心は、ニューライトによる空間の再編制への抵抗として生じた文化研究生成期の文脈を知ることで、現在の政治・文化を考えるための言葉をどう創り出していくかという点。

長尾洋子（ながお　ようこ）1970年生。和光大学表現学部専任講師。90年代半ば英国で開発学を学んだ頃文化研究を知り、帰国後カルスタの突風に吹かれる。当面の研究課題は広義の文化政策と「民俗」、日常世界の構成の連関を解き明かしていくこと。

丹羽美之（にわ　よしゆき）1974年生まれ。法政大学社会学部講師。専門は社会学・メディア研究。関心はテレビの歴史研究。現在、ドキュメンタリー番組をデータベース化し、その表現や世界観の変遷を検証する作業に取り組んでいる。

韓　東賢（ハン　トンヒョン）1968年東京生まれ。東京大学大学院総合文化研究科国際社会科学専攻博士課程。在日朝鮮人のナショナリズム・エスニシティ、ジェンダー（たぶん）。衣服など、具体的な「モノ」を通じて見えてくるものを大切にしたいと思っています。今後は、「朝鮮学校的アイデンティティ」に迫っていく予定です。

平山陽洋（ひらやま　あきひろ）東京外国語大学大学院地域文化研究科博士前期課程。現在、社会主義や戦争との関連からベトナムにおいて見出され、表象されていった「大衆」カテゴリーについての研究を行っている。

二木　信（ふたつぎ　しん）1981年、茨城県つくば市生まれ。現在、学生をしながらライター活動も。『音の力』（インパクト出版会）の最新版に参加予定。それと毎月、青山faiで行われている「midnight theme」でDJやってます。http://sound.jp/midnighttheme/

眞嶋亜有（まじま　あゆ）国際基督教大学大学院比較文化研究科博士課程修了。学術博士。現在、日本学術振興会PD特別研究員、法政大学非常勤講師。近代日本社会・文化史専攻。研究テーマは、身体を巡る美醜・人種・階級の諸問題。

村井寛志（むらい　ひろし）1971年生まれ。東海大学、東京女子大学非常勤講師。中国近現代メディア史。「言論の自由」、「著作権」、「対日ナショナリズム」などの紋切り型からしか語られない、日本における現代中国メディア研究の状況をどうにかしていきたい。

山本敦久（やまもと　あつひさ）1973年長野市生まれ。筑波大学大学院博士課程在学中。専門分野、文化研究・スポーツ社会学現代スポーツの可能性と限界のセットを、資本主義、〈帝国〉、「人種」を切り口にしながら考えている。

吉見俊哉（よしみ　しゅんや）1957年生まれ。東京大学大学院情報学環教授。社会学・文化研究専攻。大衆文化研究を基礎に、最近は国民祭典やアメリカ・消費社会化の文化史的分析、カルチュラル・スタディーズの探求に取り組んでいる。

文化の実践、文化の研究——増殖するカルチュラル・スタディーズ

2004年5月25日　第1刷発行

編　者　伊藤　守
発行者　佐伯　治
発行所　株式会社せりか書房
東京都千代田区猿楽町2-2-5　興新ビル303
電話 03-3291-4676　振替 00150-6-143601
印　刷　信毎書籍印刷株式会社
装　幀　工藤強勝

ISBN4-7967-0255-5